PIAOJU SHIHUA

票据史话

肖小和 ◎ 主编

中国金融出版社

责任编辑：曹亚豪
责任校对：刘　明
责任印制：丁淮宾

图书在版编目（CIP）数据

票据史话／肖小和主编．--北京：中国金融出版社，2024.10. -- ISBN
978-7-5220-2550-6

Ⅰ．F832.9

中国国家版本馆 CIP 数据核字第 2024TR3756 号

票据史话
PIAOJU SHIHUA

出版
发行　中国金融出版社

社址　北京市丰台区益泽路 2 号
市场开发部　（010）66024766，63805472，63439533（传真）
网上书店　www.cfph.cn
　　　　　　（010）66024766，63372837（传真）
读者服务部　（010）66070833，62568380
邮编　100071
经销　新华书店
印刷　河北松源印刷有限公司
尺寸　169 毫米×239 毫米
印张　20
字数　334 千
版次　2024 年 10 月第 1 版
印次　2024 年 10 月第 1 次印刷
定价　68.00 元
ISBN 978-7-5220-2550-6
如出现印装错误本社负责调换　联系电话(010)63263947

编 委 会

——— • 前言 • ———

到 2024 年 11 月 6 日，江西财经大学九银票据研究院就成立 8 年了。2016 年 11 月 6 日，国内首家票据研究院——江西财经大学九银票据研究院正式成立，它是由江西财经大学和九江银行联合设立的一家非营利票据研究机构，当时正处于票据市场蓬勃发展、票据风险事件频发、上海票据交易所尚未成立的特殊历史时期，研究院的设立代表着理论界与业界产学研一体化的首次深入合作，对于推动中国票据市场发展具有积极意义。江西财经大学九银票据研究院的定位是：立足江西，面向全国；立足当前，面向未来；立足实践，面向发展。

自成立以来，研究院坚持以引导票据市场规范有序发展，推进票据与实体经济融合为宗旨，以着力打造高端票据领域智库和面向全国的交流合作平台为目标，服务经济金融与票据市场发展，在江西财经大学和九江银行的指导下，在研究院所有专家学者、秘书处工作人员的共同努力下，在社会各界的共同支持下，取得了令人满意的成绩。

一是打造核心团队，做实票据业务新研究。江西财经大学九银票据研究院作为国内首家票据研究院，不断扩充研究团队，打造高端票据领域智库。自成立以来，持续聘请国内知名金融学者，包括中国社会科学院、中国人民大学、复旦大学、同济大学、华东政法大学、上海财经大学、江西财经大学、江西师范大学等高校的专家教授，国家机构、监管机构、国有银行、股份制银行、城市商业银行、农村商业银行等总行机构、证券公司票据负责人和业务骨干以及律师为智库专家。目前研究院聘任首席研究员 1 人、资深研究员 6 人、高级研究员 46 人、研究员 26 人。研究院设院长、执行院长各 1 名，顾问 3 名，副院长 3 名，秘书长 1 名，副秘书长 1 名。研究院本着应用理论研究的原则，不断加大研究力度，力求研究内容变丰富、研究成果提质量、研究水平上台阶。在所有研究人员的共同努力下，研究院的学术成果势头向好，自成立以来，部分研究员围绕票据市场重点问题，撰写并发表文章数百篇，其中有数十篇文章获外部各种奖项，累计通过微信公众号推送研究文章 300 余篇，在《金融时报》《上海证券报》《中国证券报》《证券时报》《当代银行家》《货币市场》《国际金融报》《中国金融信息》、中国经济网、第一财经等国家和省部级报刊、网站上，发表《建设中国票据市场框架体系的研究》《发挥票据价格指数作用　正确引导票据市场发展》《以科技为抓手建设上海国际票据交易中心》《落实国家长三角一体化发展战略在长三角建立商票平台的研究》《红色票据发展的六大启示》等近百篇研究成果，部分研究成果的浏览量达 160 万次以上。其中，在票据历史方面，发布百年票据历史、新中国成立 70 年票据历史、改革开放四十年票据历史以及 1981 年以后票据发展等文章；在票据市场建设方面，发布中国式现代化票据发展之路、中国票据市场统一建设以及票据市场现状、问题与发展研究等文章；在服务实体经济方面，发布票据与普惠金融业务研究、新时代票据业务服务实体经济高质量发展等文章；在票据创新方面，发布绿色票据、标准化票据、中国票据发展指数、中国票据价格指数、类票据、票据与金融科技、票据业务发展与创新思考等文章；在商业承兑汇票方面，发布双循环格局下商票发展、商票服务实体经济、利用商票撬动中小企业疫情后复苏等文章；在供应链金融方面，发布发挥票据作用推动供应链金融发展、票据在钢铁行业供应链金融中的应用、票据在供应链金融中功能作用的研究等文章；在票据风险方面，发布新时代票据风险、票据罚单中外露的风险特征、票据市场发展新趋势与风险新特点等文章；在行业研究方面，发布制造业、批发和零售业票据业务发展等文章；除此之外，每年发布上海票据交易所成立周年庆文章。2016 年上海票据交易所成立时，作为国内唯一的票据研究院，江西财经大学九银票据研究院受邀出席开业仪式，执行院长肖小和当天在《上海证券报》上发表了《上海票据交易所成立是中国票据史上里程碑事件》并在会上接受了上海证券报记者的采访，形成了《票交所将来可发展为货币市场交易所》的采访稿；之后，发表《上海票据交易所成立三年成绩斐然》等上海票据交易所成立周年庆文章。在自主研究的同时，研究院也积极参与业内其他研究活动。2017 年，在上海票据交易所主办的"中国票据市场改革与发展"征文活动中，研究院同时斩获一等奖与三等奖；2018 年，在中国银行业协会主办的"中国票据市场与小微企业融资"主题征文活动中，研究院再获一等奖；2019 年，在中国票据研究中心主办的"票据市场高质量发展"主题征文活动以及江西省金融学会组织的"票据市场发展与创新"征文活动中，研究院均同时斩获一二三等奖；2020 年，在江西省金融学会票据专业委员会组织的"新时期票据业务经营转型研究"征文活动中，研究院斩获一等奖，同时，在中国票据研究中心主办的 2020 年度征文活动中获得二等奖；2021 年，在江西省金融学会票据专业委员会举办的"'十四五'时期票据业务创新发展研究"征文活动中，研究院有 4 篇文章获得二等奖；2022 年，在江西省金融学会票据专业委员会举办的"新时期票据业务经营转型研究"征文活动中，研究院同时斩获一二三等奖；2022 年，在中国票据研究中心举办的"票据市场深化改革与高质量发展"征文活动中，研究院有 3 篇文章获奖；2023 年，在江西省金融学会、江西省钱币学会举办的"金融赋能高质量发展——谱写中国式现代化江西篇章"主题征文活动中，研究院获得调查和研究类二等奖。另外，研究院充分发挥智库力量，积极参与票据书籍编写及课题研究。2018 年，参与编写了上海票据交易所主导的《中国票据市场：历史回顾与未来展望》一书；同年，研究院出版了国内首部票据研究生教材——《票据基础理论与业务创新》；2019 年，部分研究员编写了《中国票据市场创新研究》一书；2020 年，研究院出版了第一部票据历史著作《票据史》，完整地勾勒了中外票据历史轮廓；同年 12 月，该书成功入选中国经济学教育科研网"2020 年度经济学图书（100 种）"，属 12 部入选经济史图书之一；2021 年出版《票据学》一书，对票据基础理论与知识、票据运作与机理、票据发展与规律进行探讨；2022 年出版《新时代中国票据市场研究》一书，总结票据市场发展规律，探讨新时代票据市场发展机遇；同年，研究院在《票据史》的基础上，重新梳理写作思路，搜集写作资料，聚焦中国票据发展历史，结合市场发展前沿，编写完成《中国票据简史》一书；2023 年出版《中国式现代化票据市场研究》，探索票据市场服务中国式现代化、助力经济高质量发展的路径。研究院出版的系列图书已被上海立信会计金融学院、上海财经大学、中国票号博物馆、中国银行业协会票据专业委员会等单位收藏，并被上海市金融学会推荐至上海图书馆东馆展览。自成立以来，研究院完成了票据基础理论五部曲、票据研究四部曲和票据优秀论文集等著作的撰写与出版。2019 年，研究院部分研究员参与研究的"依托科技中心，在上海建设国际票据交易中心"重大课题正式通过由复旦大学、上海财经大学和上海交通大学共同建设的高水平学术机构和高端智库论证结项，而且课题成果得到了上海市政府分管市长批示。2022 年，研究院积极组织开展广东省票据发展课题、类票课题、票据数字化课题研究，并顺利结项中国票据研究中心"绿色票据认定标准及发展路径研究"课题。未来，研究院将继续组织票据经营管理方向研究生进行票据市场分析。

二是搭建学术平台，促进票据市场新发展。自成立以来，研究院有针对性、有目标性、有层次性地举办了 20 余场学术会议，围绕票据市场的新变化、新趋势，分享对票据市场发展的新思考。

研究院联合江西省金融学会在南昌举办了中国票据市场"票据业务服务高质量经济发展"学术交流会、票据服务产业链供应链发展研讨会；联合上海金融与发展实验室在上海举办了商业汇票发展与创新研讨会；联合江西省高级人民法院民事审判第二庭分别在南昌、共青城举办了"中国票据市场与票据纠纷案件裁判规则"专题研讨会、《票据纠纷案件裁判规则（初稿）》修改研讨会；联合华东政法大学、江西财经大学等高校分别于上海、南昌等地举办了中国票据论坛"票据法律法规"研讨会、标准化票据与后疫情时代票据市场发展研讨会暨《票据史》首发式、商票服务实体经济发展研讨会暨《票据学》首发式、新规对票据市场影响与策略研讨会等会议；联合华兴银行在广州举办了中国票据论坛"商票业务发展及其表外风险资产计提"闭门会议；联合嘉兴银行举办了中国式现代化与中小银行票据发展研讨会暨《中国式现代化票据市场研究》首发式；联合邮储银行、浙商银行、九江银行、汉口银行、郑州银行、柳州银行、华兴银行、厦门农村商业银行等银行分别于北京、杭州、武汉、郑州、柳州、广州、厦门等地举办了新时代票据业务发展与创新研讨会、中国票据论坛暨"改革开放四十年票据市场回顾与再出发"研讨会、票据市场高质量发展与经营转型研讨会、中国中小银行票据协同发展论坛"不忘初心　牢记使命　中小银行票据服务实体经济发展"研讨会、中国中小银行票据协同发展论坛"中小银行票据经营转型与风险管理"研讨会、中国中小银行票据协同发展论坛"新时代中小银行票据发展"研讨会、中国中小银行票据协同发展论坛"纸电融合后中小银行票据业务的机遇与挑战"研讨会等。论坛现场气氛活跃、交锋激烈、干货满满，论坛形成的会议材料得到中国金融信息中心、《上海证券报》、凤凰财经网等媒体的及时报道，在社会上形成了广泛影响力，为票据业务更好地服务实体经济和中小微企业提供了可操作性的思路和方案。

三是服务票据市场，助力实体经济发展新局面。研究院不仅

专注于学术研究，也注重服务票据市场、服务实体经济。成立
"中国票据论坛"，从市场热点出发，为票据市场准确把脉，联合
学界、业界的力量与智慧，建立广泛的合作交流机制，为推动票
据市场创新转型聚集高端人才，为推动票据市场高质量发展贡献
智慧，为推动票据市场更好地服务实体经济贡献力量。2020 年 8
月 29 日，研究院在中国金融信息中心（上海）挂牌成立中国商票
研究中心，旨在广泛集结各方力量和智慧，积极开展研究与讨论，
充分发挥票据智库的作用，加快研究成果产出，培养专业人才，
进一步拓展票据市场服务实体经济的广度与深度。2021 年 9 月 23
日，在中国商票研究中心成立一周年之际，研究院在中国金融信
息中心举办了商票服务实体经济发展研讨会。研究院针对中小银
行发起了"中国中小银行票据协同发展论坛"，该论坛以"资源
共享、发展共赢"为宗旨，倡导各成员单位达成《中小银行票据
经营自律宣言》，共同推进票据业务发展。研究院坚持推动产学研
一体化，优先为中小银行成员单位提供智库支持，把研究成果优
先应用于中小银行，各成员单位间主动优先开展票据同业授信工
作，通过论坛平台加强沟通协作，建立信息互通与共享机制，互
帮互助合作共赢。同时，研究院根据市场需要，积极为中国财务
公司协会、中国银行业协会、中国支付清算协会等机构提供票据
讲课和咨询服务，为央企、国企、银行、大学举办票据讲座几十
场。多次深入企业、银行进行调研与咨询，多次参加监管部门交
流与座谈会，多次受邀参加江西省金融学会票据专业委员会、中
国票据研究中心等组织的会议，多次接受各大媒体关于票据市场
相关热点的采访，并积极为票据市场发展进行宣传。

四是站稳三尺讲台，培育票据市场新人才。研究院与江西财
经大学、九江银行共同建设全国首个票据方向研究生点，依托江
西财经大学的教学实力，连续多年为江西财经大学金融学院票据
经营管理方向硕士研究生开设票据理论与实务课程，进行理论学
习，同时聘请票据专家作为校外导师，以江西财经大学九银票据

研究院为实践基地，理论与实践相结合，取得了良好的社会反响，得到了学校、学生们和业界的一致好评。目前研究院已合作培养 7 批共 55 名票据方向研究生，为票据市场创新和发展提供源源不断的新生力量。现在第一批票据方向研究生已经在人民银行、商业银行、财务公司工作，第二批、第三批、第四批、第五批票据方向研究生也走上了政府、银行、证券公司、高校等工作岗位，第六批票据方向研究生正处于择业阶段，第七批则正在进行专业课程学习。这些票据方向研究生写了 100 多篇文章，其中不少文章获得相关单位的奖项，有一些学生还参加了票据书籍的撰写。与此同时，研究院也积极为上海财经大学、江西师范大学硕士研究生讲授票据专业课程。在成立五周年之际，研究院向上海市银行博物馆、江西财经大学图书馆、江西师范大学图书馆捐赠票据研究三部曲、票据基础理论三部曲等票据专业书籍。在注重培养高校学生的同时，研究院也在培养社会专业人才方面积极作为。研究院分别于 2018 年 11 月和 2020 年 11 月各举办一期金融机构票据业务经营与管理研修班，邀请多位国内知名专家授课，通过专题讲座、参观游学、互动交流等多种方式带领来自全国的近 140 名高级管理人员、票据业务人员开展多角度、全方位的学习。

五是举办征文活动，动员业界开展票据业务新研究。江西财经大学九银票据研究院联合《上海立信会计金融学院学报》编辑部、当代财经杂志社等定期面向社会举办票据征文活动，至今已进行了八期，获得了社会各界人士的热烈关注和响应。自 2016 年 11 月 6 日首次登出征文启事到 2023 年 9 月 30 日第七期征文活动截止，总共收到了将近 500 篇投稿。文章作者来自大专院校、银行和非银行金融机构等社会各界。根据研究院的征文要求，作者们结合自身工作经验，基于对当下票据市场的认识，展示了对票据行业的憧憬和期待。在对所有来稿作品进行集中整理的基础上，研究院邀请来自中国人民银行、商业银行的专业人士，以及高校教授和业界专家组成评委团，以匿名打分的方式对稿件进行评审，按照综合分数高低，七期征文活动共评选出特等奖 8 名、一等奖 18 名、二等奖 41 名、三等奖 76 名、鼓励奖 92 名。目前，第八期票据征文活动已正式开启。

为了进一步增强票据历史的趣味性、知识性，研究院召集并组织江西财经大学金融学院 2022 级票据经营管理方向硕士研究生成立写作团队，同时邀请《中国票据简史》部分写作人员及研究院部分智库成员对书稿进行指导，历时一年完成《票据史话》的写作。本书以《票据史》《中国票据简史》为基础，以小故事的形式重新呈现票据历史以及重点历史情形，可读性较强。

全书共分为四篇，第一篇为"票据小故事篇"，包括票据历史小故事、票据产品小故事、票据法规小故事、票据机构小故事、票据综合小故事、票据名人小故事 6 个部分，由蔡承宏、龚佳亮、潘志豪、陈家宇、李旸、毛磊、周世雄、谢玉林写作，肖小和、秦书卷、章彤、李紫薇、蔡振祥、赵思彦、陈晨指导。第二篇为"票据大事记"，第三篇为"票据数据统计资料"，第四篇为"票据法规制度文件"。

本书适用对象主要包括票据监管者、金融机构票据条线管理层及从业人员、企业财务人员、专业研究人员、大专院校师生等，也可供其他对票据感兴趣的读者学习使用。因时间和资料有限，加上经验不足，本书定有不足之处，敬请读者朋友们批评指正，同时也非常期待与对票据史感兴趣的同仁们共同研究探讨。

本书在编著过程中，参考了众多专家和学者的相关书籍和文章，同时，江西财经大学金融学院、九江银行以及中国金融出版社也给予了大力支持，在此一并表示感谢。

本书编写组

2024 年 6 月 10 日

———— • 目录 • ————

第二篇　票据大事记

第三篇　票据数据统计资料

第四篇　票据法规制度文件

第一篇

票据小故事篇

第一章　票据历史小故事

中国纸质票据的发展历史及发挥的功能作用

中国的纸质票据历史源远流长，其发展脉络清晰可见。早在唐代，中国便诞生了最早的纸质票据——"飞钱"，它与现代的汇票有着异曲同工之妙。随着商品经济的蓬勃发展，各地区之间的贸易往来日益频繁。隋唐时期，铜钱携带不便，且其价值远超票面价值，导致铜钱短缺。在此背景下，商人们通过信用弥补资金缺口，汇兑业务应运而生。具体而言，商人们将铜钱存放在各地的节度使、观察使、地方驻京机构等汇兑经营主体，由这些单位用契约做好记录，一式两份，一份由商人保存，另一份寄回本地。商人回到本地后，核对无误，便可在当地机构足额取出铜钱。这种契约就是"飞钱"。"飞钱"的出现，为交兑方和承兑方提供了便利，避免了携带大量现金的不便，满足了当时社会商品经济发展对资金调拨的需求。①

进入宋朝，纸质票据的发展更上一层楼，出现了交子、会子、盐引等票据，而且票据的流通范围和使用频率较唐朝有了显著提升。其中，交子最早出现在四川。当时，富商们为了免除携带铁钱的劳苦和风险，便将现金交付给本地信誉良好的商铺，由商铺在楮纸制作的票券上临时填写存款金额，并交给存款方。这种临时填写存款金额的货币代用券就是交子，也是中国历史上最早使用的纸币。交子的出现，极大地促进了蜀地经济的恢复与发展。到了宋太宗雍熙年间，由于战事紧张，宋政府扩大了交子的流通地域和兑取物资的范围，使之延伸到军政部门，演化为专卖制度下商人参与折博茶盐商贸的交引。交引制的实行，既解决了军费问题，又使商人得以贩卖茶盐获利，可谓一举两得，利国惠商。②

---

① 中国古代纸币的发展与演变［EB/OL］. https：//www.docin.com/p-502116280.html.
② 高春平. 中国古代信用票据的发展演变及其异同（上篇）［J］. 银行家，2022（1）：111-
113.

到了明代后期，会票应运而生，这是一种信用票据。其通过在一个地方交款，再到异地使用会票凭证取钱，避免了携带大量钱币的不便。随着发行者信用的提升，会票逐渐替代货币开始流通。会票的作用主要有三个：一是相当于现代的银行转账，将钱从一个地方转到另一个地方；二是作为异地取款的凭证；三是作为货币流通使用，发挥货币的流通功能和价格尺度功能。

清朝晚期，内忧外患之下，中国开始学习国外先进的银行制度，发展出了新式票据。新式票据与现代意义上的票据功能基本相似，主要分为汇票、支票和本票。汇票主要用于外商银行开展国际汇兑业务，为本国商人提供融资服务；支票主要起到支付作用，例如，外国商人通过支票购买中国商品后，中国商人将收到的支票交给钱庄，由钱庄向外国银行收款，完成商品交易；本票的主要形式为银行券，可以凭银行券到银行取款。

新中国成立后，实行严格的计划经济，汇票和本票一度退出历史舞台。直到改革开放后，1981年2月，人民银行上海市杨浦区办事处和黄浦区办事处办理了第一笔同城商业承兑汇票贴现业务，标志着票据重登历史舞台。同年10月，人民银行上海市徐汇区办事处和安徽省天长县支行试办了跨省的银行承兑汇票贴现。2009年，人民银行推出电子商业汇票系统（ECDS），使得票据实现了从纸票到电票的飞跃，我国票据市场由此迈入电子化时代。2016年12月8日，上海票据交易所成立，票据市场基础设施建成，全国统一的票据交易平台正式上线运行，电子票据逐渐取代纸质票据，成为中国票据市场的主流。

中国纸质票据的发展历程与经济的发展相辅相成，其在促进贸易往来、推动经济发展和满足资金调拨需求方面发挥了重要作用。而从古代的"飞钱"到现代的电子票据，这一演变过程不仅展示了经济社会的变迁与创新，更彰显了中国人民不断追求商业便利和支付安全的精神，以及技术进步对经济模式的重要推动作用。同时，我们也应该认识到，票据不仅是交易的工具，更是建立在诚信基础上的商业交往信任，这才是经济发展的稳定支撑和社会进步的关键。

作　者：龚佳亮

指导人：李紫薇

中国新式银行票据的兴起

甲午战争惨败之后，清政府面临财政危机和巨额债务的双重压力，迫切需要寻找解决方案。1897年，中国迎来了金融史上的重要时刻——中国通商银行成立（见图1-1和图1-2）。这一里程碑事件标志着中国近代新式银行业的诞生。在精心策划下，中国通商银行自成立之初便成功地将资金拆借给钱庄业，为金融市场的资金流通开辟了新渠道。

从1897年到1937年，在这四十年的风云变幻中，中国金融业经历了翻天覆地的变化。新式银行如雨后春笋般涌现，票据清算制度也迎来了革命性的变革。20世纪30年代，新式银行迎来了发展的黄金时期。"一·二八"事变之后，上海的新式银行联合成立了近代第一个正规的票据交换所——上海银行业同业公会联合准备委员会票据交换所。这一创举借鉴了西方国家先进的票据交换制度，采用集中清算的方式，简化了手续，提高了效率。通过事前预备、所中交换、差额收付三步，票据清算得以高效完成。票据交换所的成立，不仅便利了会员银行的票据交换，还提供了差额转账收解服务，效率远超传统的汇划制度，标志着银行业力量的崛起。①

与此同时，票据业务也随着新式银行的兴起而蓬勃发展。在此之前，中国社会商业信用基础薄弱，缺乏票据法和贴现机构，导致贴现业发展滞后。然而，在资本主义的推动和外资银行的影响下，新式银行开始引入票据等业务，并凭借其庞大的分支机构网络，逐渐取代了票号在汇兑上的优势。新式银行开始提供各种票据和押汇服务，办理商业票据的贴现和再贴现业务，并成为重要的业务收入来源之一。在这个过程中，银行汇兑的业务品种逐渐丰富多样。从资金流向上看，既有顺汇又有逆汇；从汇付方式来看，包括票汇、信汇、电汇、条汇、活支汇款、押汇、购买外埠票据、代收款项等。这些金融工具的开发和运用，使上海市银行逐渐摆脱了对钱庄的依赖，银行自身的发展也更加顺畅，从而扭转了钱庄和银行在近代上海金融市场的地位。②

信用是银行业发展的基石，而票据则是最具代表性的信用工具。新式银行通过创立同业公会，组织实施票据清算，提高了票据结算的效率，展

---

① 朱荫贵. 两次世界大战间的中国银行业 [J]. 中国社会科学，2002（6）：174-189+208.

② 燕红忠，李裕威. 近代中国内汇市场的发展及其特点 [J]. 暨南学报（哲学社会科学版），2019，41（5）：102-121.

现出现代银行业的特征。票据交换所的成立，使新式银行拥有了属于自己的票据清算机构，地位日益上升，逐步取代了传统的钱庄，这是金融业的一大进步，也是中国金融史上的一个重要里程碑。

图1-1　中国通商银行大楼

（资料来源：互联网搜集）

图1-2　中国通商银行发行的货币

（资料来源：互联网搜集）

作　者：龚佳亮

指导人：李紫薇

6

湖南浏阳县金刚镇农民协会期票

湖南的百姓自古便有燃放花炮以庆祝节日的习俗，其中，浏阳更被誉为"中国烟花之乡"。自唐朝起，浏阳便开始了烟花爆竹的制作，历史悠久。浏阳县南乡的金刚镇，作为湖南省内经济繁荣的集镇，不仅是浏阳烟花鞭炮的发源地，更是其重要产区，产品种类繁多，品质卓越。鞭炮生产是当地农民除农耕外的主要经济来源。然而，第一次国共合作时期，高涨的农民运动浪潮使得在浏阳经营爆竹销售的大地主、商户纷纷关店避险、携款潜逃，农民们失去了鞭炮销售的途径，产品积压严重，生活因此陷入困境。

1927年初，为了提振浏阳地区经济并助力农民解决鞭炮运输与销售问题，农会主席何文渊携手党支部成员李大庆、商会成员唐克清及特派员慕容武等人经过深思熟虑，决定由当地农民协会创立公有财产保管处。该保管处整合了镇上的学产、祠堂、寺庙、桥会、路会等公有资产，作为发行期票的坚实保障，并通过店员协会，利用期票向农民收购鞭炮，待鞭炮销售完毕后，再兑现给持有者。这些期票的有效期限通常为三个月，面额分为壹角、贰角、壹元三种，凭借其良好的信誉，在金刚镇和大瑶地区广泛流通，成为农民筹集资金的可靠凭证。此举不仅成功解决了农民的鞭炮销售问题，还为爆竹行业的稳定发展做出了积极贡献，深受群众欢迎。①

湖南浏阳县金刚镇农民协会期票，作为中国工农革命政权早期的货币形式，堪称目前所见最早的镇级期票。其发行不仅确保了当地传统烟花行业的稳定运作，更为红军的火药采购和武器弹药制造提供了有力支持，为革命根据地的稳固发展奠定了坚实基础。此外，它更是一座连接店员与农民的桥梁，有效地解决了他们的生活问题，极大地活跃了农村经济。然而，随着马日事变的发生，浏阳县金刚镇农民协会的期票停止流通。尽管其存在时间短暂，但对农村经济的提振和生产发展的支持作用极为显著。该期票的发行巧妙地运用了信用担保和有价证券发行等金融手段，确保了资金链的连贯性，使得货币体系得以平稳运行，未受到任何冲击。

作　者：陈家宇

指导人：李紫薇

---

① 中国人民银行. 中国共产党领导下的金融发展简史［M］. 北京：中国金融出版社，2021：16-17.

国产搪瓷营业所试办商业承兑汇票

1932 年的上海作为中国商业和金融的心脏，经济活力四射。然而，"一·二八"事变后，金融市场遭遇重创，银根紧缩，市场信心遭受沉重打击，各行各业都面临流动性危机，尤其是工商企业，因缺乏资金支持和信用保障，面临严峻挑战。

在这场行业性的流动性危机中，成立于 1927 年的搪瓷制品制造商——国产搪瓷营业所也未能幸免。虽然五卅运动爆发后，抵制洋货、振兴国货的浪潮再度掀起，国产搪瓷迅速崛起，国产搪瓷营业所迎来了黄金发展期，但是"一·二八"事变后，融资变得异常困难，流动性危机接踵而至。一次偶然的机会，营业所总经理了解到商业承兑汇票这一融资方式，在与银行家们深入商讨后，决定在公司试水商业承兑汇票，当时这一做法得到了高管们的一致支持。尽管当时行业中尚无企业使用这一融资工具，大众对其知之甚少，但上海国产搪瓷营业所毅然决定于 1932 年在《银行周报》上发布《国产搪瓷营业所试办商业承兑汇票刍议》和《国产搪瓷营业所为签发商业承兑汇票敬告客户书》，正式宣告公司试办商业承兑汇票的意图，同时详细介绍了商业承兑汇票的优点，如付款期限明确、可通过贴现快速变现、加快资金周转等，引发了广泛关注和讨论。①

根据国产搪瓷营业所商业承兑汇票业务相关规定，客户在采购时，只需声明使用商业承兑汇票，便可与营业科约定付款日期。营业所将货物送达客户后，将发票与汇票一并交给客户，客户验货无误后，在汇票承兑栏内填写日期、签名盖章，待汇票到期时付款即可。若客户需外埠运货，营业所还可协助装运、办理报关手续，并将发票、提单、汇票等寄给银行，银行在汇票到期日即可向客户兑款。

国产搪瓷营业所的这一创举迅速引起了广泛关注，其他公司纷纷效仿。随着商业承兑汇票的应用日益广泛，人们逐渐认识到其在经济发展中的重要作用，如促进货物交换、帮助企业优化经营结构、减轻流动资金压力、提高企业资金周转率等。商业承兑汇票的出现，极大地改善了工商业的贸

---

① 程年彭. 国产搪瓷营业所为签发商业承兑汇票警告客户书 [J]. 银行周报，1932（42）：33-36.

易往来，为经济发展注入了新的活力。①

作　者：龚佳亮

指导人：李紫薇

---

① 洪葭管，张继凤. 近代上海金融市场 [M]. 上海：上海人民出版社，1989：76.

中华苏维埃共和国湘赣省收买谷子期票

1933年下半年，蒋介石调集百万大军，对中央革命根据地和各地红军发起全面进攻，揭开了第五次"围剿"的序幕。面对此危局，湘赣革命根据地的红军与中央红军紧密配合，展开了顽强坚韧的反"围剿"斗争。[①] 为了抵御国民党军队的侵袭和确保红军的粮食供应，湘赣省委和省苏维埃政府采取了一系列果断措施，包括征收土地税收谷子、收集公债谷以及开展借谷运动等，积极为前线战士筹措粮饷。[②] 然而，随着反"围剿"战争的持续升级和规模不断扩大，原有措施已难以有效缓解缺粮的严峻局面。于是，1934年4月，湘赣省委经过深思熟虑，决定发行总额为4万元的谷子期票（见图1-3），并鼓励群众在剩余未推销的公债额度内交纳谷子。这一举措旨在进一步巩固土地革命的胜利成果，充实红军的粮食储备，从而有力支援正在进行的第五次反"围剿"斗争。

谷子期票采用毛边纸石印版，呈现竖式框图结构。上部显著标注"中华苏维埃共和国湘赣省收买谷子"字样，中部左右两侧以精美的菱形花饰点缀，花饰中心留有空白圆圈，印有"期""票"二字。期票下部详细地列明编号、发行说明、落款及发行时间。期票底纹以梅花图案构成"期票"二字。发行说明中包含两条重要信息：一是为了保障土地革命战争全面胜利与充实红军粮食，特发行4万元期票，每个选民或每家均可凭谷子购买一张；二是期票期限为4个月（自1934年8月1日起），到期后持票人可向企业机关或国家分行兑现，也可用于缴纳国税，届时期票将被收回。落款处的署名为"省财政部部长陈希云"，发行时间为"一九三四年四月二十日"。同时，期票上加盖有"湘赣省苏维埃财政部执行委员会"的椭圆形印章和陈希云的个人私章，以确保期票的权威性和真实性。[③]

谷子期票不仅是中国历史上发行最早的期票，更是首次由省级政府正式发行的期票，开创了政府发行期票的先河。[④] 尽管其流通时间短暂、范围有限，但这一创新举措在支持革命战争、改善根据地经济建设中起到了关

---

① 《中国共产党简史》编写组. 中国共产党简史 [M]. 北京：人民出版社，中共党史出版社，2021：56.

② 尹静. 中华苏维埃共和国湘赣省收买谷子期票考略 [J]. 党史文苑，2013（16）：18.

③ 万立明. 近代中国票据市场的制度变迁研究 [M]. 上海：上海远东出版社，2014：84.

④ 洪荣昌. 红军时期的期票 [J]. 中国钱币，2009（2）：39.

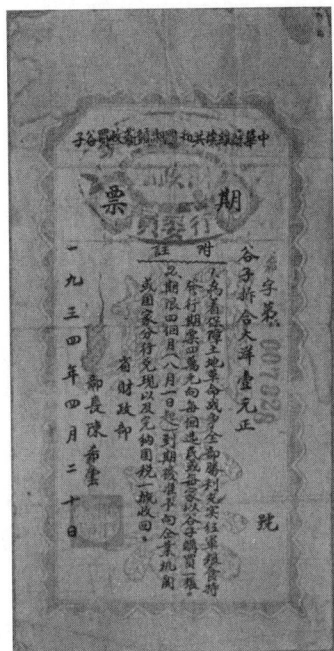

图 1-3　中华苏维埃共和国湘赣省收买谷子期票

(资料来源：永新湘赣革命纪念馆)

键作用。它彰显了中国共产党人在艰难时刻的坚定信念和英勇无畏，是湘赣苏区军民不屈不挠、浴血奋战的历史见证。其深远的意义和重大影响，使之在红色票据史上留下了光辉的篇章，值得永远铭记。

作　者：陈家宇

指导人：李紫薇

第一笔同城商票贴现及第一笔跨省市银票贴现

改革开放的浪潮下，我国金融界积极探寻银行信用与商业信用的融合之道，致力于以银行信用引领商业信用健康发展。1980年，中国人民银行上海分行在杨浦、黄浦两区率先开展试点，于次年成功试办了首笔同城商业承兑汇票贴现业务以及异地银行承兑汇票贴现业务，为我国金融市场的创新发展奠定了坚实基础。[①]

1981年2月，中国人民银行上海市杨浦区办事处与黄埔区办事处携手，成功试办了我国首笔同城商业承兑汇票贴现业务。此业务涉及一家钢厂被长期拖欠的货款，通过将其转换成一张以欠款单位为付款人的三个月期商业承兑汇票，欠款单位迫于压力开始积极处理积压商品，最终按时清偿了票款。在改革开放初期，我国金融市场尚未完全开放，银行信贷资源紧张，商业承兑汇票作为一种市场自主流转的金融工具，为企业提供了灵活、便捷的融资途径。商业承兑汇票凭借其信用性和灵活流通性，在市场上自由买卖转让，有效解决了企业资金周转、采购、销售等难题。然而，随着商业承兑汇票在全国的推广，由于相关票据制度不完善和信用基础薄弱，其效果并不显著。进入20世纪90年代后，随着制度的初步完善，商业承兑汇票开始以较快的速度发展，但与银行承兑汇票相比，其发展步伐仍然较为缓慢。

1981年10月，人民银行上海市徐汇区办事处与安徽省天长县支行携手，成功试办了首笔跨省市银行承兑汇票贴现业务。当时，上海有一批待处理的水泥船，而天长县某单位有意购买但资金不足。在当地银行资金紧张但同意贷款的背景下，通过上海市银行贴现、天长县银行承兑的方式，这笔交易得以顺利完成。此业务突破了同城范围，首次实现了跨省市的银行承兑汇票贴现，充分展现了票据在支持实体经济发展中的关键作用，为货款拖欠问题提供了新的解决方案。在银行信贷额度紧张的情况下，票据业务为资金问题的解决提供了一种有效途径。[②] 受到此次成功的激励，企业开始广泛运用票据进行支付结算，各大银行也积极启动票据业务。银行承兑汇票因此得以迅速发展，广泛应用于国内外贸易结算、融资等领域，成

---

① 赵学军. 中国商业信用的发展与变迁 [M]. 北京：方志出版社，2008：179.

② 肖小和. 中国票据简史 [M]. 北京：中国金融出版社，2022：179.

为现代化金融体系建设中的关键角色。

作　者：陈家宇

指导人：李紫薇

20世纪90年代的"三角债"与票据市场发展

"三角债"最初显现于1986年底。为了应对银根放松引发的经济过热问题，全国范围内开始实施货币紧缩政策，各大专业银行纷纷收紧信贷政策，直接导致了企业投资资金和流动资金普遍紧张。在这种背景下，企业间的相互拆借和资金占用现象大规模涌现，"三角债"由此诞生。

当时，我国市场经济尚处于起步阶段，相关法律体系尚未完善。长期处于计划经济统购统销模式下的公有制企业，普遍缺乏商品意识和市场信用，财务纪律更是混乱，企业间的相互拖欠和拆借，以及地方政府对资金的占用，逐渐演变成一种普遍的社会现象。从债务形式上看，"三角债"的表现形式多种多样，包括白条、拖欠货款、代销占用资金、连环拆借、应付未付合同金、拖欠劳动报酬等，债务链条漫长且关系错综复杂。从债务规模来看，据初步估算，1986年全国企业间相互拖欠金额高达200亿元，1987年飙升至600亿元，1988年达到1000亿元，1989年更是达到2000亿元，约占当年GDP的14.44%，社会经济信用面临全面危机。[①]

为了应对"三角债"带来的社会问题，1986年4月，中国人民银行和中国工商银行联合颁布了《关于实施商业汇票承兑、贴现办法清理拖欠货款的通知》，在北京、上海、天津、广州、重庆、武汉、沈阳、哈尔滨、南京等城市开展试点。1990年3月26日，国务院发出《关于在全国范围内开展清理"三角债"工作的通知》，并成立了国务院清理"三角债"领导小组。按照"企业主动收款，银行协助清理，多方筹集资金，结合商业票据"的原则，全国范围内的"三角债"清理工作正式启动。在清理过程中，除了各地和专业银行注入资金外，中国人民银行还安排了300多亿元的专项贷款规模和210亿元的贷款资金用于清欠。这场"三角债"清理工作，为企业渡过难关提供了有力支持。

票据在解决"三角债"这一社会经济问题中发挥了独特的优势。一方面，票据具有固定的账期、到期无条件付款的特性及追索权，为企业回款提供了有力保障；另一方面，票据融资成本低、流动性强，可成为企业应收账款的重要替代工具。当时，国有、集体企业大多已转向市场，为建立票据市场提供了坚实的基础。

---

① 田夫，刘孝孔. "三角债"为何屡清屡不清?! [J]. 煤炭企业管理，2001 (3)：5-9.

时至今日，票据依然是解决"三角债"的有力工具。我国正不断推进供应链票据平台建设，从源头上实现应收账款票据化，清理"三角债"。企业可凭符合条件的票据向银行申请贴现，中央银行通过再贴现支持资金融通，运用市场机制防止新"三角债"的产生。

作　者：龚佳亮

指导人：李紫薇

中国电子票据的发展历史及发挥的功能作用

新中国成立后的一段时间里，为了促进经济恢复和发展，解决粮食供求问题，我国开始定制并发放大米票、马料票等票证。然而，此时期的票据并不是真正意义上的商业汇票，更像是一种货单。1981年，在杨浦和黄浦两个区办事处的协作下，我国试办了第一笔同城商业承兑汇票贴现业务。此后，我国票据市场才真正发展起来。

2004年，中国人民银行首次提出票据电子化发展的构想；2005年，招商银行为TCL集团开出我国第一张电子银行承兑汇票，标志着我国商业票据的电子化发展迈出了第一步。此后，部分商业银行推出了基于行内系统的电子票据产品，根据客户融资的实际需求，为其提供个性化的票据产品和票据服务，以更好地满足客户对资金的需求，这是票据市场发展的一个创新点。

2009年，中国人民银行上线了电子商业汇票系统，旨在为电子票据构建交易平台；同时，根据《票据法》等法律法规，出台了《电子商业汇票业务管理办法》，这意味着中国人民银行正式创设了电子商业汇票这一金融工具，中国人民银行及票据经营机构开始着力进行票据业务电子化发展及电票交易系统的建设完善。

但在该时期，电子商业汇票在市场上的认可度并不高，各票据参与主体也很少使用电子票据。截至2010年末，我国电子票据承兑量为2774亿元，累计贴现量为2155亿元，分别占当年全市场承兑量、贴现量的2.3%与0.8%，电子票据市场整体规模较小。直至2016年，我国纸质票据风险大案频发，假票、倒票、伪造票、丢失、一票多卖以及清单交易等现象层出不穷，给银行及其他票据参与主体带来大额损失。为了统一票据市场管理，2016年12月8日，上海票据交易所成立，票据基础设施建成，我国票据市场正式进入电子化发展时期。随后，上海票据交易所相继推出各种票据创新产品，如票付通、贴现通等，我国票据交易越来越集中、简便，市场对电子票据的认可度越来越高，使用电子票据进行交易的主体也越来越多，现阶段电子票据占据了整个票据市场。至2022年，电子商业汇票出票金额为26.76亿元，承兑金额为27.29亿元，占市场承兑金额的99.63%；贴现金额为19.45亿元，占市场贴现金额的99.95%。

电子商业汇票的发展有着重大意义。首先，各银行不断进行票据业务创新，推出线上票据业务，在很大程度上节省了企业进行票据交易的时间成本及融资成本，同时为中小企业提供了小额票据交易服务，解决了中小企业的融资问题。其次，电子商业汇票更便于中央银行进行管理，准确了解票据资金流向，从而可以作为中央银行调控货币市场的工具。最后，电票系统为电子商业汇票提供了更加规范、安全、高效的交易平台，使纸票交易存在的效率低下、成本高、伪造风险等问题得到解决。① 但电子票据的发展应顺应数字化发展趋势，将大数据、云计算、人工智能等科学技术不断引入票据市场，不断健全票据法律体系，完善票据电子化交易流程，为之后电子商业汇票的发展创造良好的环境。

作　者：李　旸

指导人：赵思彦

---

① 肖小和. 中国票据简史［M］. 北京：中国金融出版社，2022.

英国商业票据历史

从英国票据市场的发展史来看，承兑汇票起源于19世纪全球贸易和贸易融资的兴起。当时，来自其他国家的进出口商在伦敦金融市场上信用欠缺。为了解决这个问题，伦敦的商人银行承兑了进出口商开出的汇票，弥补了信用缺口。这一举措极大地推动了汇票的流通和贸易的发展，也让伦敦成为全球金融中心，并且使英镑成为当时世界上唯一的国际货币。

承兑汇票在英国历史上扮演了重要的角色。早在13世纪，英国的意大利商人就开始使用类似于现代汇票的票据。随着对外贸易的发展，英国票据市场逐渐成长，从17世纪末到19世纪，相关法律的出台进一步促进了这一市场的发展。

现代意义上的承兑汇票出现在19世纪。当时，英国已经成为世界头号强国，贸易和金融是其重要支柱。在工业革命的推动和海军的保护下，英国的贸易规模和范围不断扩大，使之成为世界上最发达的贸易国家。贸易的发展和殖民地的拓展使得英国商人银行建立了全球业务网络，为来自世界各地的进出口商提供融资服务。

商人银行最早起源于中世纪意大利的粮食和纺织品商人，后来在包括英国在内的其他国家发展起来。商人银行对进出口商开出的汇票进行承兑，形成了承兑汇票。与单一付款人的商业票据相比，银行承兑汇票有签发人和承兑人两个担保方，因此被称为双名票据。双名票据具有更高的信用度，在当时受到投资者的青睐，并且在二级市场上交易活跃。尽管商人银行的资本和存款有限，但由于其具有庞大的国际业务网络，非常适合发展承兑业务。19世纪，商人银行几乎垄断了英国的承兑业务。

英国承兑汇票二级市场的主要参与者是贴现银行，也称为票据经纪商。它们大量贴现承兑汇票、期票、政府债券和国库券等证券，并在二级市场上进行交易，或向中央银行寻求再贴现。

19世纪至20世纪初，英国的金融业达到了世界领先水平，主要原因有以下三点。首先，英国的银行体系非常多元化，既有商人银行便于开展承兑业务，也有贴现银行活跃于二级市场。其次，英国拥有历史悠久而繁荣的二级市场，吸引了个人和机构投资者，且交易涉及全球范围的承兑汇票，这些汇票通常以英镑计价，使得英镑成为当时世界上唯一的国际货币。最后，英国在1694年建立了中央银行——英格兰银行。作为全世界中央银行的典范，英格兰银行既是政府的银行，也是银行的银行。其以黄金支持货币发行，在银行恐慌时扮演最后贷款人的角色，并且为其他银行提供再贴现等服务。

　　可以看出，在英国成为金融强国的过程中，承兑汇票作为贸易融资的关键工具发挥了重要作用。它解决了进出口商的信用问题，推动了汇票的使用和贸易的发展，同时也促使伦敦成为全球金融中心，还使英镑成为国际货币。

作　者：周世雄

指导人：陈　晨

日本票据发展历史

1882年，日本金融界迎来了一项重要的里程碑——《汇票本票条例》的制定，标志着本票和汇票业务正式推行。自此，银行承兑汇票开始在日本的国内外贸易中流通，尽管市场尚处于起步阶段。1919年，日本银行开始对银行承兑汇票进行再贴现，不仅促进了银行承兑汇票市场的正式形成，也标志着日本金融市场的进一步成熟。同期，日本银行建立了盖章票据制度（Stamped Bill System），在此制度下，商业银行根据美元或英镑计价的出口单据开立日元票据，日本银行则对这些票据进行盖章并提供再贴现担保。这一时期，日元银行承兑汇票市场与外币盖章票据市场并存，但由于日元交易规模的限制，日元银行承兑汇票市场的发展步伐并不迅猛。

1923年9月1日，日本关东地区发生了7.9级大地震。为了避免商业信用危机并尽快恢复企业运营，日本政府通过日本银行以"震灾票据"的再贴现形式向受灾地区银行提供特别融资。然而，"震灾票据"最终成为日本经济的沉重负担，直接触发了1927年的昭和经济危机（The Showa Financial Crisis），导致整个银行界陷入空前的混乱，银行承兑汇票市场和外币盖章票据市场在1928年崩溃。同时，由于1929年大萧条的爆发，日本美元银行承兑汇票市场遭受了严重打击。此后一段时间，日本票据市场的发展陷入停滞。

第二次世界大战后，在日本的重建过程中，美国提供了重要的帮助，使得日本的进出口贸易迅速复苏。在这一阶段，日本并未发展日元银行承兑汇票市场，而是在对外贸易中大量使用美元结算，并依赖美元银行承兑汇票市场进行贸易融资。到了20世纪50年代末，随着日本经济的复苏，日本使用美元银行承兑汇票的势头空前高涨，在美元银行承兑汇票市场中的份额迅速上升，从1958年末的14%飙升至1961年的56%。进入20世纪60年代，随着日本经济的繁荣和国际贸易快速发展，日本使用的美元银行承兑汇票在全球市场中占据了约60%的份额。[1] 然而，随着其他国家对美元银行承兑汇票使用的增加，日本在该市场中的份额迅速下降，到1985年末仅剩15%。

1983年11月，日元—美元委员会（The Japan - U. S. Yen - Dollar

---

[1] 资料来源：美国财政部，Kanaoka K.（2007）。

Committee）成立，开始正式讨论重建日元银行承兑汇票市场。1985 年 6 月 1 日，日本正式重启日元银行承兑汇票市场，旨在推动日元的全球化战略。然而，随着市场的发展，日元银行承兑汇票的高融资成本、重税费和复杂的交易流程等问题逐渐显现。1987 年，商业票据市场建立，使得传统的银行承兑汇票逐步被融资性商业票据所取代，到了 1989 年，这一市场已基本消失。进入 20 世纪 80 年代后期，随着电子支付系统和外汇市场的快速发展，银行承兑汇票作为跨国支付工具开始逐步退出历史舞台，国际上美元银行承兑汇票的发展停滞，日本美元银行承兑汇票的使用也逐步减少。

如今，商业票据已成为日本企业重要的短期资金融通工具。2016 年，日本商业票据的发行量达到了约 7864.67 亿美元①。根据日本银行公布的近 10 年数据，日本商业票据的原始发行期限以 1~3 个月为主，占所有发行期限商业票据的比重约为 60%。这表明商业票据市场在日本经济中扮演着举足轻重的角色，为企业提供了灵活而高效的资金来源。

作　者：龚佳亮

指导人：李紫薇

---

① 日本票据市场发展及其对中国的启示［EB/OL］．［2019-03-19］．https：//www.sohu.com/a/302271216_120862.

美国银行承兑汇票

20世纪初，美国凭借其在第一次世界大战后的经济实力，迅速崛起为世界经济强国。为了进一步扩大国际贸易的版图，并将纽约推向国际金融舞台的中心，美国汲取了英国银行承兑汇票发展的智慧，开始精心打造本国的银行承兑汇票市场。

美国银行承兑汇票的发展跌宕起伏。在复制了英国银行承兑汇票业务之后，鉴于美国的票据二级市场并不成熟，美联储出台了一系列政策，如鼓励银行开展承兑汇票业务和接受以银行承兑汇票为标的的再贴现申请等，使得美国银行承兑汇票市场规模迅速扩大。而在1929—1933年大萧条后，美联储对银行承兑汇票的态度有所改变，逐步退出银行承兑汇票市场，导致银行承兑汇票业务规模下降，不过在第二次世界大战之后逐渐好转。20世纪70年代至80年代中期，由于美国的进出口贸易额飞速增长，而且布雷顿森林体系崩溃后，美国银行承兑汇票作为一种美元资产被世界多数国家持有，同时美国银行承兑汇票仍具有一定的政策优惠力度，因此，美国银行承兑汇票市场迎来跨越式发展。之后，环球同业银行金融电信协会（SWIFT）建立，其电子化系统使国际贸易结算的可靠性得到保障，加上欧洲美元作为另一种美元资产，其投融资相较于美国银行承兑汇票更加便利，因此，美国银行承兑汇票市场中的需求持续下降，20世纪80年代中期，美国银行承兑汇票余额增长缓慢，1989年之后开始快速下降，美国银行承兑汇票逐渐消亡。[①]

回顾美国银行承兑汇票的发展历程，我们可以从中吸取宝贵的经验。在我国票据市场的发展过程中，我们应当循序渐进，借鉴国际市场的成功经验，但不可盲目模仿。更重要的是，我们要注重银行承兑汇票业务自身的质量，不断探索创新之路。借助现代科技手段，结合银行承兑汇票的特点，提升服务质量，满足客户的多元化需求，从而增强业务竞争力，推动我国银行承兑汇票市场健康可持续发展。

作　者：蔡承宏

指导人：蔡振祥

[①] 商票圈：美国票据市场［EB/OL］．［2021-04-08］．https//www.toutiao.com/article/6948715105861370404/？&source=m_redirect&wid=1696166956448.

美国商业票据历史

自 20 世纪 20 年代起，随着美国经济迅猛增长，汽车等耐用消费品的生产与销售规模显著扩大，这一趋势极大地激发了消费者对短期信贷的迫切需求。为了满足这一需求，消费信贷金融公司应运而生，为消费品的购买提供融资服务。这类公司筹集资金时，主要依赖的是商业票据的发行。[①]

20 世纪 60 年代，随着经济持续增长，美联储采取了紧缩的货币政策，直接导致银行贷款利率攀升。在这一背景下，由于 Q 条例的严格管制，银行在吸收存款方面遭遇了巨大困难，进而限制了其贷款发放能力。因此，一些长期依赖银行贷款的企业，在无法从银行获得足够资金的情况下，不得不转向货币市场寻求融资。同时，为了规避 Q 条例的限制，银行也开始在货币市场上发行商业票据作为资金来源。

进入 20 世纪 80 年代以后，美国商业票据市场经历了显著的扩展。商业票据因其高信用评级、短期限以及信息透明度高等特点，赢得了广大投资者的青睐。1989 年，美国商业票据的未清偿金额高达 4928 亿美元，超过了短期国库券的未清偿金额（4170 亿美元），从而确立了商业票据在美国货币市场上作为关键融资工具的重要地位。

在 2007 年美国次贷危机及随后引发的全球金融危机冲击下，美国货币市场的关键组成部分——商业票据市场，也无可避免地受到了系统性风险的冲击。为了应对 2008 年 9 月雷曼兄弟公司倒闭所引发的金融市场剧烈动荡，美联储果断采取了前所未有的措施，首次设立了商业票据融资工具（CPFF），专注于购买那些信用评级顶尖的商业票据。当时，纽约联储被授权直接管理 CPFF，通过向特定公司发放贷款的方式，间接地从满足条件的发行人手中购入商业票据，以稳定市场并恢复投资者信心。

在类似的背景下，2020 年 3 月 17 日，美联储为了应对新冠疫情对经济的冲击，再度激活了商业票据融资工具（CPFF），旨在支持家庭和企业信用，期限初步设定为一年。美联储强调，商业票据市场是经济活动融资的关键渠道，能够为企业提供增信、贷款、抵押及日常流动性支持。此次重启 CPFF 的主要目标是缓解市场流动性紧张，降低信用风险。商业票据是众多实体企业筹措短期资金的重要渠道，但在疫情冲击下，企业获取商业票

[①]　刘东鑫. 美国商业票据市场的发展特点及启示 [J]. 中国货币市场, 2010（10）: 46-49.

据融资的难度增加，利差压力增大。CPFF 通过直接向企业购买新发行的商业票据，减轻了受疫情冲击严重企业的现金流压力，进而缓解其信用风险。

通过观察美国票据市场的发展脉络可以发现，商业票据作为货币市场不可或缺的一环，凭借其便捷性和灵活性，深受发行方和投资者的喜爱。它不仅为企业提供了直接融资渠道，还是货币市场中备受瞩目的投资选择，并作为中央银行实施货币政策的关键工具之一。商业票据市场的繁荣不仅推升了货币市场的整体活跃度，还对收益率曲线的进一步完善起到了积极的推动作用。

作为发展中国家，我国的票据市场还有很大的发展空间，因此要借鉴美国商业票据市场发展的经验，如研究推出适合国内发行便利的短期商业票据，推动企业短期直接债务融资市场和货币市场建设。除此之外，CPFF 也带来了重要启示，即在非常时期，商业票据可以作为非常规货币政策工具对宏观经济进行调节。

作　者：潘志豪
指导人：蔡振祥

中国台湾票券历史

　　中国台湾地区的货币市场可分为票券市场和银行拆放市场，通常所说的货币市场是指票券市场。票券市场的发展起源于20世纪70年代，随着台湾地区经济的发展，出口快速扩张，外汇存底快速积累，货币供给额增加，使得通货膨胀问题逐渐严重。因此，台湾当局大力建设票券市场，以短期信用工具为交易筹码，为资金供求双方提供短期资金交易的场所，先后创设了"国库券"、银行承兑汇票、可转让定期存单及商业本票作为短期信用交易工具，并鼓励企业使用商业汇票，极大地促进了货币市场的建立与发展。[①] 目前，商业本票仍然是台湾地区票据市场中主要的票据品种。

　　台湾地区票券市场包括票券金融公司、资金供求双方以及票券市场交易工具（票券）三个方面。其中，票券金融公司是台湾地区票券市场中的主要中介机构。1976年，台湾银行联合几家银行和"中央投资公司"合股成立了台湾地区首家票券金融公司——中兴票券金融公司，随后几年票券金融公司规模逐渐壮大，为票券市场提供了更多的交易媒介。台湾当局为了推行金融自由化政策，1992年允许银行办理短期票券经纪、自营业务，1995年允许银行办理短期票券签证、承销业务，1994允许设立新票券金融公司，这也在很大程度上为台湾地区票券市场的发展提供了更加开放的环境。

　　台湾地区票券市场的发展，不仅促进了市场利率自由化，而且为宏观经济调控提供了场所，作为短期信用工具交易平台，台湾地区货币政策主管机关为了执行货币政策，在票券市场上进行公开市场操作，并对票券市场的系统性风险予以救助。另外，国内票据市场起步较晚且基础设施不完善，而台湾地区逐渐形成了一个交易主体多元、交易工具多样、运行机制完善、交易风险可控、法律法规完备的票券市场，提供了很好的借鉴。[②]

作　者：李　旸

指导人：赵思彦

---

①　黄宝奎. 试论台湾的票券市场［J］. 世界经济研究，1987（3）：58-61+37.

②　晏露蓉，黄宁. 台湾地区票券市场发展经验与启示［J］. 征信，2014，32（6）：1-6.

第二章　票据产品小故事

质剂、傅别、书契

在遥远的周朝，封建制度盛行，土地和人口被周天子分封给贵族权臣，形成了各自独立的经济体。商业活动在这些经济体内部悄然兴起，伴随着井田制的解体，土地开始进入市场流通，商业交易日益繁荣。同时，借贷活动也悄然萌发，泉府这一借贷机构的设立，更是为民间经济注入了活力。然而，随着商业的蓬勃发展，如何确保交易公平、公正和有效，成为亟待解决的问题。智慧的古人便发明了商业文书——质剂、傅别、书契，这些不仅是商业交易的凭证，更是借贷关系的见证。它们作为现代票据的雏形，为商业世界的稳定运行提供了坚实的基石。

质剂、傅别和书契虽然是票据的雏形，但是确切地说属于契约、凭据的范畴。周朝时期的契约主要分为大约剂和小约剂两种，大约剂主要用于记载国家祭奠、赏赐等大型活动，而小约剂主要用于记载较小的事件，如民间事件、交易等。质剂、傅别以及书契因为与民生紧密联系，所以在《周礼·秋官·司约》中被称为"民之约"，属于小约剂。[①]

质剂、傅别、书契虽同属票据的范畴，但各有其独特的用途和魅力。质剂需有政府官员"质人"参与，将交易内容一式两份地书写在竹帛之上，然后一分为二，双方各执一份。其权威性和公信力，让交易双方都能放心地进行商业往来。傅别更为简洁，将交易信息记载于竹帛一面，同样一分为二，日后合并验证即可。书契则更为直接，将交易内容一式两份地书写在两张竹帛之上，双方各自保管。[②]

质剂、傅别、书契的诞生，是古人智慧的结晶，不仅推动了当时商业

---

① 朱红林.《周礼》中的契约及其反映的商业关系 [J]. 北京工商大学学报（社会科学版），2003（4）：60-64.

② 肖小和. 中国票据简史 [M]. 北京：中国金融出版社，2022.

经济的繁荣，更为后世留下了丰富的文化遗产。在现代社会，虽然票据制度得到了极大的完善和发展，但我们仍然可以从这些古老的票据中汲取智慧，为现代商业的发展注入新的活力。

作　者：蔡承宏
指导人：蔡振祥

飞钱

唐朝时期，地域辽阔，交通便利，商品经济得到快速发展。随着两税法的实施以及均田制的瓦解，经商的人日渐增多，众多农业和手工业产品作为商品进行交易，形成了具有一定规模的金融市场。商业交易和贸易的往来次数不断增加为商人们提供了可观的收益，也提升了商人的地位。

然而，随着商品交易的日益频繁，商人们在结算时面临的货币携带问题逐渐凸显。每当他们需要跨地区进行大额交易时，沉重的铜钱、银子甚至是黄金不仅增加了运输的困难，更让商人们担忧途中的风险。同时，唐朝时期佛教繁荣发展，佛像的铸造需求不断增加，而佛像的铸造材料主要是铜，导致铜的消耗过大，没有足够的铜用于铸造货币进行流通，从而出现了"钱荒"的现象。依据《旧唐书·食货志》和《新唐书·食货志》的记载[1]，为了应对这一困境，唐朝政府颁布了禁止铜钱输出境外和禁止熔铜铸器的政策，但这些措施不仅阻碍了异地贸易的发展，也未能从根本上解决"钱荒"问题。随着节度使权力的膨胀，飞钱成为有效的应对工具。

飞钱的经营分为官办和民办两种。官办的飞钱由进奏院管理，进奏院作为地方与京师之间的桥梁，为商人们提供了安全的货币汇兑服务。商人们只需将所需汇兑的财物存入进奏院，便能获得一张名为"公据"的文牒。这张文牒一分为二，一半由商人持有，另一半则由地方官府保管。当商人需要领取钱财时，凭借手中的半份文牒与地方官府保管的半份文牒合券，便能顺利地领取相应的钱财。[2] 民办的飞钱则由一些跨地区经营的大商号提供。这些商号凭借自身的信誉和实力，为商人们提供类似的汇兑服务。无论是官办还是民办，飞钱的出现都极大地简化了商人们的交易流程，节省了时间成本，同时也为商人们的财产安全提供了有力保障。

飞钱作为我国最早的汇票形式，不仅标志着古代信用形式由实物信用向票据信用的转变，更为后世的金融发展奠定了坚实的基础。在飞钱的启示下，后世的金融家们不断探索和创新，推出了更多样化、更便捷的票据产品，为商业经济的发展注入了源源不断的活力。

如今，当我们回望那段历史，不禁为古人的智慧和勇气所折服。飞钱

---

[1] 侯广庆，赵雪琴. 关于飞钱的产生与性质 [J]. 山西财经学院学报，1997（4）：72-73+84.

[2] 肖小和. 中国票据简史 [M]. 北京：中国金融出版社，2022.

不仅是一段金融发展的佳话，更是一部充满智慧和创新的史诗。让我们铭记这段历史，继续探索金融创新的道路，为未来的商业发展贡献自己的力量。

作　者：蔡承宏
指导人：蔡振祥

书帖

在繁华的唐朝时期，商业的蓬勃发展催生了一种独特的金融工具——书帖，这是世界上最早的支票。书帖作为一种信用票据，不仅记录了出帖日期、支付日期、付款金额、收款人姓名以及出帖人的签名，更为商品交易提供了一种便捷的支付方式。与现代的支票有所不同，书帖往往是临时书写的，独特性和个性化成为其显著的特点。

书帖的流行与柜坊的兴起密不可分。柜坊即"寄付铺"，是专门为商人提供财物寄存服务的商铺。随着商业贸易的日益频繁，大额交易的结算成为一个难题。携带大量现金不仅不方便，还伴随着极高的风险。因此，商人们纷纷选择将财物寄存于信誉良好的柜坊，并凭借书帖等凭证提取钱款。这种新型的支付方式极大地提高了商业贸易的便捷性和安全性。在《太平广记》中，我们可以窥见柜坊和书帖在唐朝社会的广泛应用。故事中，张富商用一顶席帽作为凭证，就让亲戚在柜坊提取了巨额钱款，这既展现了柜坊的信用体系，也反映了书帖作为支付凭证的重要性。无论是凭借帖子还是书信，提取钱款都需要特定的凭证，这体现了当时商业交易的规范性和严谨性。[1]

书帖的出现在某种意义上弥补了飞钱无法流通的不足，使得付款者可以在商品交易中不使用现金进行结算，同时，用户将钱财存入柜坊后可以转账给他人，因为部分柜坊使用书帖作为转账凭证。[2] 飞钱虽然可以为商人或者交易双方在异地取得所需钱财提供便利，但是在进行商品结算时，付款人仍然需要支付货币，特别是在结算需要大量钱财的情况下，不仅会使得支付十分不便，同时也会提升付款人所面临的风险。书帖的出现，不仅弥补了飞钱在流通上的不足，更为商品交易提供了一种无需现金的结算方式。通过书帖，商人可以轻易地将钱款转账给他人，极大地简化了支付流程，降低了风险。这种便捷的支付方式，不仅促进了商业贸易的频繁发生，还推动了经济的快速发展，为后世的票据发展奠定了坚实的基础。

作　者：蔡承宏

指导人：蔡振祥

---

① 孙金文，于常健．"柜坊"对唐代商业发展的影响探索 [J]．兰台世界，2014，434（12）：98-99.

② 肖小和．中国票据简史 [M]．北京：中国金融出版社，2022.

交子、会子

在宋朝，水稻经济的蓬勃发展不仅提升了农业生产效率，更使得全国粮食产量激增。与此同时，商业贸易的频繁往来与官府的积极推动，共同铸就了宋朝商业经济的鼎盛。然而，商业的繁荣也带来了货币需求的急剧增长，使得官府不得不大量发行货币以应对市场需求。即便如此，"钱荒"问题依旧如影随形，不断恶化。

交引作为宋朝时期的一种信用票据，为交子的产生与发展奠定了坚实的基础。交引这一统称涵盖了茶引、盐钞、矾引、现钱交引等多种票据，其流通与使用让商人们对票据的运作有了深刻的理解。特别是在四川地区，由于铁钱携带不便，百姓对便捷货币的需求十分迫切，交子便应运而生。

起初，交子由民间商家发行，百姓可以用铁钱兑换交子，商家则提供相应数额的交子券，并加盖发行商号的印记和密押。这种认票不认人的兑换方式，极大地增强了交子的流通性。随着单个商家信用的局限性逐渐显现，富商们开始联合起来成立交子铺，统一印制交子，并制定了一系列完善的发行、流通和兑换机制。此时的交子由同一种色纸印造而成，印文采用屋木人物，具有统一的形制和铺户印记的"密押"。交子的面额依据持有人的资金需求随时填写，交子铺收取现钱后便给予交子，且有交子兑现时每贯收取 30 文的规定。这一阶段的交子没有固定的面额、流通期限、发行准备金要求和统一的兑换、回笼机制，容易产生风险。随着富商们的商铺经营状况日渐不佳，出现了交子无法兑换的危机，于是官府介入交子的发行与管理。北宋官府改变了交子的发行方式并且向百姓征收铸币税，将交子作为国家纸币使用，相较于富商联合发行，这时的发行、流通、兑换机制等更加完善。但是之后交子大量发行，使其大幅贬值如同废纸，无法流通，于是宋朝官府将交子改为钱引，以稳定币值。会子的出现，进一步丰富了宋朝的货币体系，其不仅适用于官府米面交易，更成为百姓日常商品交易的重要媒介。然而，由于南宋时期战事紧张以及官府贪污腐败，财政危机日益严重。为了缓解财政压力，官府大量发行纸币，却又陷入了纸币超发的困境，对国家经济造成了严重损害。①

回顾交子与会子的兴衰历程，我们不难发现，作为中国最早的纸币，

---

① 肖小和．中国票据简史［M］．北京：中国金融出版社，2022.

它们在简化交易、促进信用制度完善和经济发展方面发挥了重要作用。然而，其发展历程也警示我们，纸币的监督管理制度至关重要。必须严格规范纸币的发行、流通和兑换机制，防止超发和滥用现象的发生，以确保经济稳定健康发展。

作　者：蔡承宏
指导人：蔡振祥

会票

明朝初期，朱元璋为了筹措战后重建资金，对江南地区进行了深度干预，使当地的商业生态遭到破坏。同时，重农抑商政策的推行以及实物税收体制的确立，使得商业经济在明朝早期显得尤为滞后。然而，历史的洪流滚滚向前，1567年，海禁的解除为商业经济的复苏带来了转机。随着大明宝钞的贬值、赋税折征金花银的实施以及叶淇变法和张居正"一条鞭法"改革的相继推行，社会经济与百姓生活对白银的需求与日俱增。在江南地区的众多市镇中，大额现金的转运变得愈发困难，难以满足异地资金结算的需求。在此背景下，会票应运而生，它以票据结算的方式代替了现金清算，为长途大宗贸易的繁荣提供了强有力的支持。①

会票产生于明代后期，在清朝也被沿用。货币持有者将所携带款项交付于承办会票的店铺，即可取得会票。也可以由某地的殷实店铺或者权贵开出会票，注明钱数，加盖特别印记，而后让持票人到指定的城市和店铺领取款项。明末小说《豆棚闲话》中就记载了使用会票的事件：徽州典当商汪彦让儿子汪华携带本金一万两银前往苏州开立一家当铺，但是由于汪华经营不善，万两白银被挥霍一空，无奈之下，汪华"寻同乡亲，写个会票，接来应手"②。

会票在清朝前中期得到了进一步的发展，流通范围扩大，票面的规范程度逐渐提升。在形制方面，清朝的会票有特定的样式，有详细的文字内容以及特定的图案，多用单纸书写且无存根。在防伪方面，使用朱红印章作为防伪和作证的标记，复杂的印章刻制提高了会票的防伪功效。会票大致有3种使用情形：（1）相当于现代银行汇兑，即通过会票将资金进行异地拨兑；（2）长途贩运商或者店铺零售商从其他贩运商或行店购货且资金不够时，会书立会票作为异时异地兑款的证明；（3）虽然名为"会票"，但是主要含义是一种资金借贷行为。③

会票在古代商业活动中扮演着举足轻重的角色，不仅为跨地区的商业

---

①　高春平. 中国古代信用票据的发展演变及其异同（中篇）[J]. 银行家，2022, 253（2）：128-130.

②　高春平. 论中国古代信用票据飞钱、交子、会票、票号的发展演变 [J]. 经济问题，2007, 329（1）：125-128.

③　肖小和. 中国票据简史 [M]. 北京：中国金融出版社，2022.

交易提供了便利，还促进了商业经济的蓬勃发展。同时，清朝会票的规范化、防伪技术的提升以及钱庄等金融机构的兴起，为会票的流通提供了更为坚实的信用保障，进一步增强了其流通性。

　　会票的发展不仅是中国古代商业和金融演变的重要见证，也为现代票据业务和票据汇兑制度的建立与发展提供了宝贵经验和重要启示。通过回顾会票的历史变迁，我们可以更加深入地理解中国古代及至现代商业和金融的演变过程，为未来的金融创新和商业发展提供有益的借鉴。

作　者：蔡承宏

指导人：蔡振祥

银票

在中国古代的历史长河中，银票作为一种独特的货币形式，曾在北宋至清末扮演了举足轻重的角色。北宋初年，四川成都地区率先出现了"银票铺户"，这些机构专门为携带巨额款项的商人提供现钱保管服务，从而促进了银票的诞生。商人将现钱交于铺户后，会收到一张记载着存放金额的楮纸，即早期的银票。这张楮纸不仅是商人提取现钱的凭证，更是那个时代资金流通的见证。随着时间的推移，银票在清朝末年的政治动荡和经济危机中再次崭露头角。面对官员腐败、列强侵扰以及财政状况恶化，清廷为了筹集军费，打破长达两百年不印制发行纸币的惯例，于咸丰三年（1853年）印制了户部官票。这些官票以银两为单位，面值多样，成为清廷挽救财政危机的重要手段。①

古代银票的防伪机制堪称一绝，复杂的图案、多样的题材以及多色套印的技艺，让银票在当时成为百姓和商人信赖的货币形式。银票的图案设计匠心独运，八仙、二十四孝、花草、山景等题材丰富多样，甚至直接采用名家书画作品作为装饰，使得每张银票都如同艺术品一般（见图 2-1）。此外，还采用了密押技术、防伪印章等手段，有效防止伪造和冒领，确保了银票的安全性。②

银票的发行不仅促进了国家的资金流通，还推动了商业贸易的繁荣。在清末动荡时期，银票更是成为政府筹集资金、抗击外敌的重要工具。以台南官银票和官钱票为例，这些银票在刘永福将军的号召下发行，为筹措粮食和资金从而抗击日本侵略者提供了有力支持。③

随着科技的进步，电子票据和数字货币逐渐兴起，但银票作为古代货币文化的重要组成部分，其历史价值和影响不可磨灭。银票不仅展现了古代人民的智慧和创造力，更为现代防伪技术提供了宝贵的启示。回顾银票的发展历程，我们不禁为古人的智慧和勇气所折服，同时也为中华民族悠久的货币文化感到自豪。

---

① 黄娜. 清代银票的简释问答［J］. 东方收藏，2019，123（23）：14-16.
② 卢伯雄. 清末纸钞银票上的防伪艺术创作［J］. 东方收藏，2019，123（23）：5-11.
③ 叶真铭. 最早的抗日货币——台南官银票、官钱票［A］. 湖北省钱币学会. 湖北钱币专刊（总第14期）［C］. 2015：3.

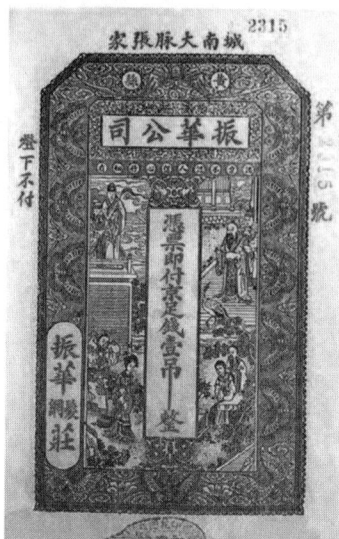

图 2-1　民国早期振华公司"壹吊"老银票正面

作　者：蔡承宏

指导人：蔡振祥

钱票

钱票，这一中国历史上第二次纸币革命的产物，以其独特的民间金融属性和市场化运作方式，成功地在古代中国市场上占据了一席之地。它的诞生，主要源于解决携带大量金属钱币的不便，从而极大地提高了交易的便捷性和市场流动性。钱票以不记名、认票不认人的方式在市场上自由流通，成为百姓日常交易中的得力助手。从京城到山东、山西、陕西，再到东北及安徽、东南沿海的部分地区，钱票的流通范围之广，足以说明其在当时社会中的受欢迎程度。

钱票也可以帮助官府稳定市场，解决"钱荒"等问题。光绪年间，义和团为了警告专门贩卖洋货的商铺，一把火烧了繁华的大栅栏街，结果大火蔓延最终烧毁了4000多家店铺，使得恒兴、恒利、恒和、恒源钱铺以及各店铺相继歇业。当时银钱兑换和商业交易中的金融拨付兑换业务由炉房和"四恒"钱铺负责，因此，炉房被毁，"四恒"钱铺歇业，使得京城的金融流通陷入瘫痪。为了解决此次危机，官府组织成立了公议官钱号，以"四恒"钱铺以及其他有经济实力的钱铺为基础，利用"四恒"钱铺在钱业的影响力和对银钱市场的控制力，紧急印发钱票，同时规定领用公议官钱号的钱票时，需要缴纳一定比例的保证金，以鼓励钱票流通，排除流通环节的障碍。①

钱票虽然在市场上流通性很强，但是同样存在金融风险以及制作假钱票、兑换纠纷等问题。于是，清政府出台了一系列措施进行管理，如"造卖赌具、代贼销赃、行使假银、捏造假契、描画钱票、一切诓骗诈欺取财以窃盗论"②，其性质与诈骗他人财物相同，处罚力度依据情况严重程度而定。

钱票在市场上的流通不仅减轻了百姓携带大量金属钱币的负担，也为官府稳定市场、解决"钱荒"等问题提供了助力。然而，其流通过程也伴随着金融风险、假票制造及兑换纠纷等问题，需要政府等部门加强管理与规范。钱票的发展历程对现代票据的发展具有借鉴意义。现代票据在功能和服务质量上不断升级，不仅体现信用，还助力企业融资与发展。近年来，

---

① 张小杰．庚子年"公议官钱号"钱票［J］．中国钱币，2020，164（3）：19-23.

② 张宁．从钱票流通看清中叶的金融变革——兼论金融史研究的本土视角［J］．中国社会经济史研究，2022，162（3）：40-53.

商业汇票签发量的增长及中小微企业对其的青睐，都显示出票据在现代经济中的重要地位。

　　钱票作为中国古代市场上的金融先驱，其发展历程不仅彰显了金融创新的魅力，也为现代票据的发展提供了深刻的启示。我们有理由相信，随着科技的不断进步和金融市场的日益成熟，票据将在推动经济发展、服务社会民生方面发挥更加重要的作用。

作　　者：蔡承宏

指导人：蔡振祥

庄票

明朝末年，山西地区商业繁荣，商人们智慧地设立了票号，并在各地拓展分号，以此经营起繁忙的汇兑业务和存放款业务。在这一背景下，汇券、汇兑票、汇条以及庄票等票券应运而生，它们如同一股股清流，润泽着商业交易的每一个角落。随着时间的推移，票号逐渐演化为钱庄，而庄票则成为钱庄发行的一种独特票据，其本质为钱庄的本票。

庄票，这种小巧而富有魔力的票据，不仅能够在市场上代替现金流通，还极大地减轻了交易者携带金银完成支付的沉重负担。庄票分为即期票和远期票，前者见票即付，后者则需等期限到期后才能从钱庄提取现金。期限灵活多样，包括 5 天、10 天、20 天等，为商人提供了极大的便利。更为吸引人的是，在庄票到期之前，持票人可以到钱庄办理贴现，提前获取资金，这无疑为商业活动注入了更多的活力。

钱庄发行的庄票因为具有极高的信誉，在商业贸易中流通性极高，流通范围广泛。它不仅仅在本国的金融界和工商界流通，更跨越国界，在外商银行和洋行界也受到了广泛的认可和使用。鸦片战争后，由于五口通商，大量外国商人进入中国市场，当时外国商人与中国商人之间缺乏信任，因此相互之间的贸易需要中间人，然而由于中间人缺少资金，外国商人也不相信中间人。这时钱庄为中间人提供了保证，中间人向外商办货时以庄票支付，庄票到期时，外商可以持票要求钱庄支付现金以获得货款，而中间人将货物卖出并得到中国商人支付的货款后，便可以支付给钱庄。所以说庄票为中外商人之间的交易搭起了桥梁。[①]

庄票通常不记名，而且认票不认人。当时，庄票不得挂失止付，所以也产生了一些关于遗失庄票的纠纷案件。1873 年，顺发洋行的两张总计4000 两银的远期庄票被买办者盗用，分别支付给了鲁麟洋行的买办和恒益钱庄。之后持票人到顺发洋行进行兑付，但是顺发洋行认出了丢失的庄票，遂拒绝办理并提起诉讼，当时衙门偏袒洋行，于是判定这 4000 两银的损失由三方共同承担。该判决结果自然被人们质疑，认为破坏了认票不认人的规则，导致一段时间内各钱庄都不愿办理庄票业务。[②] 后来，即使想要办理

①　戴建兵. 上海钱庄庄票略说 [J]. 档案与史学, 2002 (2): 26-29.
②　金学史. 上海最早的银行本票——庄票 [J]. 上海金融, 1986 (5): 47-46.

庄票挂失止付,也极为严格困难。依据 1923 年的《上海钱业营业规则》,如果失票人监守自盗或者被人蒙骗从而丢失庄票,不予挂失止付。若因水火盗窃或者遗失从而丢失票据,需要失票人出具证明,请求钱庄挂失止付,并且要在中外著名报纸上刊登声明以作废。另外还要向地方官府存案,让庄家将款项送入公会保存,若一百日内无瓜葛纠纷的话,失票人由庄家信任的保证人或庄号进行担保,才能取得款项。

总的来说,庄票在当时的市场中扮演了重要角色,不仅便利了百姓的支付,还促进了中外贸易的发展。尽管存在一些问题,但庄票的出现无疑对市场起到了积极的推动作用。

作　者:蔡承宏

指导人:蔡振祥

旧式汇票

　　在清朝经济蓬勃发展及其制度日臻完善的背景下，票据的使用得到了显著普及。特别是在清朝中后期，随着商业经济的繁荣和跨区域贸易的日益频繁，对远距离汇兑的需求显著增长。这一时期，票据的种类呈现出多元化趋势，票面形式与规范更加统一，担保和抵押等增信手段得到完善，防伪措施也得到强化。钱庄和票号作为当时主要的票据发行机构，其经营的票据种类繁多，极大地推动了票据市场的发展。其中，汇票作为一种重要的票据形式，占据了举足轻重的地位，成为旧式票据体系中不可或缺的一环。

　　钱庄汇票在旧式票据中占据非常重要的地位。上海钱庄在与内地开展贸易的过程中使用汇票有以下相关的记载：所谓汇票，就是汇款人对第三方发出的支付命令，命令他立刻或者几天后无偿地将规定的款项支付给持票人或者指定人，这里的第三方一般为兑款人（钱庄）。[①] 比较典型的明证是现收藏于上海市银行博物馆的一张从河北博陵汇至上海"夷场"（租界）顺号丝宝栈的汇票（见图2-2），面值九八规银 1000 两，由阜丰钱庄兑现，汇票时间为"巳卯"即光绪五年（1879 年），采用骑缝式编号，第叁拾玖号，票面金额处用毛笔画圈，用来表示兑付。这张汇票用毛笔手书而成，盖有庄名、年份、骑缝等 12 处印章，印章多用中国传统图案进行装饰，制作精美。

　　票号的核心业务集中于汇兑，而

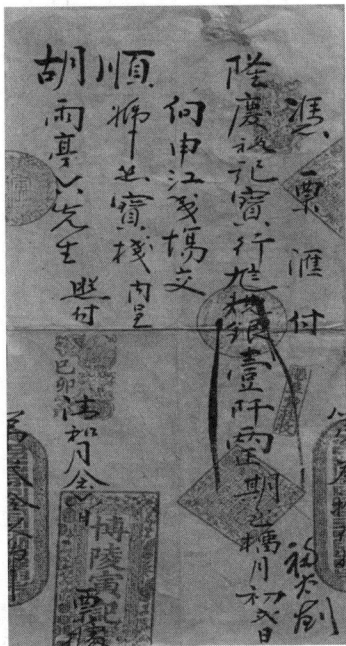

图 2-2　从河北博陵汇至上海"夷场"（租界）顺号丝宝栈汇票

（资料来源：银行博物珍赏：上海市银行博物馆藏品集［Z］. 2003：33）

---

　　① 潘子豪. 中国钱庄概要［M］. 上海：上海书店出版社，1931：122.

这一过程通常依赖汇票作为媒介。在相关文献中，我们可以找到关于汇兑的详细记录。以光绪十三年（1887年）为例，蔚泰厚济南分号主动承接了俞云溪的汇兑需求。收到款项后，济南分号为俞云溪开具了一张汇票，并指示北京分号在收到汇票后的5~7天内将钱款交付给指定的收款人。一旦款项交付完成，汇票将被收回并记录在案。

虽然不同票号的汇票样式各有特色，但它们在内容上却保持着高度的相似性。汇票的形式多样，包括单联式、一式两联式以及一式三联式，其中单联式较为常见。以日升昌票号为例，其空白汇票采用四折式设计（见图2-3），从左至右依次为：第一折，中央印有浅红色竖写行书字体"信行"二字；第二折，上方印有同样色彩的竖写楷书字体"道光"或"咸丰"，下方则空出两字位并印有"立会票"三字；第三折为"会票"的具体内容，需填写在四竖行空白格条内，格条色彩与前述相同，其中左第三行较其余三行高出两字空位，用于填写客商姓名；第四折，上半部分印有与前述色彩相同的竖写楷书字体"会卷"二字，下半部分则绘有"红黄橙绿兰"多色构成的"天官赐福"竖长图案。

钱庄和票号的汇票是经济不断发展的产物，具有一定的时代特色，随着时代的发展和更迭，新式票据不断涌现，钱庄和票号的汇票逐渐退出历史舞台，但不可否认它们曾经也是票据历史上的一抹亮色。

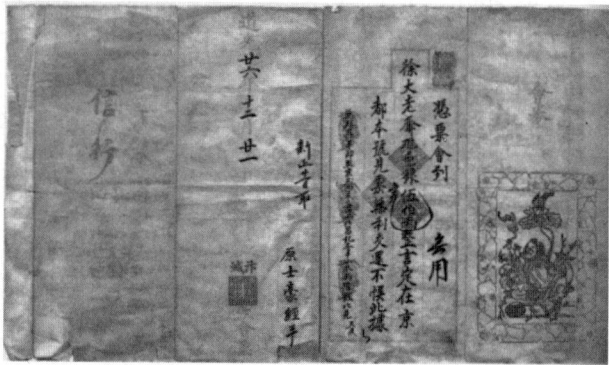

图2-3　日升昌汴梁分庄签发发往日升昌北京分庄汇票

（资料来源：上官永清. 晋商银行过去现在未来［M］. 太原：山西出版集团，山西经济出版社，2009：24）

作　者：潘志豪

指导人：蔡振祥

新式汇票

1840 年，英国用大炮打开了我国的大门，我国因此由闭关锁国的封建国家逐步沦为半殖民地半封建国家。帝国主义长期侵占和掠夺我国领土，给人民带来了沉重的苦难。但值得一提的是，客观来说，西方帝国主义国家的入侵，使得长期闭关锁国的中国建立了与外部的连接，从而逐渐融入世界市场。中国市场被迫打开后，大量的洋行开始进入，促进了中国本土近代新式银行的诞生，以及旧式汇票与西方新式汇票相互融合，我国新式汇票就是在这种背景下产生的。①

为了便利外国商人在中国开展贸易活动，各国纷纷设立了外商银行，这些银行通过提供国际汇兑服务为其本国商人提供资金支持。随着外商银行汇兑业务的不断拓展，汇票的使用和发展也随之加速，使之成为中外贸易中不可或缺的流通工具。据记载，当时的贸易成交中使用票据的金额每月平均 60 万镑，全年预计可达 720 万镑，主要涵盖了为购买鸦片所支付的外汇款项以及为运出蚕丝等商品所开具的汇票。随着中外贸易的开展，外商银行汇票越来越为中国银钱业所接受并使用，据 1886 年厦门通讯报道，"那里汇丰银行的汇票，久为绅商所信任"。19 世纪 80 年代开始，汉口钱庄越来越多地通过外商银行汇票向上海汇款。1899 年，《字林西报》的重庆通讯员报道说："这个口岸和上海银行有联系的人，过去一段时期大赚其钱。无论是本地和外国银行的汇票，都非常吃香。"

华资银行方面，中国通商银行作为第一家本土银行，也发行汇票，并从事汇票业务。"各分行承接各路汇票，必须体察银根松紧情况，互相关照。"创立之初，中国通商银行应付汇票仅有 5 万两，应收汇票为 110.5 万两；到 1909 年，中国通商银行应付汇票达到了 91.3 万两，应收汇票仅有 18.8 万两，由此可见其发行汇票数量增长速度之快。

新式汇票的崛起，标志着传统票据实践与西方票据理念之间的交汇与革新，它们与钱庄传统的旧式汇票共同活跃于市场中，且展现出了逐步取代旧有体系的趋势。这一新兴金融工具不仅满足了当时经济活动中不断增长的货币流通需求，还发挥了重要的金融调控作用。作为传统体系的革新

---

① 李莉莉．钱庄、外商银行、华商银行的地位探析——基于票据及票据清算角度 [J]．北京印刷学院学报，2021，29（6）：11-14.

者，新式汇票站在了历史发展的前沿，书写了属于它们的辉煌篇章，留下了深刻的时代印记。

作　者：潘志豪
指导人：蔡振祥

本票

鸦片战争后，随着国内工商业的蓬勃发展和对外贸易的日益扩大，传统的金融机构，尤其是钱庄，经历了一段显著的增长时期。与此同时，外商银行纷纷涌入中国市场，并逐步在中国对外贸易领域取得主导地位。然而，这一格局在 1897 年发生了转变，中国第一家本土银行的诞生标志着金融领域新纪元的开启。本土银行的崛起不仅推动了金融机构的进一步发展，也为中国信用体系的建立奠定了坚实基础。这一时期，新式票据与旧式票据等多种信用工具在中国市场上并存流通，共同支撑着金融市场的运行与发展。

本票就是一种新式票据，是指发票人于到期日无条件支付一定金额给收款人的票据。① 大宗商品交易需要大额资金支出，极其不方便，开具银行本票便可解决这一问题。与钱庄庄票不同的是，银行本票要求客户在银行预存一定的存款，也就是存款票据。

外商银行在华大肆发行的银行券，实际上是银行本票的特殊形式。例如，丽如银行曾发行过伍两、拾两、伍拾两、壹佰两及伍佰两的银票，在其 1865 年发行的伍佰两银票票面上注有"住上海英国丽如号银票"英文字样及"凭票取规银伍佰两"中文字样。花旗银行也在 1905 年发行过面值为5 元、10 元、100 元的银元票。

华资银行方面，1898 年，中国通商银行共发行 100 万元银元券和 10 万两银两券，票面载有"凭票即付""只认票不认人"等中文字样，这是中国首次自行发行银行券，中国新式票据应运而生。此外，《交通银行章程》规定，交通银行可"仿照各银号，印出该埠市面习惯通用平色各种银票以及各项票据"。交通银行在成立当年还印制了该行本票，票面印有"凭票即付""九八规银"等字样。

鉴于中国本土新式银行的诞生相对滞后，直到 1897 年中国通商银行方作为首家本土新式银行出现，因此在近代票据发展历程中，工商企业与钱庄间的联系更为紧密，形成了长期使用旧式票据的惯例。相较于钱庄票据的广泛流通，新式银行发行的票据在流通上则显得较为有限。无论是国际贸易还是国内企业间的交易，钱庄庄票均因其信誉而广受欢迎。直至 20 世

---

① 李莉莉. 钱庄、外商银行、华商银行的地位探析——基于票据及票据清算角度［J］. 北京印刷学院学报，2021，29（6）：11-14.

纪 30 年代，银行本票在国际贸易中的流通量尚不及钱庄庄票的 1/10。然而，新式银行本票的诞生无疑是票据制度的一大进步，为民国时期的融资功能强化奠定了基石，对票据制度的未来发展产生了深远的影响。

作　者：潘志豪
指导人：蔡振祥

支票

支票是银行存款户对银行签发的要求于见票时对收款人或持票人无条件支付一定金额的票据，属于商业票据。支票最早可以追溯到清朝时期的钱庄支票，当时随着清朝经济的不断发展，需要更多的金融工具来满足商业的需求，支票应运而生。钱庄支票是客户提款的信用凭证之一，由于出票人与钱庄之间有存款往来，因此可以向钱庄领取。支票上通常不写收款人的名字，因此可以自由流通，扩大了服务范围。直到西方帝国主义国家用大炮打开我国的大门，为了便利外国商人在华开展贸易，各国纷纷设立了外商银行，银行支票是外商银行周转资金的工具之一。银行支票是供发票人使用的，用来从银行中提取可供使用的活期资金，在顾客有支付需求的时候，开具给收款人，由收款人到银行取款。

银行支票的产生主要基于三种渠道：存款、额度透支和银行放款。当商家在银行拥有充足的存款时，其可以凭借支票便捷地取款。在某些情况下，即使存款不足，只要银行允许，商家也可在一定额度内开出支票，这就是所谓的额度透支。至于银行放款，则是银行向客户提供贷款，而客户可以使用这些贷款所对应的支票进行取款。银行支票由银行专业印制并交付给客户。一旦客户需要支付款项，他们可以随时填写支票，并将其交给收款人。收款人持有支票后，便可前往银行取款。在取款的过程中，银行会严格审核支票上的出票人印鉴及相关手续，以确保其真实性和有效性。只要审核无误，银行便会立即支付款项给收款人。[①]

在 20 世纪 30 年代之前的近代中国，即便是在繁华的上海，银行支票的流通也显得颇为有限。这背后有多重原因值得探讨。首先，中国的记名支票制度存在一些固有局限。当收款人持票前往付款银行取款时，必须进行背书，否则银行不予受理。若收款人与该银行无业务往来，还需额外确保背书正确或委托其他银行代收，流程烦琐。鉴于上海地区的华商与银行间业务联系并不紧密，记名支票的流通自然受到制约。其次，尽管不记名支票在流通上更为便捷，但其易于被冒领的特性给出票人带来了极大风险，因此许多出票人对此持谨慎态度。再者，当时银行存款业务尚不发达，商家更倾向于与钱庄建立业务关系，而非银行。在上海，小商家几乎全部依

---

① 中国人民银行上海市分行. 上海钱庄史料 [M]. 上海：上海人民出版社，1960：683.

赖于钱庄进行日常交易，而普通居民中，除少数拥有储蓄账户外，大部分人与银行鲜有交集，这使得支票的使用并不普遍。此外，当时的商界信用观念相对薄弱，滥发支票、开出超额或空头支票的现象屡见不鲜，给收款人带来了极大困扰，因此他们往往拒绝接受支票，这无疑进一步限制了支票的流通。最后，在中国近代的历史背景下，信用制度尚不成熟，银行钞票的流通也不广泛。相较于银行钞票，支票不仅需要银行的信用做担保，还需要出票人的信用作为支撑，这使得在钞票流通广泛和银行信用体系成熟之前，支票的流通受到了较大限制。

作　者：潘志豪
指导人：蔡振祥

银行承兑汇票

　　银行承兑汇票是由在承兑银行开设存款账户的存款人签发，经开户银行审核并同意承兑的，保证在指定日期无条件支付确定的金额给收款人或持票人的票据。[1] 追溯我国近代银行承兑汇票的历史，最早可至 20 世纪 30 年代，当时国内经历了两次承兑贴现热潮。1929 年，《中华民国票据法》的颁布为票据的使用和发展提供了法律支持，同时，各方的积极参与促成了承兑和贴现市场的首次热潮。1930 年至 1931 年，银行业率先推行承兑汇票并办理贴现业务，交通银行、国华银行、上海商业储蓄银行和大陆银行等众多银行纷纷加入。值得一提的是，1930 年，金国宝在交通银行率先试办和推广承兑汇票及贴现业务，并设计创立了承兑汇票，同时还承办其他银行商业汇票的承兑及贴现。1931 年至 1932 年，银行业关于增加"承兑"业务的提议和相关承兑贴现章程的出台，进一步推动了银行承兑汇票承兑及贴现业务的发展。

　　1934 年底至 1937 年 6 月，国内迎来了第二次承兑贴现热潮。其背景是 1934 年国内爆发"白银风潮"，大量白银外流导致通货紧缩，市场筹码匮乏，社会经济陷入危机。面对这一困境，承兑汇票及贴现成为社会的焦点。1935 年 4 月 2 日，上海市银行业同业公会积极推行商业承兑汇票，并多次召开会议探讨相关事宜，同年 7 月正式提出推行银行承兑汇票。随后，其他城市的银行业同业公会等组织也相继效仿，推动了银行承兑汇票的发展。然而，在新中国成立初期，全国实行信用集中制度，商业信用被取消，银行结算以划拨为主，支票结算较为罕见。在计划经济的大背景下，汇票和本票作为商业信用和银行信用的载体，其支付结算和信用扩张的功能作用难以发挥，银行承兑汇票的发展因此陷入停滞。[2]

　　改革开放后，随着经济体制改革的深化和对外开放步伐的加快，我国逐步恢复了商业信用，取消了信用集中制度，为银行承兑汇票的发展创造了有利条件。中国人民银行通过持续的试点和经验总结，制定并颁布了一系列相关制度和办法。1981 年 5 月，上海率先推出银行汇票承兑贴现业务，

---

　　① 柳柏林. 银行承兑汇票在樟树市中小企业的应用研究［D］. 石河子市：石河子大学，2013.

　　② 江西财经大学九银票据研究院. 服务经济高质量发展，如何发挥票据制度优势？［EB/OL］.（2019-11-14）［2024-04-09］. http：//www.china-cer.com.cn/guwen/201911141133.html.

试行商业银行信用票据化，以规避企业间赊销、预付导致的资金拖欠问题。到了 1989 年 4 月，《银行结算办法》正式实施，票据流通转让、贴现、转贴现和再贴现等业务得以全面推广，标志着结算票据化的全面推进。同年，中国人民银行推出"三票一卡"制度，即汇票、本票、支票和信用卡业务，为银行承兑汇票的发展奠定了坚实基础。

作　者：陈家宇

指导人：李紫薇

商业承兑汇票

　　商业承兑汇票，即由收款人开出，经付款人承兑，或由付款人直接开出并承兑的汇票。其使用仅限于在商业银行开立账户的法人，且必须基于合法的商品交易。一旦汇票被承兑，承兑人（即付款人）即承担到期无条件支付票款的义务。此外，这种汇票不仅可以向银行贴现，还可以在市场上流通转让。在我国近代，商业承兑汇票的历史可追溯到 20 世纪 30 年代。"九一八"事变后，日本为了转移国际视线、缓解压力并寻找新的进攻基地，不断对国民政府施加压力，制造摩擦。"一·二八"事变后，上海金融市场遭受冲击，银根紧缩，工商业陷入萧条。在这一背景下，企业逐渐认识到商业承兑汇票及贴现业务对工商业发展的重要性，开始积极办理相关业务。

　　1932 年，为了解决客商在添办货品与支付款项上的冲突，国产搪瓷营业所在《银行周报》上发布了《国产搪瓷营业所试办商业承兑汇票刍议》及《国产搪瓷营业所为签发商业承兑汇票敬告客户书》，正式试行商业承兑汇票制度。客户采购货品时，若选择使用商业承兑汇票支付，可与营业所协商确定付款期限，并在汇票上明确标注。这一举措不仅为工商界提供了新思路，还为其后商业承兑汇票的广泛应用树立了典范。此举极大地推动了票据承兑贴现的普及，引领了第二次承兑贴现热潮。1935 年初，为了解决资金问题，上海美亚织绸厂率先倡导绸缎业采用商业承兑汇票。[①] 同年 3月，上海市绸缎业同业公会经过充分讨论，决定推行商业承兑汇票，旨在提高货币流通效率。此举得到了机电业同业公会的积极响应，两公会联合发布公告，自 4 月 1 日起正式实施商业承兑汇票制度。

　　新中国成立之初，我国实行的是计划经济体制，基于商业信用的商业承兑汇票未能得到适宜的发展环境。然而，改革开放的春风带来了新的变革。为了规避挂账式商业信用的弊端，中国人民银行和各级政府探索推出了一系列旨在推动商业信用票据化的政策措施。1979 年，中国人民银行着手筹备并试点企业签发商业承兑票据业务，同时，各种票据业务的探索与试点也相继展开。到了 1980 年 8 月，中国人民银行分行行长座谈会明确提出要根据新形势改进信用制度，标志着商业信用领域的限制开始松动，传

---

　　① 万立明 . 近代中国票据市场的制度变迁研究［M］. 上海：上海远东出版社，2014：55.

统的票据信用逐步向社会主义信用体系转变。会议决定，由上海作为试点地区进行先行探索，待条件成熟、经验积累到一定程度后，再将商业信用的应用逐步推广至全国。可见，商业承兑汇票在新中国成立后的经济发展过程中，对于促进商品流通、扩大交易规模、降低交易成本、提高资金使用效率等都发挥了不容忽视的积极作用。

自上海票据交易所成立以来，市场生态显著变革，票据市场已迈入电子化时代，票据创新水平持续攀升。商业承兑汇票面临超预期因素冲击时，仍展现出强大的韧性，不仅为实体经济的结算提供了便捷通道，还有效降低了中小企业的融资成本，为稳定宏观经济大盘和推动高质量发展提供了坚实支撑。

作　者：陈家宇
指导人：李紫薇

冀南银行本票

抗日战争全面爆发后，中国共产党领导的八路军迅速集结，毅然东渡黄河，成功开辟了以太行为中心的敌后战场，稳固建立了晋冀鲁豫抗日根据地。这一根据地也称为晋冀鲁豫边区，横跨太行、太岳、冀鲁豫、冀南四个区域，总面积逾60万平方公里。1937年，日本帝国主义的全面侵华战争使中国陷入了深重的灾难，日伪货币和地方杂钞泛滥成灾，物价急剧上涨，各抗日根据地的财政经济状况陷入严重困境。为了打破日寇的经济封锁，1939年10月，冀南银行在山西省黎城县小寨村正式成立，并设立县区兑换所与分所，开始发行冀南币，以统一根据地货币制度，稳定经济秩序。

1939年至1948年，冀南币发行总额雄踞各边区银行之冠，为边区军民提供了坚实的财政物资支持，有力开展了对敌货币斗争，对边区经济的蓬勃发展做出了不可磨灭的贡献。然而，在日本侵略者的穷追猛打和国民党反动派的阻挠破坏下，晋冀鲁豫抗日根据地陷入重重困境，加上1942年多县蝗虫肆虐，给根据地带来了巨大损失。此时，日伪"联银券"、法币和各类土杂钞充斥市场，冀南币购买力大幅下滑，冀南票信誉严重受损，货币金融秩序陷入混乱。为了应对敌人的倾销和打压，冀南银行在战时环境下采取了紧缩通货、强化管理的策略，以稳定金融市场。通过艰苦的阵地争夺，冀南银行成功肃清了伪币和土杂钞，初步确立了独立的冀南本位币市场。同时，为了便利大宗贸易、货款结算和携带，冀南银行创新性地发行了本票，替代部分纸币流通，此举不仅发展了票据信用，更促进了资金的快速周转，为边区经济的恢复与发展注入了新的活力。

1943年9月29日，冀南银行总行正式发布通令，决定推行定时、定额、限定使用区域的银行本票（见图2-4）。此举旨在深化票据信用体系，紧缩通货，灵活调节金融市场，进而刺激生产活动。冀南银行本票既可通过现钞或存款购买，又支持随时兑换和背书转让，确保流通的便捷性和安全性。持有者须在规定的期限和区域内使用，并在到期时前往银行进行兑换。1943年，冀南区与太行区分别推出了壹百元、贰百元（两种版别）、伍百元、壹千元四种面额的本票；至1945年，又新增了一种伍百元面额的本票。冀南银行本票在设计和印刷上沿袭了冀南票的风格，票面印有田园风光、农民、劳动者等图案，既展现了地域特色，又体现了票面的艺术价值。尺寸上略大于冀南票，背面设有"背书栏"，包含"转让人""保证人"表格及详细的使用说明，确保交易过程清晰透明。①

图 2-4　冀南银行本票

（资料来源：中国金融学会，中国钱币博物馆，新华通讯社摄影部，中央文献出版社.
中国金融珍贵文物档案大典（红色金融第二卷）[M]. 北京：中央文献出版社，2002：84）

　　冀南银行本票的发行极大地便利了当时的交易与资金流通，然而，在抗日战争时期货币贬值与通胀问题日益严峻的背景下，许多人手中的本票价值受到了严重侵蚀。尽管如此，冀南银行本票作为那段历史的见证，镌刻着中国人民在抗战岁月中的生活与斗争印记。冀南银行作为中国人民银行的前身主体，在中国共产党的坚定领导下，为抗日战争和解放战争的全面胜利提供了坚实而持久的金融支撑，彰显了其在中国革命历史中的重要地位。

作　　者：陈家宇

指导人：李紫薇

----

　　①　张转芳. 晋冀鲁豫边区货币史（上册）：晋东南革命根据地货币史 [M]. 北京：中国金融出版社，1996：81-85.

北海银行本票

北海银行诞生于抗日战争时期，是山东抗日根据地在中国共产党领导下所建立的金融机构。在抗日战争与解放战争的烽火岁月中，它扮演了举足轻重的角色。1938 年，为了稳定市场秩序、强化金融与军政建设，以及满足战争之需，北海银行在山东掖县（今莱州）应运而生。此后，它更成为新中国中央银行——中国人民银行的重要奠基者之一。① 北海银行所发行的北海币版别繁多，堪称抗币中的佼佼者。这些货币在市场上与法币等值流通，且可随时兑换法币。抗战时期，北海币成为山东抗日根据地的主要货币，为巩固和发展当地金融事业做出了卓越且不可磨灭的贡献。

在抗日战争的硝烟中，随着与敌货币斗争的全面升级，北海银行曾意图用北海币全面取代法币。然而，受限于根据地的技术与设备条件，北海币的发行量远不能满足市场对现钞的庞大需求。因此，自 1942 年 8 月起，北海银行各地分行开始发行本票，作为现金流通的一种替代手段，以缓解货币紧缩和北海币短缺的困境。这些本票面额较大，包括佰元、伍佰元和壹仟元等。为了确保其顺利流通，初发行时规定持票人需牢记票号，一旦遗失可声明挂失。然而，鉴于本票挂失可能带来诸多弊端，政策随后调整为本票完全取代现金流通，本票遗失后不再接受挂失，并在票面上加盖"此票遗失不挂失"的警示字样。这一调整有效地维护了金融秩序，确保了本票的流通安全。

北海银行各支行所发行的本票在版式上各具特色。据史料记载，1943年 11 月 15 日，北海银行清河分行开始发行纸质 100 元本票，其设计独具匠心：长方形直式票面，以柳黄绿色为背景，配以蓝色文字。票面顶端骑缝处盖有方形图章，而"壹百元"字样上则加盖了长兴篆字图章，下方阿拉伯数字上则盖有椭圆形图章。与清河分行本票形成鲜明对比的是，北海银行渤海分行发行的 100 元本票采用了粉红色曲线底纹，花团和文字均为黄色，号码及图章则统一为蓝色。该本票顶端的骑缝图章则选用红色，彰显了其独特的风格。②

---

① 版别最繁多的抗币"北海币"及其收藏价值［EB/OL］.（2018-12-25）［2023-5-29］. http：//www.360doc.com/content/18/1225/13/424013_804342571.shtml.

② 中国人民银行金融研究所，中国人民银行山东省分行金融研究所. 中国革命根据地北海银行史料［M］. 济南：山东人民出版社，1986：562.

解放战争时期，随着山东解放区的不断拓展，北海币的流通范围迅速扩大，货币供应量急剧增加。为了满足日益增长的支取需求，适应经济发展新态势，北海银行于 1948 年 12 月发行了面额为 10 万元的定额本票（见图 2-5），总额高达 49 亿元。这些定额本票采用竖式排布，以蓝色为主色调，上方印有"北海银行"和"本票"字样，下方花符中清晰地标注着"拾萬圆"。四角处也分别印有"拾萬"面额字样，以示醒目。背面则在上部及四角处印有阿拉伯数字"100000"以标明票据面额。[①] 与抗日战争时期发行的北海银行本票相比，此次发行的本票在面额及发行规模上均有所扩大，更加适应了大宗交易的货币需求。同时，这些本票仅限于境内流通，仅可向签发行兑换北海币，遗失后不予挂失，确保了货币流通的安全与稳定。

图 2-5　北海银行本票

（资料来源：《徐州纸币大观》编纂委员会．徐州纸币大观 [M].

北京：中国文史出版社，2003：128.）

北海银行本票在转让时独具特色，无须背面盖章或签字，凭票即可兑付。其发行有效地缓解了"排法"斗争背景下印刷设备简陋导致的北海币流通量不足问题。作为银行发行的一种票据，北海银行本票代替现金流通

---

① 《徐州纸币大观》编纂委员会．徐州纸币大观 [M]．北京：中国文史出版社，2003：127.

于市面，特别是胶东分行、清河分行、渤海分行相继发行的大面额本票，不仅作为流通工具，更是支付手段，使根据地成功摆脱了货币流通严重短缺的困境。

作　者：陈家宇

指导人：李紫薇

北海银行支票

中国共产党在山东创建了多个抗日根据地，其中，独特的掖县孕育了北海银行，其影响力迅速辐射全省。北海银行起源于胶东抗日根据地，1938年至1941年，随着根据地规模的不断扩大和局势的演变，胶东地区被划分为东海、西海、南海、北海四个分区，北海银行也随之建立了相应的支行体系。胶东地理位置优越，资源富集，三面环海，北临渤海，南控黄海。历史上，辽东半岛与胶东半岛同属山东省管辖，清末山东人"闯关东"的潮流，为胶东带来了外汇的便利。此外，胶东山区盛产花生、水果、蚕茧，沿海地区渔盐资源丰富，更蕴含着黄金矿藏，平原地区则是粮食的主产区。得益于这些得天独厚的条件，胶东的农村经济和集市贸易蓬勃发展。①

当时，胶东地区渔季期间对青岛汇票（渔季外汇）的需求尤为旺盛。鉴于青岛渔商几乎全部依赖汇票购买鱼虾，工商管理局为了有效储存外汇基金并调剂其他海区的外汇，在东海沿海各县局率先实施新外汇管理办法。其中规定，出口鱼虾的外汇须统一由工商管理局兑换所收兑，此举极大地提升了现款需求。然而，由于我国外汇储备有限，现款短缺问题凸显。为了缓解这一困境，减轻以现金收兑汇票的压力，工商管理局开始采用以支票替代现金的措施。即各县银行向工商管理局发放大宗支票，工商管理局则按需填发给渔民和商人。支票票面金额固定，如伍佰元、壹仟元等，流通范围仅限于县工商管理局管辖区域。银行负责兑现，且实行"认票不认人"原则，兑进的支票可循环使用，流通无阻。这一举措有效缓解了现款短缺问题，确保了渔季外汇市场稳定运行。②

北海银行支票在限定的县工商管理局管辖区域内流通，其发行巧妙地解决了渔季期间外汇需求高涨与现款不足的双重挑战。此举不仅确保了外汇市场稳定运行，也让工商管理局对外汇流通的掌控更为精准。这一创新

---

① 中国人民银行金融研究所，中国人民银行山东省分行金融研究所. 中国革命根据地北海银行史料（第一册）［M］. 济南：山东人民出版社，1986：20-21.

② 中国人民银行金融研究所，中国人民银行山东省分行金融研究所. 中国革命根据地北海银行史料［M］. 济南：山东人民出版社，1986：558.

举措展现了山东抗日革命根据地银行在积极回应客户需求、解决金融难题
方面的不懈努力与智慧。

作　　者：陈家宇

指导人：李紫薇

财务公司承兑汇票

财务公司承兑汇票，即企业集团财务公司所承兑的商业汇票，其承兑人必须是在中华人民共和国境内依法设立，持有银保监会或其派出机构颁发的金融许可证，且业务范围明确涵盖票据承兑的机构。[①] 这一金融工具起源于 20 世纪 70 年代的美国，当时正值美国经济繁荣，中小企业蓬勃发展。然而，这些企业常因信誉度不足和缺乏担保资产而难以从商业银行获得融资。在这样的背景下，财务公司承兑汇票应运而生，并凭借便捷性和灵活性，迅速成为中小企业融资的关键途径。与传统银行贷款相比，它通过为这些企业提供信用担保，承诺到期支付本息，有效解决了中小企业融资难题，满足了其短期资金周转的需求。

我国财务公司承兑汇票的发展历程始于 20 世纪 80 年代末至 90 年代初，正值我国经济市场化改革的关键时期。那时，中小企业融资难题成为制约经济发展的关键。为了摆脱这一困境，我国金融机构开始探索新型融资工具，其中，财务公司承兑汇票脱颖而出。这一创新融资工具的引入，不仅为中小企业提供了更加便捷和灵活的融资渠道，有效缓解了它们的资金压力，同时也促进了财务公司票据市场的活跃与发展。财务公司承兑汇票在市场上的广泛应用，不仅降低了企业的融资成本，还加速了资金的流转，为经济的市场化转型注入了新的活力。

经过数十年的发展，我国财务公司承兑汇票体系日趋完善。这些财务公司所属的企业集团广泛分布于各行各业，以专业和高效的服务为实体经济提供坚实支撑。[②] 同时，各财务公司日益重视票据业务，运用承兑汇票为集团成员及产业链上下游企业提供更高效的融资方案，助力企业盘活票据存量，切实节约资金成本。

作　者：陈家宇

指导人：李紫薇

[①] 资料来源于《商业汇票承兑、贴现与再贴现管理办法》。

[②] 熊芸婷. 财务公司票据业务服务实体经济研究［D］. 南昌：江西财经大学，2021.

再贴现

再贴现是指中国人民银行对金融机构持有的已贴现且尚未到期的商业汇票进行贴现的行为，它作为中央银行的一种货币政策工具，对金融市场具有重要影响。[①] 再贴现的期限比较灵活，最短为 1 天，最长可达 6 个月。根据交易方式的不同，再贴现可分为回购式和买断式两种，在具体操作上又将回购式再贴现分为质押式回购和买断式回购两种，目前中国人民银行主要采用质押式回购方式。在质押式回购中，再贴现申请机构将已贴现的商业汇票作为质押物，向人民银行融入资金，同时双方约定在未来某一日期由再贴现申请机构按约定金额向人民银行返还资金，人民银行则返还原出质的商业汇票给再贴现申请机构。这种操作方式在确保资金流动性的同时，也保障了双方的权益。

1984 年，中国人民银行发布《商业汇票承兑、贴现暂行办法》，宣布自 1985 年 4 月 1 日起在全国范围内启动票据承兑和贴现业务，但严格限制汇票的非银行贴现流通。1986 年 4 月，中国人民银行进一步推出《再贴现试行办法》，正式开展票据再贴现业务。到了 1994 年下半年，为了应对某些关键行业企业货款拖欠、资金周转不畅以及部分农副产品销售不畅的问题，中国人民银行特别为"五行业、四品种"（煤炭、电力、冶金、化工、铁道，棉花、生猪、食糖、烟叶）分配了 100 亿元的再贴现限额，以促进这些领域商业汇票业务的发展。此时，再贴现作为货币政策工具，开始在国家重点行业和农业生产中发挥积极作用。1998 年 3 月，中国人民银行决定改进和完善票据再贴现利率与贴现利率的形成机制，将再贴现利率确立为法定基准利率，并根据市场资金供求情况进行调整，而贴现利率则基于再贴现利率进行浮动调整。[②]

再贴现是中央银行和金融机构管理货币供应、稳定金融体系及促进经济增长的关键工具，能有效影响商业银行的信用扩张，从而调控货币供应总量。[③] 近年来，中国人民银行积极运用结构性货币政策工具，既注重总量调控也强化结构调整，通过加大支农支小再贷款和再贴现的支持力度，精准支持"三农"、小微及民营企业，推动普惠金融长效机制的构建。作为货

[①] 资料来源于《商业汇票承兑、贴现与再贴现管理办法》。

[②] 肖小和. 中国票据简史［M］. 北京：中国金融出版社，2022.

[③] 肖小和. 中国票据简史［M］. 北京：中国金融出版社，2022.

币政策工具箱中直接服务实体经济的重要一环，再贴现能够依据国家产业政策要求，有选择性地为不同票据提供融资，促进经济结构优化调整。其发展历程与金融体系和货币政策的演变紧密相连，不仅降低了银行从中央银行获取资金的成本，还带动了"三农"、小微等企业的融资成本下降，显著提升了货币政策的精准性和有效性。

作　者：陈家宇
指导人：李紫薇

票据理财

票据理财是指商业银行将已贴现的各类票据，以约定的利率转让给基金、信托中介等，信托中介经过包装设计后，再出售给投资者，[①] 简单来说就是票据持有人将票据等资产转让给受让人的一种理财方式。

我国最早的票据理财产品是 2004 年光大银行和福建联华国际信托投资有限公司联合推出的票据理财信托计划。之后的几年中，票据理财产品的发展一直处于平淡期。直至 2008 年，银行和信托公司合作推出的票据资产集合资金信托理财计划成为市场关注的焦点。此后一段时间，国有银行、股份制银行、城市商业银行及一些外资银行以此模式为基础推出各种票据理财产品，票据理财产品得到了很大程度的创新。[②] 但是 2009 年底至 2011 年初，银监会连续下发多个监管文件，明确银信合作的表外资产不得投资于票据资产，使得银企合作模式下的票据理财发展受到严重阻碍。2012 年，银监会下发文件禁止信托公司与商业银行开展任何形式的票据资产受让业务，票据信托业务模式正式结束。[③]

2013 年，互联网票据理财应运而生，借助大数据、云计算等互联网技术，构建互联网票据理财平台，实现票据融资企业和投融资需求的直接对接。具体而言，票据理财平台分为银行系、互联网系及专业平台系三类，各类平台由不同运营企业销售票据理财产品。比如，银行系平台中民生银行推出"民生易贷"，招商银行推出"e+稳盈融资"产品，互联网系平台推出"票据贷""银票理财""小银票"等产品，专业平台系则推出"商票贷""票据宝"等产品。[④] 互联网票据理财的出现为中小企业提供了小额票据交易的平台，在一定程度上解决了中小企业融资难、融资贵的问题。与其他理财产品相比，互联网票据理财产品主要是以银行承兑汇票为主，风险相对较小，收益相对较高，颇受投资者喜爱。

如今，在票据电子化发展趋势下，应该逐渐完善票据理财交易平台，

① 张静，贾丹. 票据理财产品创新与风险管理研究 [J]. 企业科技与发展，2019（3）：90-91.

② 汪办兴. 票据理财产品的银信合作模式、市场概况与政策思考 [J]. 金融论坛，2009，14（2）：69-73

③ 肖小和. 中国票据简史 [M]. 北京：中国金融出版社，2022.

④ 金苹苹. 票据理财互联网化 机遇与风险并存 [N]. 上海证券报，2014-12-05（A05）.

构建完整的票据法律体系，为票据理财产品的发展提供良好的环境，同时创新发展以商票为主的票据理财产品，推动票据理财健康可持续发展。

作　者：李　旸
指导人：赵思彦

票据池

票据池是一种将多张票据集中管理，并进行资金融通的模式。它能够使机构快速获取资金，同时将风险分散，提高票据的流动性和流通速度。与传统的票据池管理思路相比，现代的票据池概念有以下几点不同：票据池建立在企业内部，如财务部门或企业集团下属的非银行金融机构，不再依赖外部商业银行。票据池管理包括票据实物的集中保管，以及票据行为的集中管理，如开票、贴现、背书、追索和支付。票据池中的票据不仅限于商业承兑汇票、银行承兑汇票和财务公司承兑汇票，还可以包括企业创设的内部票据。

票据池业务的主要操作流程包括入池和出池。2012年，中信银行率先推出票据池产品①，经过多年的实践探索，如今已形成成熟的票据业务模式。2014年10月，浙商银行也推出了票据池业务。2016年上海票据交易所开业运营以来，财务公司的票据业务迈上了新台阶，电票使用日趋频繁，各家公司也在积极探索更为成熟且适合本集团资金管理体系的票据业务发展模式。同时，票据池这一被业内视为集中票据资源、降低财务成本、提高结算效率的关键模式如何有效搭建，引发行业极大关注。财务公司开展纸票票据业务在以往并不少见，但因媒介性质，其对票据的管理相对分散。电票和票据池是近年来才开始发力的方向，在行业内尚未形成统一的框架与模式。面对巨大的票据结算量，财务公司难免会存在"重个体、轻全局"的现象。特别是近年来宏观经济持续波动，企业承受着较大的资金压力，盘活企业资产，缓解资金压力，同时改善、提升票据业务质效成为不少财务公司的工作核心与目标。在多样化的诉求下，电票的开立与使用以及票据池的建立便摆在了财务公司的首要位置。

随着技术的不断进步，电子票据池与区块链技术加入，票据收集、打包和交易变得更加安全、高效，有助于促进票据市场繁荣发展。票据池业务的优势是能够最大限度地发挥票据的融资功能。对于中小企业而言，票据金额不一，直接转让可能存在困难；同时，散票较多，可能会导致频繁托收难题。通过票据池业务，企业可以将票据作为质押品提供担保，形成可用的累计最高担保额度。在额度范围内，企业可以根据支付的需要通过

---

① 资料来源于中信银行官网。

质押承兑开票，实现票据金额和期限的灵活转换，提高资金运用灵活性。可以预见的是，随着技术的不断发展和创新，票据池模式的应用场景将不断扩展。

作　者：周世雄

指导人：陈　晨

企票通

2015 年，中央经济工作会议提出了"去产能、去库存、去杠杆、降成本、补短板"五大任务，也被称为"三去一降一补"。中国国新作为国务院国有资本运营公司的试点企业，在国务院国资委的领导下承担了 2018 年央企产业链清欠试点的具体实施工作，并在 2019 年 8 月 26 日正式上线运营企票通。

企票通是中国国新按照"共建、共享、共担、共赢"理念建立的央企商业票据流通平台。该平台以央企为核心，以运营企业信用为目标，以央企应收应付账款为优化对象，以商业承兑汇票为工具，为客户提供商业承兑汇票的一站式信息服务方案。该平台聚合中央企业、商业银行和产业链中小企业等多方力量，共同建立央企商业承兑汇票流通平台，致力于建立"信用共享、风险共担"的机制，通过整合央企商业信用，推动央企应收应付财款"双降"，优化资产负债结构，并通过产业链实现信用传递，解决中小企业融资难和融资成本高等问题。

企票通平台能够提供商票出票、承兑、背书、质押、拆分、贴现、付款等一系列服务。它一方面连接央企，另一方面与商业银行和人民银行电子商业汇票系统对接，充分发挥央企的商业信用价值，降低央企产业链融资成本，丰富央企间的支付手段。通过运用大数据和区块链等金融科技，推动央企商票安全高效流转。同时，企票通依托信息系统的无缝对接，实现了综合金融服务，并提供增值服务，实现了多种功能。

除了实现票据管理和交易的数字化，企票通还提供票据融资、票据贴现、票据承购等服务，有效提升了票据交易效率，促进了票据市场的繁荣。此外，企票通还运用人工智能和大数据等先进技术，通过数据和算法为企业推荐最适合的票据服务方案，全面提升企业的财务效率和竞争力。截至 2024 年 1 月，企票通平台累计交易金额达到 329.98 亿元，累计交易张数达 5632 张。[①] 企票通平台在聚合传导央企信用，激发商票市场活力，服务产业链供应链上的所有企业，打通链上的堵点，解决中小企业融资难、融资贵问题，助力中小企业健康发展方面发挥了重要作用。

企票通通过科技创新构建了一个智能、安全、高效的票据管理和交易

---

① 资料来源于国新金服官网。

平台。未来，随着科技的进步与创新，企票通将进一步扩展应用场景，为行业注入更多活力和创新力。

作　者：周世雄

指导人：陈　晨

军工票

票据作为我国金融市场上重要的支付和融资工具，在企业集团中发挥着重要作用。近年来，许多企业集团积极探索创新票据业务，旨在通过产融结合的方式提供更好的支付和融资服务。有些特殊的票据产品是针对某个特定产业上下游所推出的专项票据，如"军工票""化工票""钢铁票"等，这些票据产品通过承兑汇票的形式发行，服务于特定产业的需求。

2016年10月31日，10家军工财务公司共同签署了《"军工票"项目全面合作协议》，标志着"军工票"业务正式启动。"军工票"是十大军工集团旗下财务公司为成员单位签发的商业承兑汇票和电子银行承兑汇票的统称。[①] 这些军工财务公司通过一致行动，采取统一的签票理念、风控标准、增信渠道和协调中心来管理"军工票"。"军工票"之间实行互认，这方便了"军工票"的流转和变现。同时，军工财务公司与银行开展"军工票"业务合作，签署票据增信协议，为"军工票"增信，使持票人能够在合作银行办理票据贴现等业务。另外，还设立了"军工票"票据中心，负责日常推广和协调工作。

经过多年发展，"军工票"发行规模不断扩大，已经产生了一定的影响力。"军工票"在以下两个方面取得了显著成效：第一，有效缓解了军工集团间配套应收账款拖欠和资金支付压力，提高了票据在支付结算中的比例，减少了现金占用和融资成本；第二，以票据为基础资产的产业链金融业务得到了发展，改善了中小供应商的融资环境，促进了军工产业良性发展。

"军工票"的推广得益于对行业特点和集团需求的顺应。军工行业的产业链多为网状结构，集团间有着相互配套的关系，支付和资金往来较为频繁，因此，推广票据支付和互认合作具有平等互利的优势。此外，十大军工集团的通力合作和对财务公司的支持也对"军工票"的推广起到了积极作用。

总的来说，"军工票"的推广和发展为军工集团提供了有力的支付和融资工具，加强了产融结合，促进了军工产业的健康发展。

作　者：周世雄

指导人：陈　晨

---

① 详见 https://www.rzline.com/IndustryNewsDetail.html? 18616。

绿色票据

自中国人民银行等七部门于 2016 年 8 月发布的《关于构建绿色金融体系的指导意见》实施以来，我国绿色金融业务发展迅速。目前，我国绿色金融产品以绿色信贷为主，此外还包括绿色债券、绿色基金等，这些产品均是向企业提供长期资金，但是许多企业也存在短期资金需求。由此，绿色票据得以发展。

绿色票据是指为气候、环保、资源优化配置等绿色项目开发、绿色企业项目发展、绿色项目产品创新、营运及风险管理提供的各类票据业务产品与服务的总称。① 绿色票据是绿色金融市场的良好补充，其业务包括普通商业汇票的全生命周期，如出票、承兑、背书、贴现、转贴现、再贴现等环节，具有支付、结算、融资、投资、交易等功能。

相较于绿色贷款、绿色债券的发行主体为商业银行和政府，绿色票据更贴近中小企业，可以将企业应收账款转化为应收票据，从而盘活应收账款，加快资金周转速度，减小流动性风险。通过向商业银行申请贴现，可以为绿色企业提供短期融资，有效地解决了中小型绿色企业面临的融资难、融资贵问题。通过绿色票据的再贴现政策，人民银行也能较好地引导商业银行优化资源配置，加强对绿色产业的融资支持，更精准地实现国家绿色发展战略。

2018 年 6 月，兴业银行北京分行创设的"绿票通"业务成功落地。对于《绿色债券支持项目目录》中属于节能环保设备制造、清洁能源发电、污染防治、资源回收利用、生态保护等行业的绿色企业，兴业银行可以优惠利率为其办理票据贴现，再由兴业银行向人民银行申请再贴现资金支持。2020 年 4 月 27 日，人民银行南昌中心支行出台《关于运用再贴现工具支持绿色票据发展的通知》，安排相应比例限额专门保障绿色票据再贴现，为绿色票据再贴现开通绿色通道，且不受单张票据金额限制，提供见票即办的专享服务。2020 年 3 月 27 日，作为绿色票据课题发起方与落地试点行，九江银行迅速行动，正式下发《九江银行"九银绿票融"业务管理办法（试行）》，从制度层面规范绿色票据业务办理流程，引领全行发展绿色票据

---

① 肖小和，金睿. 积极发展绿色票据努力服务绿色经济高质量发展 [J]. 中国城市金融，2019（6）：53-56.

业务。

　　《中国区域金融运行报告（2023）》显示，截至 2022 年末，全国绿色贷款余额为 22.0 万亿元，同比快速增长，增速达 38.5%，较上年末提高了 5.5 个百分点。但绿色票据尚处于试点阶段，整体规模不足千亿元，占比不到 1%，远低于整体票据规模占比。在实现碳达峰、碳中和目标的过程中，绿色票据恰逢其时，潜在发展空间巨大，但需要理论界和实务界相互合作，明确绿色票据相关定义，推动绿色票据标准化。

作　　者：谢玉林

指导人：陈　晨

票据 ABS

ABS 即资产证券化，是中央银行为了增强货币政策调控效果、满足中小企业融资需求所进行的金融产品创新。票据 ABS 即票据资产证券化，是票据市场进行的一次大胆尝试，在票据资产证券化过程中，可作为基础资产的有很多，但目前能够被市场普遍接受的是以票据的收益权或者票据对应的基础债权作为基础资产进行证券化。票据 ABS 作为一种标准化产品，为上海票据交易所的标准化进程提供了很好的支撑，但票据 ABS 并不等于标准化票据，它的结构更加复杂。① 随着金融市场的不断发展和创新，票据 ABS 市场也在逐步扩大和完善，2016 年全国首单以票据收益权为基础资产的证券化产品——"华泰资管—江苏银行银元 1 号资产支持专项计划"在上海证券交易所发行。招商银行成功发行的"华泰资管—招商银行聚元 1 号"票据 ABS 产品，是全国首单银票 ABS—聚元 1 号产品。随后，博时资本再创 ABS 新模式，推出以应收账款作为基础资产的首单电票类应收账款 ABS—橙鑫橙 e1 号。这类产品的发行开启了我国融资性票据发展的新时代，提升了企业直接融资能力，增加了融资渠道。②

票据 ABS 的推出对企业、银行均有一定的积极作用。对于融资者而言，票据 ABS 的发行利率往往低于商票直贴的贴现利率，为一些未达到票据融资条件的中小微企业提供了较低门槛的融资方式，因此它降低了企业的融资成本，拓展了企业的融资渠道。对于银行而言，相对于向企业客户直接发放贷款，资产支持证券投资具有更高的流动性，可向市场以更低的利率发行，从而获得更高的中间业务收入，减少风险资本占用。

但票据 ABS 在实践应用中仍存在许多问题。第一，流动性降低。票据作为短期支付、融资工具，本身具有较强的流动性，尤其是银行承兑汇票以银行信用为支撑，流动性更强，证券化之后反而降低了票据的流动性。第二，破产隔离的不确定性。③ 主要是以票据收益权作为基础资产进行转让存在风险。以票据收益权为基础资产进行的转让，须在原始持票人与计划管理人之间设立票据质押关系，即票据作为专项计划的质押物存在。但从

---

① 陈杰，李昊然. 票据证券化的法律困境与突围——从票据 ABS 到标准化票据 [J]. 理论观察，2022（3）：125-127.

② 李长红. 票据收益权资产证券化法律问题研究 [D]. 上海：华东政法大学，2019：7-9.

③ 肖小和. 中国票据简史 [M]. 北京：中国金融出版社，2022.

会计角度来看，票据收益权与票据本身是完全等价的。因此，这种质权的存在并没有很好地规避风险，反而是一条法律规避路径。同时，因为缺乏"真实出售"，这种架构设计还带来了破产隔离的不确定性，而这与 ABS 的初衷完全背离，影响了证券化的实效。

作　者：李　旸
指导人：赵思彦

票据资管

近年来，票据市场迅速崛起，已成为企业不可或缺的融资渠道。除了基本的支付功能外，票据具有强大的融资潜力，使企业能够在资金紧张时通过向银行贴现票据，快速获得现金流以满足日常经营需求。对于商业银行而言，票据不仅是关键的信贷工具，更是利润增长的重要源泉。

在严格的监管制度下，票据贴现业务已被纳入信贷规模管理，但它在给银行带来中间业务收入和贴现利息收入的同时，不可避免地占用了宝贵的信贷额度。当银行的信贷规模逼近监管红线时，如何在不牺牲优质票据投资机会的前提下，释放更多信贷空间以支持更多信贷业务，成为银行面临的一大挑战。

在这样的背景下，银行与券商的联合创新产品——票据资管应运而生。票据资管业务的本质在于，银行委托券商的资产管理部门设立专项资管计划，定向投资于票据市场，实质上是将票据"代持"在券商手中。这一创新模式对双方而言都具有显著优势。

对于银行而言，通过票据资管计划，能够巧妙地将票据从自身的信贷规模中"移出"，释放出更多额度用于其他信贷业务，从而获取更丰厚的利润。同时，银行并未放弃对票据本身的收益权，依然能够享受到票据贴现所带来的利息收益。对于券商而言，为银行提供票据资管计划服务，不仅拓展了自身的业务范围，还能获得可观的管理费收入。这种业务模式实现了银行与券商的优势互补，共同促进了票据市场繁荣发展。

在具体业务流程上（见图2-6），通常由银行作为委托人，与证券公司签订资管计划合同。银行将自有资金交由证券公司管理，证券公司负责购买指定的票据资产，并进行后续的验票、保管、托收等工作。待票据到期或提前兑付时，证券公司扣除一定的管理费后，将剩余的票据收益和资金划回银行指定的账户。[①] 这一流程不仅保证了资金的安全性和流动性，也确保了双方利益最大化。

票据资管业务尽管从表面上看具有合理性，实则暗含诸多潜在风险与漏洞，因此难以在公开场合被广泛讨论。在早期阶段，该业务并未获得法律上的明确认可。当时，仅有银行和财务公司被授权进行票据资产的投资，

---

① 杜凯．票据资管模式融资的风险分析及法律防范［J］．金融与经济，2017（10）：58-65.

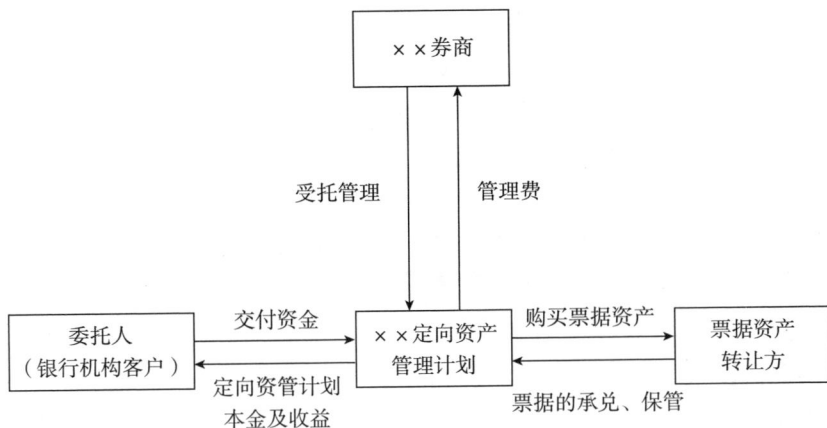

图 2-6　票据资管操作流程

（资料来源：根据票据资管业务流程整理）

券商等金融机构被排除在外。因此，为了规避监管，早期的票据资管业务多以票据"收益权"作为投资标的进行运作。直至 2016 年 12 月 8 日，为了增强票据二级市场的活力，中国人民银行在《票据交易管理办法》中扩大了票据市场的参与主体范围，正式将证券公司、基金公司、保险公司等法人类金融机构纳入其中，这是票据资管业务在制度层面得到初步认可的重要里程碑。然而好景不长，到了 2018 年 4 月，资管新规明确要求票据作为信贷资产不能成为理财产品的基础资产，导致票据资管业务一度陷入停滞状态。

票据资管业务的核心风险在于，一旦票据资管计划中的票据出现拒付情况，作为管理者的券商将面临巨大的挑战。由于票据具有严格的要式性，当票据被拒付时，券商作为实际持票人会遭受损失，委托方银行作为非实际持票人，在催收和追索过程中往往难以得到法律的有效支持。这种困境于 2017 年 4 月和 9 月分别发生在×××证券和××证券身上，给整个行业敲响了警钟。

尽管票据资管业务在实践中已有尝试和成果，但当前其主要问题仍在于与一些法律制度和政策存在明显分歧。为了打开票据资管业务的通道，为票据市场的进一步发展提供空间，我们需要进一步完善相关法律法规和监管政策，确保业务运作的合规性和稳定性。

作　者：毛　磊

指导人：陈　晨

中企云链"云信"

互联网的上半场是关于消费互联网的竞争，阿里巴巴、腾讯、京东、美团等互联网公司利用前沿技术为用户提供便捷的线上金融服务，推动消费升级。而互联网的下半场则是关于产业互联网的竞争，各家互联网公司以企业为服务对象，助力企业进行数字化和智能化变革。中企云链就是其中之一。

中企云链成立于 2015 年，是由中国中车联合中国铁建、中船重工、鞍钢集团、招商局、中国能建、中国铁物共 7 家央企，邮储银行、工商银行、农业银行、民生银行、中信建投 5 家金融机构，北汽集团、上海久事、云天化、紫金矿业 4 家地方国资公司，金蝶软件、智德盛、云顶资产、IDG 资本、泛海投资 5 家民营企业，经国务院国资委批复成立的一家央国企控股的混合所有制企业。① 其宗旨是建立产业互联网金融平台，为大型企业、供应链上的中小企业以及银行、保理公司等金融机构提供供应链金融管理服务。

中企云链平台上流转的企业信用被称为云信。大型企业集团可通过中企云链平台将其优质的企业信用转化为可流转、可融资、可灵活配置的创新型金融信息服务。云信具有安全、高效和实时的特点，并且有期限。产业链上的中小企业可以在云信的期限内通过中企云链平台转让、融资或持有云信。云信为产业链上的企业提供了全新的债务清理工具，通过利用大企业的优质信用资源，解决了供应链上的企业"三角债"问题，促进了企业资金流动，提高了债务清理效率，为中小企业提供了便捷、低成本的融资通道，推动企业发展提质增效。

截至 2022 年 12 月末，中企云链已经吸引了超过 22 万家注册企业用户，确权金额超过 8600 亿元，保理融资达到 6000 亿元，累计交易额超过 26000 亿元。在技术层面，中企云链运用区块链、大数据等先进技术，实现了联盟链和跨行再保理服务的新模式。云信还获得了多项技术和服务类奖项，这些奖项背后是对产品技术和服务的不断追求和升级。经过几年的发展，

---

① 资料来源于中企云链官网。

中企云链的云信已经成为企业在线沟通的标杆，引领了全球企业沟通协作的潮流。无论是在企业内部还是在社会上，云信都在通往更广阔的未来，为更多人提供更快、更便捷、更安全的通信方式。

作　者：周世雄

指导人：陈　晨

简单汇"金单"

2015 年，TCL 为了降低产业生态圈内合作企业的资金成本，优化生态圈融资环境，并构建合作共赢、互利互惠的伙伴关系，建立了名为简单汇的供应链金融信息科技平台。[①] 该平台在同年 6 月成功推出第一张电子应收账款确权凭证，即金单。金单是基于真实交易订单并在线上操作的应收账款权利凭证，具有可拆、回购、融资等特点。

经过多年的运营和改进，简单汇已经在多个产业圈建立了智慧供应链金融服务体系，大大提高了产业效益，同时降低了供应链成本，金单商业模式也得到了成功验证。

简单汇的金单解决了以下问题：（1）小微企业融资难、融资费用高的问题。在简单汇平台上，核心企业通过信任传递，使中小微企业可以利用核心企业的授信额度间接获得银行低利率的融资。平台利用区块链的公开透明性减少了信任建立的试探性交易，从而降低沟通成本，提高商业协作效率。同时，风险评估成本大大降低，简化了传统信用评估步骤，缩减了时间和资金成本，最终提升了融资效率。此外，平台利用区块链智能合约的特性实现了自动清算，降低了人工监督成本，减少了人工干预，降低了操作风险，提高了回款的安全性。

（2）提高风险控制水平和效率。平台利用区块链的去中心化、防篡改和安全可靠的特性，通过签发数字债权电子凭证，并将其加密记录在区块链上，增强了数据传输的真实可信度。所有与金单相关的贸易背景资料以及流转、融资、到期和清分等操作都会被记录在区块链上。因此，可以通过区块链验证和追溯整个业务的闭环操作。这些记录都是不可篡改的，资金方和监管机构可以方便地对数据进行取证，或者通过简单汇平台对信息进行加解密处理。在资金方面，出资方可以轻松验证数据的真实性和完整性。区块链上的公钥验证也提高了资料验证的效率。此外，数据指纹信息可以同步到联盟链上的司法机构节点，一旦发生纠纷，只需验证数据指纹，就能快速判定资料的有效性。

迄今为止，"金单+区块链"应用已经取得了以下成效：（1）降低了中小微企业的融资成本，提高了融资效率。简单汇平台与多个融资渠道对接，

---

① 详见 https://31.toocle.com/detail--7743784.html。

使融资企业无须提供抵押物或担保，资金方更关注买方企业的信用状况，并根据核心企业的信用定价，因此利率更低。金单的开立、转让、融资和托收都在线上进行，提高了融资效率。

（2）增强了供应链和产业链的稳定性，共同构建了良好的生态。当中小企业在简单汇平台上受益后，整个供应链的稳定性也会增强。供应商对核心企业更加忠诚，而核心企业也能更好地管理供应商，确保整个产业链的现金流健康，实现共生共荣。

（3）提高了风险控制效率，降低了风险控制成本，吸引了金融机构。通过应用区块链技术，简单汇平台集中了信息流和资金流等多个方面的数据，为金融机构提供真实可靠的风险控制数据。金融机构无须单独对每个企业进行授信，而是转向对整个产业链进行风险控制，大大提高了风险控制效率。此外，金融机构可以利用区块链技术验证数据的第一手性，确保数据的安全性和完整性。

总的来说，简单汇的"金单+区块链"应用带来了许多积极效果。它降低了中小微企业的融资成本，提高了融资效率；增强了供应链和产业链的稳定性，实现了共建共享的良好生态；提高了风险控制效率，降低了风险控制成本，同时也吸引了金融机构的参与。

作　者：周世雄

指导人：陈　晨

区块链票据—数字票据区块链平台

自票据诞生以来，不同历史时期和技术环境孕育了多种多样的票据形态。随着互联网的发展，电子票据不断适配互联网环境的需求，票据数字化成为票据发展的必然趋势，尤其是在近年来以比特币为代表的基于区块链技术的金融应用在市场上掀起热潮的背景下，基于区块链技术的数字票据正在不断探索和实践。

2016年，在中国人民银行的领导下，上海票据交易所会同中国人民银行数字货币研究所组织中钞信用卡产业发展有限公司和试点商业银行进行了基于区块链的数字票据全生命周期登记流转的研究。当年12月15日实现原型系统并在模拟运行环境中试运行成功，2017年，上海票据交易所和人民银行数字货币研究所继续牵头在原型系统基础上进一步开展工作，积极推动数字票据交易平台实验性生产系统的研发和投产上线，并于2018年1月25日投入生产环境并成功运行。①

区块链数字票据是基于区块链技术，结合现有的票据属性、法规环境和市场实际而开发的一种全新票据形态。区块链数字票据与现有电子票据相比，在技术架构上完全不同，它既具备目前电子票据所有的特点和功能基础，又融合了区块链技术的新优势，从而成为一种更安全、更智能、更便捷、更具发展前景的票据形态。尽管票据自身的属性与区块链高度契合，但票据交易不同于比特币交易，不能过于强调去中心化和匿名交易，因此不能简单地将比特币的交易机制运用到票据等需要身份管理、业务监管等机制的金融资产交易中。所以在数字票据平台的建设中，应充分考虑区块链和票据本身的特点，打造一套依托区块链技术、以智能合约为载体的数字票据技术基础设施。每张数字票据都是一段包含票据业务逻辑的程序代码及对应的票据数据信息，这些运行在区块链上的数字票据拥有独立的生命周期和自身维护的业务处理能力，可支持票据承兑、背书转让、贴现、转贴现、兑付等一系列核心业务类型，各种业务规则均可通过智能合约编程的方式来实现。

数字票据交易平台是区块链技术应用于金融市场基础设施的一项重要举措。实验性生产系统的成功上线试运行实现了数字票据的突破性进展，

---

① 资料来源于上海票据交易所官网。

对于票据市场发展具有里程碑意义。首先，实验性生产系统的成功上线试运行是区块链技术在票据业务真实生产环境中的首次实践，证明了区块链技术应用于票据业务场景是可行的。其次，通过实验性生产系统的建设，上海票据交易所积累了区块链开发应用经验，培养了一支专业队伍，为深入探索区块链技术在票据市场的应用打下了坚实的基础。最后，以实验性生产系统的研发为契机，上海票据交易所将继续秉承以创新促发展、以创新促服务的精神，结合区块链技术，不断创新服务和产品，推动数字票据业务规范高效开展，为票据市场增添活力。

作　者：周世雄

指导人：陈　晨

平安银行"平安好链"

近年来，我国普惠金融政策的推进虽然取得了显著成效，但中小企业融资难、融资贵的问题依然严峻。目前，超过七成的中小企业依然依赖银行贷款作为主要融资途径。然而，由于信誉不足和信息不对称的困扰，这些企业在贷款过程中往往面临效率低下、成本高昂的困境。为此，供应链金融作为一种创新的融资模式，为解决中小企业融资问题提供了新的思路。它依托核心企业的信用，为上下游合作企业提供增信支持，促进供应链整体的协同发展，从而将对单一企业的金融支持拓展至整个供应链。

供应链金融在我国金融市场的发展已经有 20 多年了，对于商业银行而言，它不仅推动了融资模式的创新，还丰富了银行的收入来源，提升了其市场竞争力。平安银行作为我国供应链金融的先行者，自创立之初便紧密结合中国国情，创造性地研发了厂商一票通、存货选择性质押等一系列供应链金融产品，为我国商业银行供应链金融模式的发展树立了标杆。

平安银行始终将供应链金融业务置于战略高度，不断深化改革和创新。2008 年，该行率先实施事业部改革，以提升供应链金融服务的专业化水平。2013 年，该行更是将供应链金融与互联网技术相结合，推出了"橙 e 网"，开启了供应链金融的数字化时代。到了 2018 年，平安银行再次深入挖掘区块链技术的潜力，并与供应链金融深度融合，推出了全新的供应链金融平台——"平安好链"。

"平安好链"致力于成为一个开放、智能化、数字化的供应链金融服务平台。该平台秉承开放互联的经营理念，运用区块链、大数据、人工智能等前沿科技，为用户提供一个高效、便捷的应收账款管理平台。用户可根据真实的贸易背景，在平台上签发"SAS"账单，其功能类似于传统票据，用户可以选择持有至到期、受让或转让，且账单一旦转让，接收方将享有同等的使用权益。

供应链金融通过为核心企业及其上下游企业提供全方位的金融支持，不仅加强了企业间的合作关系，还为边缘企业创造了更多的发展机遇。对于商业银行而言，在日益激烈的同业竞争中，加大金融科技投入和注重创新已成为其脱颖而出的关键。平安银行通过不断的创新和实践，为我国供应链金融的发展树立了典范，也为解决中小企业融资问题贡献了重要力量。

作　者：毛　磊

指导人：陈　晨

票据秒贴

近年来，我国票据市场在金融科技创新发展的推动下展现出了共享化、便捷化、低成本化、低门槛化的特点。其中，中小微企业常常采用票据贴现作为一种融资方式。然而，2018 年以前，由于传统贴现流程烦琐，中小微企业往往面临着申请程序繁多以及资金到账时间长等问题，普遍存在所谓的"贴现难"问题。传统的贴现业务中，持票企业需要亲自到银行网点申请（或开户），并经历尽职调查和授信审核等环节，整个流程非常耗时。同时，如果企业的银行授信额度不够，其持有的票据就无法及时通过银行渠道转化为贴现融资款项，只能进行所谓的"民间"交易，不仅增加了融资成本，还可能存在交易风险，并且由于没有交易回单，企业的财务账目也存在合规风险。

为了解决上述问题，商业银行纷纷尝试创新。例如，中信银行在 2018 年 9 月推出了"信秒贴"自助贴现业务，开创了票据秒贴的先例。① 此后，越来越多的商业银行推出了自己的票据秒贴业务。目前，在类似的票据交易平台中，工商银行、邮储银行、蓝海银行、富民银行、微众银行、中信百信银行、平安银行、浙商银行、三湘银行等国有、股份制、地方银行均提供线上银票秒贴服务。另外，京东科技集团为了解决贴现难题，提高资金运用效率，推出了服务于中小微企业的专属票据贴现信息平台——京票秒贴。② 该平台利用 OCR 技术识别票据信息，将数据录入时间压缩至秒级，并直连银行系统，使中小微企业可以通过平台查看报价，更加精准地满足客户需求，并且无须支付手续费。

传统的贴现业务模式下，企业在办理票据业务时面临询价流程冗长、操作步骤繁多、资金到账时间长、财务成本高等问题。特别是对小微企业来说，为了找到合适的票据贴现价格，往往需要在各家银行之间奔波，付出大量的时间成本和人力成本。然而，随着票据秒贴的出现，这一传统票据贴现业务的痛点得到了改善。随着票据贴现信息的透明化，业务操作变

---

① 资料来源于中信银行官网。
② 资料来源于《中国银行保险报》。

得更加简便，安全性也得到了提升。客户只需在网上完成申请，资金便可快速到账，极大地提高了企业尤其是小微企业的融资效率。

作　者：周世雄

指导人：陈　晨

票付通

自 2016 年上海票据交易所成立以来，其大力推广电子票据并取得了显著成效，电票的快速普及有效推动了票据市场蓬勃发展。在互联网技术日新月异的背景下，纸票向电票的转变不仅改变了票据的形态，还极大地减少了票据交易过程中的人力成本与时间成本。然而，在电票推广初期，其支付便利性并未得到充分展现，因为部分基于 ECDS 交易的电票缺乏真实贸易背景的支持，企业对其接受度并不高。为了积极响应商务部、中国人民银行等八部门联合印发的《关于开展供应链创新与应用试点的通知》的号召，并精准对接小微企业和民营企业的线上支付需求，上海票据交易所于 2019 年推出了具有里程碑意义的票据支付创新产品——票付通。

票付通是上海票据交易所基于供应链和 B2B 电商业务场景，为广大企业提供的一种线上票据支付解决方案。2019 年 1 月 26 日，票付通正式上线并投入试点运行，首批即有 3 家银行、4 家 B2B 平台及 10 家企业积极响应并参与试点。当日，票付通完成了 24 笔票据交易业务，涉及票据 30 张，总金额高达 7192.63 万元。招商银行作为首批试点银行之一，与中建、中石油两大国企携手合作，通过其供应链平台"云筑网"和"石化 e 贸"展示了票付通在解决现金支付回款慢、账期长等问题上的显著优势。票付通使得企业能够直接使用票据进行支付，大大缩短了账期，显著提升了票据的支付便利性。

国家电网也借助票付通为广大电力用户提供了更为便捷的"一次都不跑"票据缴费服务。过去，用户需将票据拿到银行贴现后才能到线下营业部进行缴费，流程烦琐。现在，国家电网和南方电网将票付通应用于电费回收场景，企业可通过票付通将票据背书给互联网公司，由互联网公司发起贴现，银行审核并通过后，将贴现资金打入互联网公司账户，再由互联网公司代缴电费，从而实现了流程的简化和效率的提升。

从功能的角度来看，票付通旨在为通过 B2B 电商、供应链平台等互联网平台达成交易的买卖双方提供在线票据支付服务。买卖双方可在平台上嵌入票付通产品，一站式完成票据签发、背书和申请提交，同时锁定相关票据。待互联网平台确认交易完成后，票据将自动解锁，卖方在线上直接签收票据（见图 2-7）。这种交易方式填补了线上票据支付的空白，解决了企业票据流通效率低、货票不同步的难题，成为上海票据交易所服务实体经济的重要突破。票付通极大地增强了电票支付的便利性和安全性，满足了企业线上贸易支付、经营性支出等结算需求，尤其在服务中小微企业方面取得了显著的突破。

截至 2022 年末，已有 11 家合作金融机构、45 家 B2B 平台、4686 家平台企业参与票付通支付，累计交易金额高达 675.38 亿元。票付通产品的推出有效盘活了中小微、民营企业持有的高信用等级票据，以票据支付置换部分流动性融资需求，为缓解这些企业面临的融资难、融资贵问题提供了有力的支持。①

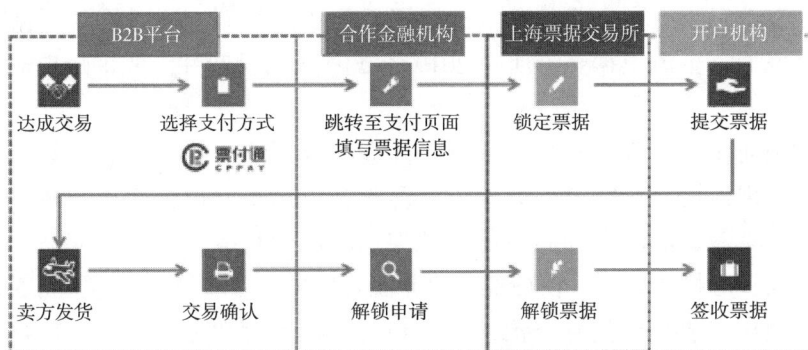

图 2-7　票付通业务流程

（资料来源：上海票据交易所官网）

作　者：毛　磊

指导人：陈　晨

---

① 资料来源：上海票据交易所。

贴现通

自上海票据交易所成立以来，其凭借技术优势不断深耕票据市场基础设施建设，致力于推动票据市场健康、规范、高效发展。贴现作为企业获取现金流的关键途径，长期以来却因贴现需求庞大与信息不对称问题而面临挑战，使得企业难以以最低成本获取所需资金。这种信息不对称现象甚至加剧了票据中介的泛滥。为了积极响应国家关于提升金融服务实体经济效率、有效解决中小企业融资难与融资贵问题的号召，同时推动票据市场创新与发展，上海票据交易所在 2019 年 5 月成功投产并上线了贴现通业务系统。

贴现通作为上海票据交易所精心打造的全国统一化贴现服务平台，旨在打破贴现市场信息壁垒，进一步完善票据市场基础设施建设。贴现通业务系统拥有完善的制度和高效的系统架构，由信息登记、询价交易、清算结算三大核心模块构成。在贴现通业务流程中（见图 2-8），企业先通过信息登记模块完成平台信息登记，并与经纪机构签订票据；随后，在询价交易模块，企业可通过挂牌询价、意向询价、对话询价等多种方式，在全国范围内广泛询价，并与贴现机构达成交易。这一过程中，贴现通业务系统能够确保申请者信息的有效保护。最终，通过 ECDS 完成安全、高效的清算结算。

贴现通不仅突破了传统贴现的地域限制，实现了全国范围内的询价与交易，更通过信息的有效保护和高效的系统支持，为企业提供了更加便捷、安全的贴现服务，有力推动了票据市场的创新与发展。

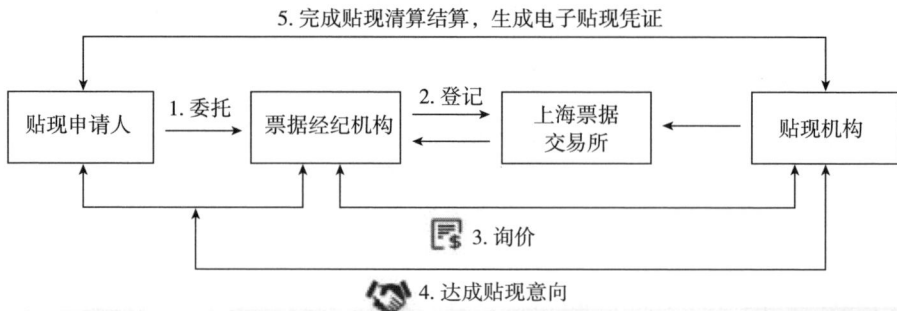

图 2-8　贴现通业务流程

（资料来源：上海票据交易所官网）

　　相较于传统的贴现业务，贴现通业务显著优化了银企之间的信息流通渠道。通过精心设计的机制，它支持银企之间的线上直接对接、线上客户准入以及跨行免开户贴现，引领了众多金融机构对贴现业务流程的简化。特别是在询价机制上，贴现通实现了企业与银行之间"点对点"甚至"点对面"的沟通模式，彻底消除了企业贴现信息不对称的困扰，为小额票据建立了一个高效的快速贴现通道，从而极大地提升了市场的整体运行效率。在解决中小微企业融资难的问题上，贴现通发挥了举足轻重的作用。

　　疫情期间，贴现通的"非接触"贴现模式为众多中小微企业提供了及时的资金支持，帮助它们在艰难时刻完成了复工复产的资金融通。以苏州一家塑业公司为例，作为医用口罩和防护服的原材料供应商，疫情期间资金周转困难使其生产压力陡增。然而，在经纪机构的协助下，该公司开通了贴现通服务，仅用 4 个小时就成功融通资金 1000 万元，有效缓解了生产压力。

　　中国支付清算协会在 2023 年 2 月 9 日发表的《票交所"贴现通"以科技赋能帮助中小微企业纾困解难》一文中指出，贴现通参与企业中，90% 为民营企业，其中 100 万元以下的票据占比超过 60%，中小金融机构承兑的票据更是达到了 55% 的比例。截至 2022 年底，贴现通业务量已高达 2855.86 亿元，充分彰显了贴现通在支持民营企业和小微企业票据融资方面所发挥的不可或缺的作用。

作　者：毛　磊
指导人：陈　晨

标准化票据

票据作为企业的重要融资渠道，因为融资便利和成本较低的特点而成为解决中小企业融资难、融资贵问题的有力工具。然而，尽管拥有这些优势，与大企业发行的票据相比，中小企业票据在贴现流通时仍面临成本较高的挑战。此外，2019 年包商银行、锦州银行等金融机构相继爆发的流动性危机，使得对中小金融机构的流动性支持变得尤为重要。在这样的背景下，上海票据交易所在人民银行的支持下，于 2019 年 8 月 20 日创新性地创设了第一期标准化票据。

标准化票据是由上海票据交易所作为存托机构，将承兑人等核心信用要素相似、期限相近的票据归集起来，构建基础资产池，经过现金流重组后，形成的面向银行间市场的等分化、可交易的受益凭证。首期标准化票据以锦州银行承兑的已贴现商业汇票为基础资产，创设规模为 5 亿元人民币，期限为 92 天，并在票据市场流通。①

随后，上海票据交易所又迅速创设了三期标准化票据，其中第二期、第三期依旧以锦州银行票据为标的，而第四期则转向苏州银行。对于银行而言，标准化票据的创设解决了票据本身的认定难题，其等分化、独立托管和严格的信息披露机制，完全符合标准化债权类资产的认定要求，从而显著提升了其流动性。

然而，标准化票据在初期仅创设了四期便暂停发行。直至 2020 年 6 月 28 日，中国人民银行发布《标准化票据管理办法》，正式确立了标准化票据的合法地位，并对创设目的、交易规则、信息披露、参与主体等方面进行了全面而明确的规范。值得注意的是，标准化票据的存托机构从上海票据交易所变更为券商和银行，上海票据交易所则更加专注于票据市场基础设施建设。随着《标准化票据管理办法》的正式颁布，标准化票据市场迎来了新的热潮，颁布当天即有 27 只标准化票据成功落地。截至 2020 年底，上海票据交易所累计发行标准化票据 58 只，发行规模达 61.67 亿元。然而，正当市场对其未来充满期待之际，标准化票据再次被监管部门叫停。

标准化票据的创设，无疑为中小金融机构的流动性困境提供了有效解决方案。在当时的背景下，它不仅缓解了因流动性危机爆发而引发的市场

---

① 引自上海票据交易所《票交所成功创设 2019 年第 1 期标准化票据》。

恐慌情绪，更起到了稳定市场的重要作用。同时，标准化票据的推出赋予了中小企业票据直接在票据市场及银行间市场融资的能力，绕过了传统银行融资的烦琐流程。此外，作为标准化票据标的物的中小企业票据，其融资成本得以进一步降低，为缓解中小企业融资难、融资贵问题注入了新的活力。作为连接票据市场与债券市场的桥梁，业界对标准化票据的进一步完善和规范充满期待，希望其能够继续为票据市场提供更高效、更便捷的服务。

作　者：毛　磊

指导人：陈　晨

票据增信

票据增信是商业银行为申请人提供的一项重要服务，旨在通过增强商业汇票的信用保障，解决其贴现和流通难题。从票据的生成到其生命周期的结束，这一过程涵盖了承兑、增信、背书、贴现及交易等多个环节。其中，票据增信占据着至关重要的地位。特别地，票据增信活动主要聚焦于承兑和贴现两大业务领域，通过为这些业务提供信用增强措施，有效促进了票据市场健康发展。①

对于承兑环节而言，银行可以对商票承兑提供保证，本质上就是开出一张保函，将商业信用转换为银行信用。银行对承兑提供保证，好处在于可以名正言顺地收取担保费用，但风险转换系数依然为100%，风险资本占用和银票无差异。其他金融机构签发的票据如果增加了商业银行保证，可以提高其在票据交易环节的流动性，尽管风险资本占用相同，但方式不同。如果是对银票提供担保，提供担保的银行则将其计入其他担保类业务，风险权重为被担保行风险权重，承兑行风险权重仍然为出票人权重。

发生在贴现环节的票据增信业务被称为商业汇票保贴业务。保贴实际上就是保证贴现，是指对符合《票据交易管理办法》（中国人民银行公告〔2016〕第29号）规定的买方，承诺为其指定的卖方持有其签发或背书的商业汇票，在一定额度内，以约定的条件办理贴现的授信行为。保贴和担保有所不同，第一，保贴没有一般和连带之分，不享有先诉抗辩权。债权人可以直接主张。第二，保贴债权不会随着票据的转让而一并转让，若需转让则应做好约定。第三，保贴后，银行没有办法形成对于票据债务人/被保证人的天然追索权。保证贴现业务对银行而言实则是一种贷款承诺，已保兑未贴现的额度需要计量表外信用风险，风险转换系数按照20%计算，因为目前票据业务原始期限不超过半年，所以不需要考虑50%的风险转换系数。

推出票据增信业务，是提升商业汇票信用水平的重要举措。这一业务由商业银行为申请人专门提供，旨在通过票据增信的方式，加强票据的信用保障。作为商业银行的表外业务，票据增信业务涵盖了票据保贴和票据保证两大方面。对于企业而言，票据增信业务具有多重优势。首先，它能

---

① 资料来源于《票据交易管理办法》（中国人民银行公告〔2016〕第29号）。

够有效弱化主体信用，降低企业在融资过程中的信用风险。其次，通过盘活应收应付账款，企业能够更有效地管理其现金流，从而降低融资成本。对于商业银行而言，票据增信业务同样具有显著价值。通过该业务，银行能够节约风险资本占用，同时吸引和稳定产业链客户，进一步优化其业务收入结构。此外，由于票据增信业务具有较小的授信用途风险，因此银行在提供此项服务时能够保持稳健的经营态度。更值得一提的是，票据增信业务还能够促进产业链上下游企业之间的紧密合作，提升整个产业链的运作效率和竞争力。

目前我国中小微企业信息不对称问题较为突出，并且贷款损失风险相对较高，导致自身信用不足，成为其获得融资的障碍，而增信是化解这一问题的普遍做法和有效途径。票据增信通过行政或者市场化措施，帮助商业汇票提高信用等级，降低信用风险，从而提升中小微企业资金的可获得性，对于缓解中小微企业融资难、融资贵问题以及做好稳企业保就业工作都具有重要的现实意义。

作　者：潘志豪

指导人：蔡振祥

供应链票据

近年来，我国中央政府积极推出一系列政策措施，致力于推动供应链及其在金融领域的发展，以解决中小微企业普遍面临的融资难、融资贵问题。然而，在供应链金融模式的实施过程中，新的问题逐渐浮现：由于中小企业在供应链中往往处于相对弱势的地位，核心企业会利用其核心地位拖欠账款，导致中小企业变现能力受限，积累了大量应收账款。这种现象表明，供应链金融模式尚未彻底解决中小微企业融资困境。

鉴于票据具有可交易性、无因性、有账期等特点，与供应链金融的需求高度契合，将供应链中的应收账款转化为票据化形式，能够显著降低企业融资成本，提升资本流动性。为了进一步服务中小微企业，并推动供应链金融深入发展，上海票据交易所于 2020 年 4 月 24 日正式推出供应链票据平台。

供应链票据平台基于 ECDS 与各大供应链平台无缝对接，提供包括票据签发、承兑、背书、到期支付和融资在内的全方位服务。该平台所发行的票据被称为供应链票据（见图 2-9），属于电子商业汇票，相较于传统的电子票据，供应链票据具有可拆分、流通性更强、贸易背景真实可核查等显著优势。

供应链票据是供应链中的核心企业向全链提供的一种票据服务。上海票据交易所运用其技术优势，将供应链中发行的各类票据进行打包，转化为固定面额为 0.01 元的标准化票据，进一步激活了供应链票据的流动性。相较于传统融资方式，供应链票据的融资成本通常低于银行贷款，对于急需现金流的企业而言，能够有效降低其融资成本。

简单汇信息科技（广州）有限公司作为首个接入供应链票据系统的供应链平台，其业务表现尤为亮眼。截至 2022 年底，通过简单汇信息科技（广州）有限公司办理供应链票据业务的合作金融机构超过 100 家，开通供应链票据业务的用户数量超过 4000 家，签发、背书、贴现等交易规模累计超过 440 亿元，为供应链票据的发展提供了强有力的支持。截至 2022 年末，上海票据交易所累计受理并接入供应链票据平台的平台数量已达 24 家，各项业务累计金额高达 2211.87 亿元，展现出了供应链票据平台的巨大潜力和广阔前景。

供应链票据的推出，无疑标志着上海票据交易所又一次创新的里程碑，

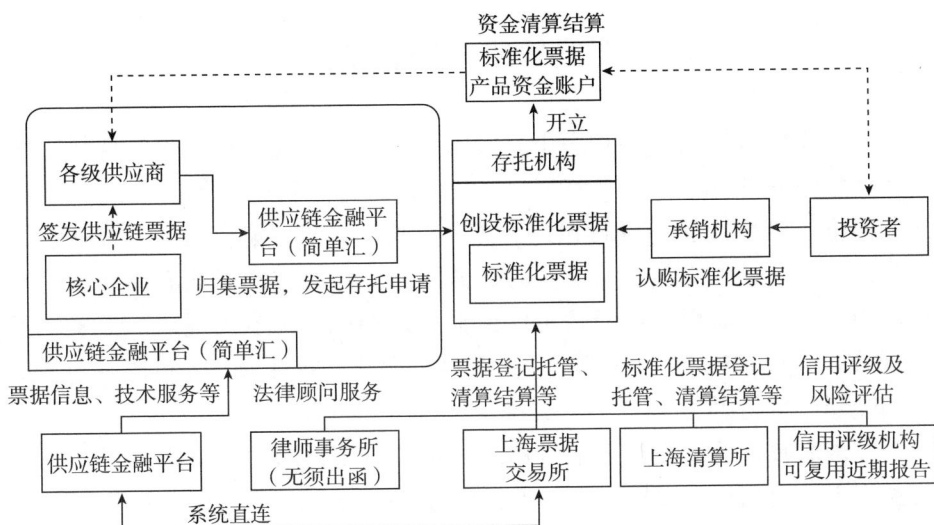

图2-9　"供应链票据+标准化票据"交易结构

（资料来源：上海票据交易所官网）

极大地推动了应收账款票据化深入发展。对于企业而言，供应链票据的引入为供应链中的核心企业以及中小微企业带来了前所未有的便利。对于整个票据市场而言，供应链票据的蓬勃发展进一步丰富了市场的定价机制与融资模式，显著提升了票据市场在金融市场体系中的重要地位与影响力。

作　者：毛　磊
指导人：陈　晨

工商银行"兴农贴"

在"十四五"规划的指引下，我国迈入了全面建设社会主义现代化国家新征程的关键阶段。与"十三五"时期相比，一个显著的转变是"三农"工作的重心已全面转向乡村振兴。然而，长期以来，融资难、融资贵、风险高的困境一直困扰着"三农"的稳健发展。作为推动农业农村现代化发展的中坚力量，新型农业经营主体面临着迫切的金融支持需求。无疑，乡村振兴离不开金融的"源头活水"，若资金无法有效融通，乡村振兴的步伐便会受到严重阻碍。

在国家政策的引领与金融机构的积极响应下，农村经济迎来了蓬勃发展的春天。票据作为农村企业融通资金的关键工具，其贴现需求日益增长。在这样的背景下，工商银行适时推出了"兴农贴"服务。为了深入贯彻国家乡村振兴战略，并提升对农业农村的金融服务水平，中国工商银行凭借其金融科技优势，于2022年1月正式上线"兴农通"App，旨在将金融资源更精准地引向农村，构建一个场景化、个性化的金融服务平台。

工商银行"兴农贴"服务依托"兴农数智平台"及大数据支持，精确划定涉农企业统计范围和目标客户名单，明确重点营销区域，全面开展客户调研。通过先进的算法精准识别客户需求，提供量身定制的金融支持。从成本的角度看，农村企业之所以青睐票据交易，正是看中了其便利性和较低的融资成本。工商银行"兴农贴"服务则在此基础上进一步降低了企业的融资成本，其贴现利率在普通贴现基础上再降低约60个基点，显著减轻了农村企业的经济负担。

截至2023年2月末，工商银行通过"兴农贴"服务已累计为涉农企业提供贴现融资1104亿元，惠及涉农企业约3800家，其中包括130家国家认证的农业龙头企业，为涉农企业的持续健康发展注入了强劲动力。①

无论是"兴农通"App的推出，还是后续"兴农贴"服务的升级，都充分展现了工商银行对乡村振兴工作的高度支持和积极贡献。为涉农企业提供全方位、精准、高效的金融服务，既是工商银行社会责任的彰显，也为银行自身的发展开辟了新的机遇。农村客户群体已成为金融市场服务的

---

① 工商银行："兴农贴"有效发挥重点区域涉农产业支撑作用［EB/OL］.［2023-12-26］. https：//www.pcac.org.cn/eportal/ui？pageId＝598261&articleKey＝619764&columnId＝595082.

潜在增长点，在国家乡村振兴政策的指引下，如何进一步提升服务质量，拓宽普惠金融的覆盖面，深入挖掘农村市场潜力，将成为银行未来发展的重要课题。

作　者：毛　磊
指导人：陈　晨

第三章　票据法规小故事

山西票号的"汇差清算"制度

我国的汇差清算制度源远流长，其历史可追溯至清代。在那个时代，山西地区的商业兴旺发达，晋商凭借其雄厚的资本积累，商号遍布全国，形成了规模庞大的商业网络。各地商号的盈利需解回山西总号，进行统一的结账和分红。同时，总号与分号之间也需进行资金调拨。传统上，这些资金的调拨是通过镖行保镖运送现银来完成的。然而，自乾嘉年间起，社会动荡不安，保镖运现变得极为危险。为了解决这一问题，山西票号应运而生，通过汇兑的方式来安全地转移资金。

随着票号业务的不断发展，票号间的清算问题变得日益复杂，亟须一种更科学的管理方式。在不断的探索和创新中，山西票号推出了"定期订卯，相互冲销"的清算模式，并成为票号业务管理中的重要组成部分。

票号的"汇差清算"分为系统内清算和系统外清算两种形式。系统内清算是指在票号内部，总分号及各分号之间的清算。票号各地分支机构在一定时间内发生的汇差，无论是我欠人还是人欠我，都以"月清年结"两种账向总号报账。月账和年账均以"收汇"和"交汇"两项分列，既有明细，又有总计，均按照与各分号和总号的业务进行清算。[①] 总号收到报来的清账后，若核对无误，则将月清收汇和交汇差额分别记入各分号与总号的往来账。如果收大于交，差额即为分号收存总号的款项数；如果交大于收，差额即为总号短欠分号的款项数，两者互不计息，全号实行统一核算。由于票号各分号之间库存银两多少相差悬殊，为了保证各地分支机构都能正常开展业务，在"汇差结算"的基础上，时有运现现象，如"元成镖局由山西解运现银五万七千两，初八日到津，交大德恒兑换小洋"。

---

① 孔祥毅. 山西票号与中国商业革命［J］. 金融研究，2002（8）：1-9.

　　系统外清算则是指不同票号间的清算。商户之间转账结算的结果，形成了各个金融机构之间的债券债务关系。在钱行商会的组织下，通过"订卯"结清，即在规定时间，各钱商齐集钱业商会，"会同总领，举行总核对"。"订卯"时，各商互对账目，如果发现宗项错误，或者虽经过账但空无指项，则付出之款仍可收回，不生效力，俗称"回账"。其应回账之款，即使在过拨时辗转数号，甚或延期数年，也可以根据各号账目予以回销，这是拨兑钱市特有的办法。山西票号规定定期（一般是按照标期进行）"订卯"，相互冲销，差额清结。①

　　"汇差清算"制度的实施，使得票号内部的经营管理更加规范有效，显著提高了票号的财务管理水平和业务效率。同时，这种制度也使得票号间的清算更加高效和可靠。例如，"定期订卯"机制使得票号间能够快速高效地完成清算过程，为票号跨地区、跨行业经营做出了重要贡献。此外，山西票号的这种清算制度推广到全国各地，成为清朝商业文化的一大特色，也是清朝票号制度史上的一个重要里程碑。

作　者：龚佳亮

指导人：李紫薇

---

　　①　孔祥毅. 晋商在会计发展史上的贡献［J］. 山西财经大学学报，2005（1）：116-123.

过账制度

宁波作为我国钱庄业的摇篮之一，其钱庄业的历史可追溯至明朝中后期，相较于票号而言，早了近一个世纪。自诞生之初，宁波钱庄业便逐步发展出吸收存款、发放贷款等多重职能。在清代中后期的鼎盛时期，该行业更是创新性地发明并实施了过账制度，这一制度不仅在当时具有划时代意义，更成为我国银行业最早、最全面的清算结算体系，对后世金融制度的发展产生了深远的影响。①

过账制度作为宁波钱庄业的基石和精髓，具有举足轻重的地位。在其实施框架下，宁波各行业及个人之间的金融往来，诸如商业交易、债权债务结算、银钱转账以及汇兑等，均通过钱庄的账簿、过账经折、庄票和信札等非现金手段进行，彻底摒弃了传统的现金交易方式。这一创新性的非现金结算机制在当时无疑是引领时代的，具有了非凡的前瞻性和实践意义。《宁波金融志》盛赞该制度为宁波旧金融领域的卓越创举和鲜明特色，它早于世界各国广泛采用的票据交换制度，并在当地乃至周边地区形成了广泛的社会性会计体系，因此，宁波享有"过账码头"的美誉。

当时的过账制度在运作流程上划分为三个主要环节。首先，交易双方各自在开户的钱庄内，于过账簿上详细记录收付款项，并相互确认，确保交易信息准确无误。其次，各钱庄之间开展同业清算。这一环节并不以商家为单位进行，而是依据余额差异来结算。当某钱庄收入大于支出时，形成多单，该钱庄有权向支出大于收入的欠单钱庄收取差额部分的现金，以此实现资金的平衡与支付的闭环。这一模式与现代票据交换所的运行原理有着异曲同工之妙。最后，钱庄需与各自的开户客户进行收付款项的再次确认，确保所有交易准确无误，避免潜在差错的发生。

过账一般以大宗贸易为对象，零星交易仍以现金支付，否则会使过账业务庞大，反而会降低效率。在同一钱庄开户的商户之间没有规定过账的最低限额，但不同的钱庄之间过账则设有限额。过账制度有六种不同的形式，包括账簿过账、经折过账、庄票过账、信札过账、特殊过账办法以及错账的救济。以账簿过账为例，过账簿正面中间书写客户名，左侧书写往

① 汤中山. 中国银行业最早的结算清算制度宁波钱庄业的过账制度［J］. 中国银行业，2017（2）：113-115.

来的钱庄名，右侧书写年份。账簿内页每页分上下格，中间有一小格，上格记录付出之数，下格记载收入之数，若付出，则要在中间小格里盖章以做确认。例如，云章绸布店要付给和丰布厂100元货款，言明过账，那么双方要先抄写各自钱庄的名号。如果云章绸布店有瑞康钱庄的过账簿，可抄瑞康；如果和丰布厂有益康钱庄的过簿，就抄益康。云章绸布店于瑞康过账簿内，先书写月份日期，再于次行的上格抄"益康洋一百元"，"康"字与"洋"字之间稍留空隙，以便盖上作为凭记的印章，并在过账的时间内送交瑞康钱庄。和丰布厂则在益康钱庄的过账簿内写好月份日期后，在次行的下格抄"瑞康洋一百元"，"康"字与"洋"字之间也稍留空隙，但不用盖章，即可交给益康钱庄。

　　总的来说，宁波钱庄业所采用的过账制度，不仅使钱庄成为城市经济金融的核心枢纽，更在全国金融市场中占据了举足轻重的地位，使其被誉为"过账码头""多单中心"及"信用核心"，影响力渗透至各行各业，凸显了其在社会中的显著地位。这种突破性的金融创新为传统金融领域注入了近代金融的新元素，推动了钱庄业由传统模式向近代金融体系转型，展现了其深远的历史意义和发展潜力。

作　　者：潘志豪

指导人：蔡振祥

票据法小故事

由于各国国情存在差异性，不同国家的票据法出台背景大不相同，对票据的定义也有所差别。英国作为老牌资本主义国家，为了满足其国际贸易发展和殖民地扩张的需求，诞生了现代意义上的票据。随着贸易规模的不断扩大，票据在其中的作用越来越显著，为了保障票据的权利，维护市场信用，英国于1882年出台《汇票法》，包括第一章绪论、第二章汇票（包括汇票格式、当事人的权利和责任、责任解除、承兑及付款、票据遗失、联票等内容）、第三章银行支票和第四章期票，以规范商业票据的发展。

第二次世界大战后，伴随着国际贸易逐步恢复以及布雷顿森林体系建立，为了促进美国国际贸易的发展，将纽约建成与伦敦相媲美的国际金融中心，美国选择复制英国银行承兑汇票发展的经验，开始大力推动银行承兑汇票市场发展，并于1952年出台《统一商法典》，其中第三篇的内容为流通票据，包括票据的定义、适用范围、流通、付款、利息、转让背书、索赔等内容。

在中国，20世纪90年代，随着经济的发展，企业间的"三角债"问题越来越突出，直接影响了社会资金的周转以及实体企业的正常经营，而票据正好能够完美地解决该问题，但是当时的票据存在业务操作不熟练、不规范、不统一，监管标准不统一，票据交易无法可依等问题，因此，1995年《票据法》应运而生。相较于其他国家的票据法，我国票据法采用与民法分离的原则，在票据问题上优先适用《票据法》。对于票据的定义也有所区别，例如，德国、法国、日本、韩国等国家分别制定了《票据法》和《支票法》，分别适用于汇票、本票和支票，美国、英国等国家则是将支票视同一种见票即付的汇票，而我国《票据法》将汇票、本票、支票一同纳入管理范畴，但三者相互独立。虽然各国的票据法颁布背景各不相同，但有一点是相同的，都是需求推动型，即经济发展到一定程度后，为了便利支付结算而产生的。

作　者：谢工林

指导人：陈　晨

汇划制度

1890 年，上海钱庄引入了公单汇划制度及汇划总会，这一创新机制不仅服务于汇划庄之间的票据清算，还拓展至非汇划庄、银行与汇划庄之间，乃至银行与银行之间的票据清算，甚至成为后者票据清算的代理。因此，在中国银行业票据交换所正式建立之前的漫长岁月里，钱庄借助汇划制度，实质上掌控了中国金融业中的票据清算业务，展现了其在中国金融史上的重要地位和深远影响。[①]

汇划制度不局限于钱庄间的票据清算，它在钱庄与外商银行以及华商银行之间的票据清算中也扮演着举足轻重的角色。具体而言，当钱庄间存在相互的票据收解需求时，相关操作需通过汇划总会进行，从而确保清算的准确性和效率。同样地，华商银行与外商银行之间的所有汇划银元收解，依赖汇划庄作为中介，由汇划总会进行处理。

进入 20 世纪 30 年代后，随着钱庄势力逐渐衰退和银行力量显著增强，汇划制度的业务范围逐渐缩减。1932 年 2 月，上海银行业同业公会联合准备委员会应运而生，标志着金融界的一次重要变革。随后，在 1933 年 1 月 10 日，该委员会正式创立了上海票据交换所，这是中国首个规范化的票据交换机构。自此，上海银行同业间的票据交换活动不再依赖汇划总会，而是通过上海票据交换所高效办理。尽管如此，汇划制度仍然在金融体系中占据核心地位，同时银行与钱庄之间的票据收解业务仍需通过汇划庄，并借助汇划总会进行处理。这一变革反映了中国金融业发展的历史趋势，同时也展现了金融市场的多元性和复杂性。

1935 年，上海钱业遭遇严重的金融风波，因资金周转不畅而停业的钱庄数量超过 20 家，市场陷入动荡，钱业陷入困境，不得不向政府求援。然而，在接受国民政府援助的同时，钱业长期掌控的汇划制度也被政府接管。受 1935 年金融风波的影响，银行业通过集中汇划的方式逐渐取代了钱庄在汇划制度中的核心地位，钱庄自此失去了对银行业的直接控制权。汇划制度的业务范围也经历了调整，从最初的钱庄间、银行间以及钱庄与银行间，缩减至 1933 年后主要局限于钱庄与银行间。这一变化标志着钱庄长期以来对汇划制度的垄断地位已不复存在，汇划制度实质上失去了其原有的核心

---

① 石涛，张军．上海钱庄汇划制度探析［J］．人文杂志，2004（2）：146-149.

价值和影响力。

1937年抗日战争全面爆发，上海市钱业同业公会执行委员会为了满足金融交易的需求，决定在宁波路钱业市场内设立临时票据交换所，以探索和实践同业间的票据交换机制。经过一段时间的运营和验证，由于该机制在促进金融交易和提高效率方面取得了显著成效，委员会决定将这一临时性的票据交换所正式转化为永久性的机构。这一转变标志着钱庄传统的汇划制度已被更为先进和高效的现代票据交换制度全面取代，适应了抗战时期金融市场发展的新需求。

总之，汇划制度是一项与上海钱庄的命运息息相关的重要制度。上海钱庄作为一个封建性的组织能够长时间运营自己的业务，并在一段时间内与本国银行相抗衡，与汇划制度有着密切联系。汇划制度的产生推动了钱庄的发展，巩固了钱庄的力量。同时，汇划制度作为一项重要的金融制度，不仅是钱庄经营制度化、近代化的重要标志，还是中国近代金融业发展过程中的一次重大制度创新，标志着中国金融业在近代化过程中迈出了一大步，并为中国现代票据交换制度的产生奠定了基础。

作　者：潘志豪

指导人：蔡振祥

票据交换制度

在 19 世纪末至 20 世纪初的金融市场中，钱庄与外商银行两大势力并行发展，形成了钱庄票据清算为主导，外商银行票据清算并存的多元化清算格局。然而，随着金融市场的不断演进和现代化，特别是在 1933 年上海票据交换所成立之后，一种新型的票据交换制度逐渐崭露头角，并最终取代传统模式，成为市场上的主流清算机制。①

上海票据交换所成立初期，华商银行与钱庄之间的票据交换业务仍依赖汇划总会进行。然而，1936 年 6 月 10 日，上海钱业联合准备库正式加入上海票据交换所，这一格局开始发生变化。此后，银行与钱庄之间的票据交换业务统一交由上海票据交换所办理，这一变革标志着钱业票据清算的传统中心地位被上海票据交换所正式取代。随着 1937 年抗日战争全面爆发，上海市钱业同业公会决定设立票据交换所，并鉴于新型票据交换制度在实际运作中取得了显著成效，决定将其确立为永久性的机构。自此，历经半个多世纪的汇划制度退出历史舞台，正式被现代化的票据交换制度所取代。

抗日战争时期，面对重庆地区严重的通货膨胀和银根紧缩，中央银行为了稳定金融秩序、激活市场资金流动性，开始筹划建设票据交换所。1942年 6 月 1 日，中央银行正式设立票据业务科，承担起重庆地区票据交换工作的主持职责，开启了中央银行主导票据交换业务的全新篇章。抗日战争胜利后，时任中央银行副总裁陈行提出了接收上海票据交换所的提议，尽管遭到了贝淞荪、张公权等人的反对，但在宋子文的坚定支持下，最终决定对上海票据交换所进行重组，采用直接交换与委托代理交换相结合的票据交换制度。新成立的票据交换所在形式上保持独立，实质上隶属于中央银行，接受中央银行的委托和督导，负责全市金融业的票据交换工作。其交换余额的划拨结算业务集中于中央银行统一处理。票据交换所成立之初，参与交换的金融机构共计 37 家，同时委托代理交换的机构也达到了 97 家。这一变革标志着全国金融中心上海的票据交换制度和机构正式结束了各自为政的分散状态，实现了统一化管理。值得一提的是，此次改革还吸引了全体外商银行的积极参与，开创了票据交换史的新纪元。自此，中央银行通过上海票据交换所，成为上海金融业的核心票据清算中心。

---

① 中国人民银行上海分行. 上海钱庄史料 [M]. 上海：上海人民出版社，1960：541.

在中央银行的积极引导下，除了上海之外，其他地区的票据清算业务也逐步由中央银行各分行接管。至 1948 年前后，全国范围内已基本形成中央银行主导下的票据交换制度。然而，这一时期的中国经济由于战争的冲击而逐渐衰退，经济环境的恶化导致中央银行各分行所负责的票据交换业务运行状况不断下滑，票据交换制度在稳定金融市场和促进资金流通方面的作用显著减弱。最终，随着国民党政权及其经济金融体系的崩溃，票据交换所和整个票据交换制度也随之崩溃瓦解。1949 年 5 月上海解放后，票据交换所的管理权转交给了军管会。

总之，票据交换制度的发展历程，体现了近代中国银行业不断制度化规范化的发展趋势，它的产生、发展与完善，对于促进金融业和工商经济的发展发挥了举足轻重的作用。

作　者：潘志豪

指导人：蔡振祥

《中华人民共和国票据法》

改革开放以后，商品经济开始恢复活力，社会主义市场经济逐步形成，票据市场出现萌芽，直到 1984 年 12 月中国人民银行发布《商业汇票承兑、贴现暂行办法》，全国性的票据市场才得以形成，但该时期的商业汇票只允许向银行贴现，无法在市场上流通转让。之后，中国人民银行根据市场的发展变化，相继出台了《再贴现试行办法》《银行结算办法》《关于加强商业汇票管理的通知》等法规，不断推进票据市场的发展。随着经济的发展，"三角债"问题越来越突出，直接影响了社会资金的周转以及实体企业的正常经营，而票据正好能够完美地解决该问题，但是当时的票据存在业务操作不熟练、不规范、不统一，监管标准不统一，票据交易无法可依等问题，严重制约了票据市场的进一步发展。

1986 年 9 月，国务院指示中国人民银行草拟票据法条例，随后票据立法会议在中国人民银行的主持下成功召开，会议研究通过了《中华人民共和国票据法暂行条例（草案）》，并向社会各界公开征求意见。1990 年底，中国人民银行票据法起草小组正式成立，在上述暂行条例的基础上，结合中国票据市场发展现状，草拟了《中华人民共和国票据法（讨论稿）》。1993 年，中华人民共和国票据法起草小组将修订后的《中华人民共和国票据法（修改稿）》提交国务院。国务院总理于 1994 年 12 月 5 日签署并呈报全国人大常委会提请审议。1995 年 5 月 10 日，第八届全国人民代表大会常务委员会第十三次会议通过了《中华人民共和国票据法》（简称《票据法》），并于 1996 年 1 月 1 日正式施行。[①] 至此，中华人民共和国第一部票据法诞生了，它历史性地改变了我国票据市场无法可依的局面，开启了我国票据市场规范发展与制度化建设的新阶段。[②]

《票据法》的主要内容包括七章，分别是总则（包含《票据法》的适用范围、票据权利和义务、票据的有效性等内容）、汇票（包含出票、背书、承兑、保证、付款、追索权）、本票（包含本票的定义、出票人资格、记载事项等）、支票（包含支票的定义、开立账户、支票的用途、记载事项等）、涉外票据的法律适用（包含涉外票据的法律适用情况）、法律责任（包含追

---

① 王小能．票据法教程（第二版）[M]．北京：北京大学出版社，2001.

② 肖小和、李紫薇．中国票据市场发展趋势研究——基于票据历史的视角 [J]．上海立信会计金融学院学报，2021（2）：47-48.

究刑事责任的行为界定及其他处罚情节）、附则（包含各项期限的计算标准、票据的格式、本法施行时间等）。

《票据法》正式施行，使得我国票据相关法律法规开始逐步确立，引导越来越多的商业银行涉足票据承兑、贴现业务，并且促进了银行间转贴现业务的出现，直接推动了票据市场发展壮大。①

图 3-1 《中华人民共和国票据法》
（资料来源：《中国票据简史》）

作 者：谢玉林
指导人：陈 晨

---

① 肖小和，李紫薇. 中国共产党建党百年的中国票据市场回顾与启示 [J]. 征信，2021（9）：8-10.

《票据管理实施办法》

自新中国成立以来，随着社会的变革与发展，旧有的法律体制，包括《中华民国票据法》等，被废止。在计划经济的背景下，票据的使用受到限制，几乎被禁止。然而，随着 1988 年《银行结算办法》的颁布，票据的使用限制得到了放宽，从而为票据的发展提供了空间。

随着票据在金融市场上日益活跃，其天生的优势逐渐显现，同时，当时的法律框架已难以适应复杂多变的市场环境。因此，《票据法》的制定与颁布成为必然。1996 年 1 月，《票据法》正式实施，为票据的发行、流通和管理提供了明确的法律依据，使企业能够放心地进行票据的开具和收受。

为了进一步规范票据管理，中国人民银行于 1997 年 8 月发布了《票据管理实施办法》，从多个方面对票据管理制度进行了明确和细化。

首先，它明确了《票据管理实施办法》的法律依据和适用范围，并明确了中国人民银行是票据管理的核心部门。其次，对票据各当事人的权利和义务进行了详细规定，包括出票人、承兑人、保证人、代理付款人等所需具备的条件和职责。

此外，《票据管理实施办法》还对票据的要式进行了规定，要求使用中国人民银行规定的统一格式的票据，并对票据流转过程中的签章、挂失止付、拒付及拒付证明的有效性等进行了详细规定，以确保票据的规范性和法律保护。

对于票据违法违规行为，《票据管理实施办法》也进行了明文规定，并对票据诈骗、玩忽职守、故意拖延付款、伪造票据等行为进行了明确定义，给出了相应的处罚措施，以维护票据市场的公平、公正和秩序。

《票据管理实施办法》不仅是《票据法》的重要配套法规，更是推动银行票据业务发展的关键一步。它为后续《商业汇票承兑、贴现和再贴现管理办法》等法规的出台提供了丰富的法律依据，为票据市场法律法规体系的建立奠定了坚实的基础。

随着时间的推移，为了更好地适应市场发展的需要，《票据管理实施办法》在 2011 年 1 月进行了修订完善，使其更加符合市场实际和监管需求，进一步发挥了对票据市场管理的规范作用。

作　者：毛　磊

指导人：陈　晨

《票据交易管理办法》

基于 2015 年上半年各银监局对辖内部分银行业金融机构票据业务进行检查的结果，2015 年 12 月 31 日中国银行业监督管理委员会办公厅发布《关于票据业务风险提示的通知》，就票据业务的相关风险进行提示并提出监管要求。但是 2016 年 1 月到 8 月，××银行、××银行、××银行、××银行、××银行、××银行相继曝出重大票据风险案件，涉案金额分别为 39.15 亿元、9.69 亿元、7.86 亿元、32 亿元、9 亿元、13 亿元，引起了人民银行的高度重视。

2016 年 12 月 6 日，中国人民银行发布《票据交易管理办法》（中国人民银行公告〔2016〕第 29 号），明确上海票据交易所是其指定的提供票据交易、登记托管、清算结算和信息服务的机构，并对票据市场及上海票据交易所的相关事项进行了规范。

《票据交易管理办法》的主要内容如下：明确了票据市场的参与者，分为法人类参与者（政策性银行、商业银行及其授权的分支机构、财务公司、其他非银机构等）和非法人类参与者（金融机构作为资产管理人的非法人投资产品等）；指定上海票据交易所为票据市场基础设施，并由中国人民银行对其进行监督管理；规范了票据信息登记与电子化，即电票要通过 ECDS 同步传送到上海票据交易所，纸质票据贴现无须提供合同、发票，引入"保证增信行"和"付款确认"的概念；明确了票据登记与托管，市场参与者应在上海票据交易所开立具有唯一性的托管账户，不得出借、出租或转让；规范了票据交易，通过上海票据交易所进行转贴现、质押式回购和买断式回购等票据交易行为，全面简化票据交易手续；明确了票据交易结算与到期处理，票据结算包括票款对付和纯票过户。

《票据交易管理办法》出台以后，在防范票据风险案件的发生方面发挥了积极作用，各类重大票据风险案件明显减少；同时，引入"保证增信行"和"付款确认"的概念，进一步确保了纸票交易的安全性，切实维护了交易各方的合法权益，促进了票据市场健康发展。

作　者：谢玉林

指导人：陈　晨

商业承兑汇票信息披露制度

上海票据交易所成立以后，我国票据市场开始步入规范创新发展的新阶段，商业承兑汇票和银行承兑汇票业务量均呈逐年上升的趋势，但是在贴现方面却差异明显，2017 年至 2020 年，商业承兑汇票占商业汇票承兑比从 13.16% 增长至 16.39%，但贴现承兑比从 34.16% 下降至 28.51%，这反映出商业承兑汇票贴现难的情况并没有缓解。① 究其原因主要在于商业承兑汇票信息不透明，存在严重的信息不对称，而且各个企业不规范使用商业承兑汇票，办理贴现的商业银行和财务公司无法判断票据的真伪，出于谨慎性原则，拒绝为其办理贴现业务。

为了解决上述问题，加强票据市场信用体系建设，根据人民银行关于开展商业汇票信息披露试点的有关要求，上海票据交易所于 2020 年 1 月 16 日上线试运行商业汇票信息披露平台；6 月 7 日，上海票据交易所起草了《商业汇票信息披露操作细则（征求意见稿）》，并向社会公开征求意见。2020 年 12 月 30 日，上海票据交易所出台《商业承兑汇票信息披露操作细则》，自 2021 年 8 月 1 日起施行。

商业承兑汇票信息披露制度的施行，可以有效缓解企业使用商业承兑汇票过程中的信息不对称问题，为接收商业承兑汇票的企业了解承兑人经营情况和信用风险提供了重要参考；可以间接防范伪、假票据诈骗犯罪行为，保证已披露承兑信息票据的真实性；可以构建商业承兑汇票信用体系，提升用票企业形象。

截至 2023 年末，商业汇票信息披露平台累计注册企业 8.4 万家，已注册财务公司 251 家，已注册银行 1674 家。信息披露在提升企业信用意识、改善风险识别效果、增强商票流通性等方面的作用逐步显现。

未来，在商票信息披露制度的基础上，随着票据市场信用体系的逐步健全，票据服务实体经济发展的潜力与作用将得到充分释放和发挥。

作　者：谢玉林

指导人：陈　晨

---

① 周荣芳．商业承兑汇票信息披露的影响［J］．中国金融，2021（23）：57-59．

《商业汇票承兑、贴现与再贴现管理办法》

　　1997 年，中国人民银行发布《商业汇票承兑、贴现与再贴现管理暂行办法》，以促进商业汇票业务平稳健康发展、支持企业资金周转和优化商业银行信贷结构。近年来，由于经济金融形势及票据市场环境发生了深刻变化，《商业汇票承兑、贴现与再贴现管理暂行办法》中的有些规定已无法适用于实际情况，亟待修订调整以促进市场规范发展。为了更好地保障中小微企业的合法权益，结合票据市场发展实践和风险防范要求，2022 年，人民银行、银保监会联合对《商业汇票承兑、贴现与再贴现管理暂行办法》进行修订并形成了《商业汇票承兑、贴现与再贴现管理办法》。《商业汇票承兑、贴现与再贴现管理办法》遵循市场化、法治化原则，着力完善票据市场信用管理框架和市场化约束机制，强化参与主体行为规范，明确监督管理和法律责任，进一步促进票据市场规范健康发展。①

　　《商业汇票承兑、贴现与再贴现管理办法》共八章四十二条，主要修订了四个方面的内容，包括明确相关票据的性质与分类，商业汇票包括商票、银票、财票等，明确供应链票据属于电子商业汇票；强调真实交易关系，在办理承兑以及贴现环节应当严格审查是否具有真实交易关系和债权债务关系；强化信息披露及信用约束机制，信息披露范围扩大至银行承兑汇票；加强风险控制，将商业汇票最长期限由 1 年调整至 6 个月，金融机构应当具备健全的票据业务管理制度和内部控制制度，审慎开展商业汇票承兑和贴现业务。银行承兑汇票和财务公司承兑汇票的最高承兑余额不得超过该承兑人总资产的 15%。银行承兑汇票和财务公司承兑汇票保证金余额不得超过该承兑人吸收存款规模的 10%。②

　　《商业汇票承兑、贴现与再贴现管理办法》施行后，在促进商业汇票更好地服务于实体经济、提升产业链供应链韧性、减轻中小微企业占款压力、维护公平交易关系、优化营商环境、提升市场透明度、健全市场化约束机制、完善票据市场信用管理框架方面发挥了积极作用。

作　者：谢玉林

指导人：陈　晨

---

　　① 人民银行、银保监会有关负责人就修订发布《商业汇票承兑、贴现与再贴现管理办法》答记者问 [J]. 金融会计，2022（12）.

　　② 详见《商业汇票承兑、贴现与再贴现管理办法》。

《商业银行资本管理办法》

自 2012 年 6 月 7 日中国银行业监督管理委员会发布《商业银行资本管理办法（试行）》，并于 2013 年 1 月 1 日正式实施以来，资本监管制度强化了银行资本约束机制，增强了银行经营稳健性和服务实体经济能力，也为我国金融业扩大对外开放创造了有利条件。近年来，随着我国经济金融形势和商业银行风险特征的发展变化，资本监管面临一些新问题，因此，有必要根据新情况对资本监管制度进行调整。

2023 年，中国银保监会会同中国人民银行修订了《商业银行资本管理办法（试行）》，并于 2 月 18 日发布了《商业银行资本管理办法（征求意见稿）》，以推动商业银行资本监管规则进一步完善，促进商业银行风险管理水平和服务实体经济质效进一步提升。经过调整和修改，国家金融监督管理总局于 2023 年 10 月 26 日发布《商业银行资本管理办法》，自 2024 年 1 月 1 日起施行。

《商业银行资本管理办法》由正文和 25 个附件组成，主要内容如下：一是构建差异化资本监管体系，使资本监管与银行规模和业务复杂程度相匹配，降低中小银行合规成本。二是全面修订风险加权资产计量规则，包括信用风险权重法和内部评级法、市场风险标准法和内部模型法以及操作风险标准法，提升资本计量的风险敏感性，对票据业务来说，降低了银行承兑汇票承兑业务和商业承兑汇票贴现业务的风险权重，加大了期限在三个月以上的银行承兑汇票贴现和票据转贴现业务的风险权重，由原来的 25% 上升至 40%。三是要求银行制定有效的政策、流程、制度和措施，及时、充分地掌握客户风险变化，确保风险权重的适用性和审慎性。四是强化监督检查，优化压力测试，深化第二支柱应用，进一步提升监管有效性。五是提高信息披露标准，强化相关定性和定量信息披露，增强市场约束。

《商业银行资本管理办法》实施后，显著提高了信息披露的数据颗粒度要求，切实提升了风险信息透明度和市场约束力，银行业资本充足水平总体稳定，平均资本充足率稳中有升，体现了差异化监管要求，符合政策预期。

作　者：谢玉林

指导人：陈　晨

第四章　票据机构小故事

钱庄

在明朝的繁荣时期，金银等货币的频繁兑换需求催生了大量的货币兑换者，他们以此为契机，创立了钱铺，从而开启了古代金融的新篇章。随着商业经济蓬勃发展，钱铺的业务逐渐丰富起来，除了传统的金银货币兑换，逐步扩展到了存贷款业务以及票据发行等多元化金融服务。

关于钱庄的起源及其与钱铺的关联，历来众说纷纭。有观点认为，钱庄起源于明代，钱铺即是钱庄的雏形，二者实为同一事物的不同称谓。这一观点得到了明代小说中"钱庄"一词的佐证。然而，也有学者持不同意见，他们认为钱庄真正兴起于清代，是商品经济高度发展的产物，其综合业务的开展标志着金融机构的成熟。还有一种观点认为，钱庄是钱铺经过长期演进、规模扩大、业务深化后逐步形成的，它们在规模和业务范围上有所区别，但钱庄无疑是对钱铺的继承和发展。[①]

清朝时期，钱庄的主要业务是银钱兑换和存贷款。1749年，一官员指出"各省驻防协领，俱借俸禄养赡，家有积蓄者甚少。诺穆三等同系协领，何以赀财独厚？即据现经查出房地外，诺穆三尚有寄存帽铺银一千两、钱铺银两千两"。说明当时的钱庄已经开展了存款业务。鸦片战争后，外国商人进入中国，钱庄为其提供了保管现金、签发票据等服务。第二次鸦片战争后，钱庄逐渐成为外国列强入侵中国的工具，洋行利用钱庄的信贷业务拓展自身的贸易规模，钱庄也借助洋行的资金扩大金融活动，这一时期的钱庄依靠外部势力实现了利润增长，但其职能和所发挥的作用发生了改变。辛亥革命时期，由于外部势力的抢夺以及内部动乱的影响，钱庄处于经营困境中，后来的"橡皮股票风潮"更是引起金融动荡，在这一环境下，钱

---

① 魏晋. 钱庄起源论说 [N]. 中国社会科学报，2022–11–16 (010).

庄的经营状况不断恶化，并大量倒闭。[①]

　　钱庄的兴起不仅拓展了融资渠道，帮助商人等资金需求者获得资金支持，促进了商业经济的繁荣，同时也吸收了社会闲散资金，降低了百姓携带现金的风险。它作为现代银行的前身，在中国金融史上留下了浓墨重彩的一笔。

作　者：蔡承宏

指导人：蔡振祥

---

① 肖小和．中国票据简史［M］．北京：中国金融出版社，2022.

票号

19世纪20年代，山西出现了令世人瞩目的票号业。"山西票号业曾一度执中国金融界之牛耳，并影响了中国金融业近一个世纪。"中国近代思想家、文学家梁启超这样评价山西票号业。①

中国首家票号日升昌诞生于道光三年（1823年）的山西平遥县。其前身是名为"西裕成"的颜料庄，由平遥县西达蒲村的李家经营。在动荡的社会背景下，农民起义频发，灾荒连连，商客面临频繁被劫的风险。当时，山西商人在外者众多，而且每年年底需将所得利润通过镖运方式运回山西。鉴于此，李家开始利用其在外的分支机构，提供汇兑服务，初衷只是为了解决熟人间的异地资金问题，并非盈利。然而，随着需求增加，李家从中收取少量费用的模式逐渐得到认可，且相较于镖运费用更为经济实惠，因此吸引了越来越多的同乡好友前来寻求汇兑服务。至1823年左右，汇兑业务的收入已远超其原先专营颜料的利润。

1823年，根据北京分号负责人雷履泰的建议，李家投入约30万两白银，将颜料庄转型为票号，命名为日升昌，并设立成都、重庆、汉口、聊城、京都、天津、保定、沈阳八个分支机构。各分支机构由经理主持运营，并由协理协助管理。尽管停止了颜料的生意，但在汉阳仍保留了"日升碌坊"以示对祖业的纪念，但实行独立核算。随着不断发展，日升昌的经营业务涵盖了汇兑、存贷款、捐纳以及银票的发行。

日升昌凭借诚信为本的经营准则、科学精细的管理体系、敏锐独到的经营策略以及选贤任能的用人理念，为中国金融业开创了全新的篇章。自日升昌崛起后，中国境内涌现了共计51家票号，其中山西独占43家，而在平遥县城就聚集了22家之多。这一时期，平遥无疑成为整个中国的金融枢纽。因此，余秋雨先生在《抱愧山西》中写道："在山西最红火的年代，财富的中心并不在省会太原，而是在平遥、祁县和太谷，其中尤以平遥为最。"给了平遥很高的评价。

随着第二次鸦片战争和太平天国运动的结束，国内开通了公款汇兑业务，使得票号和清政府的关系越来越密切。洋务运动的投资在很大程度上促进了票号的发展，甚至后来《马关条约》和《辛丑条约》的赔款也大多

---

① 宗良，武岩．日升昌：山西票号的生机与华章［J］．银行家，2023（8）：124-127.

是由票号负责。

　　可惜的是，随着清政府倒台，票号失去了政治靠山，不断衰退。同时，票号因循守旧、不愿变革，加上外国在华银行的发展，使得票号一蹶不振。到了 20 世纪 20 年代，票号纷纷倒闭，"极炫耀处，即衰落处"似乎是万物轮回的公理，一度在清末"执全国金融之牛耳"的票号最终还是退出了历史舞台。

作　者：潘志豪

指导人：蔡振祥

账局

　　账局这一在清雍正、乾隆之交诞生的金融机构，见证了清代金融市场的兴衰起伏。它如一颗璀璨的星辰，在咸丰初年达到辉煌的顶点，却又在清朝末年逐渐黯淡。账局的核心业务——放款，不仅为资金需求者提供了及时的资金支持，更在京师这片繁华之地留下了浓墨重彩的一笔。

　　18 世纪上半叶，账局如雨后春笋般涌现，数量和规模均得到了极大的提升。咸丰三年（1853 年），京师的账局数量至少达到 268 家，从业人员更是数以万计。这些账局的服务对象广泛，包括工商业者、候选官吏、在任官吏以及蒙古贵族等。它们以灵活的借贷方式，为京城的经济繁荣注入了源源不断的活力。对于账局对工商业者进行放贷的情况，王茂荫做了如下描述："闻账局自来借贷，多以一年为期。五六月间，各路货物到京，借者尤多。每逢到期，将本利全数措齐，送到局中，谓之本利见面。账局看后将利收起，令借者更换一券，仍将本银持归，每年如此。"至于到期还款的期限，则是以镖期为标准制定的，包括年镖、春夏秋冬四季镖。①

　　在一段时期内，账局在京城的金融市场中占有至关重要的地位，其行为影响着当时京城的市场状况。例如，1853 年，太平天国军队直逼京城，账局趁机将本金从工商业者手中收回并且不放款，导致大量工商业者纷纷闭门歇业，阻碍了京城的市场流通，而且工商业店铺的工作者少则数人，多则几十人，一旦大量工商业店铺倒闭，则会造成不可计数的百姓失业。

　　账局也曾放过高利贷。账局对候选官吏进行放贷即放京债，最终会使其负债累累，受到账局的剥削。账局对借款对象放贷时，会先商定扣头，若商定为九扣，则意为名义上借的是 1000 两，实际得到的却只有 900 两。对于不同的借款对象，其商定的扣头可能会不一样，四六扣至八九扣不等。同时，其对于贷款也约定了利率，一般在三分左右。另外，对于三个月或六个月的"转票"，采用复利（利滚利）的形式。基于上述操作，几百两的本金过一段时间可能就需要几万两进行偿还。账局的高成本贷款对京城等地的危害极大，所以屡次被禁止。②

　　尽管账局的历史充满了兴衰与传奇，但其对现代金融业的启示却不容

---

① 章永俊. 清代北京的钱铺、炉房与账局 [J]. 北京史学论丛, 2017（1）：120-134.

② 章永俊. 清代北京的钱铺、炉房与账局 [J]. 北京史学论丛, 2017（1）：120-134.

忽视。现代金融机构在发放贷款时，应充分考虑到市场的实际情况和企业的实际需求，制定合理的利率和还款期限。同时，借贷者应根据自身实际情况合理控制借贷额度，避免陷入债务困境。账局的历史告诉我们，金融市场的健康发展需要各方的共同努力和智慧。

作　者：蔡承宏
指导人：蔡振祥

安徽蚌埠贴现公所

民国时期，蚌埠以其独特的地理位置，成为淮河流域的金融中心。1923年3月，为了更有效地服务于钱庄等客户，开展贴现业务，蚌埠的中国银行、交通银行、上海银行、江苏银行联合成立了贴现公所。根据贴现公所章程的开篇之言，"本埠贴用款每年不下千数百万元，为数至巨，客商来此办货，均用期票，转由钱庄及转运分向各银行贴现，相沿已久，即有悬殊，须调剂得平，始供求适合"。四家银行联合成立贴现公所的一个重要目标是减少贴现中的风险，避免同业之间恶性竞争。安徽蚌埠贴现公所的成立，在当时引起了广泛的关注，并获得了舆论的肯定评价。

1924年4月，中国银行的卢龙之联合蚌埠各银行、钱庄订立规约，对贴现者限制其贴现额。1924年4月至12月，贴现总额达到970余万元。次年11月，中国银行复业后，重新组织了贴现公所，并制定了15条规约。其中规定，贴现票据必须由安徽蚌埠贴现公所认定的钱庄及转运公司盖章签字后才能接收。票据一经安徽蚌埠贴现公所贴现，贴现人便可凭票在中国银行付款。当日四点，公所会进行轧账，由各受理行负责转账或送现。[①]

然而，蚌埠这种由银行组织贴现的机构并没有得到广泛推广，原因在于蚌埠商埠的特殊性以及铁路押汇难以推进。安徽蚌埠贴现公所作为几家银行联合成立的统一接收和分配贴现业务的组织管理机构，本身存在较大的局限性，主要表现在贴现范围过小，仅限于钱庄和转运公司的汇票，各家银行的份额过于固定，容易产生垄断。

随着商业信用的逐渐扩大，商业汇票等远期票据的流通开始变得日益广泛。1929年10月，国民政府颁布《中华民国票据法》，明确规定商业汇票为法定票据，使得商业汇票逐渐成为贴现市场的基础性信用工具。但由于中国外部政治、经济环境不稳定，尤其是信用制度不健全，票据贴现业务在银行业务中所占的比例仍然很低。因此，安徽蚌埠贴现公所所面临的问题仍未得到根本解决。

安徽蚌埠贴现公所的成立，不仅改变了以往银行同业间票据买卖的不良竞争，规范了当地票据市场，还推动了蚌埠金融市场健康发展，并对中

---

① 近代蚌埠贴现公所的形成历程 [EB/OL]. [2021–01–25]. http://cangkan.net/wxlw/33405.html.

国票据事业的发展起到了推动和示范作用。这一举措对于票据市场的发展具有深远的影响，其意义不容小觑。①

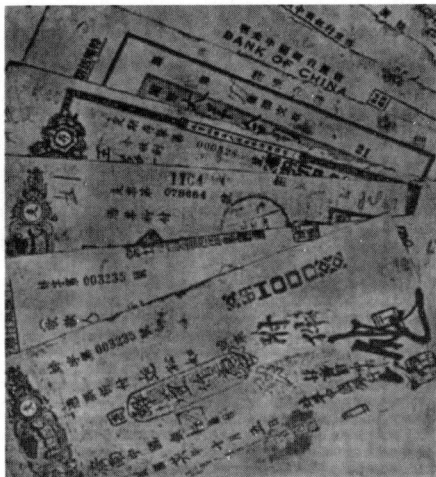

图4-1 蚌埠中国银行开出的承兑汇票
（资料来源：互联网搜集）

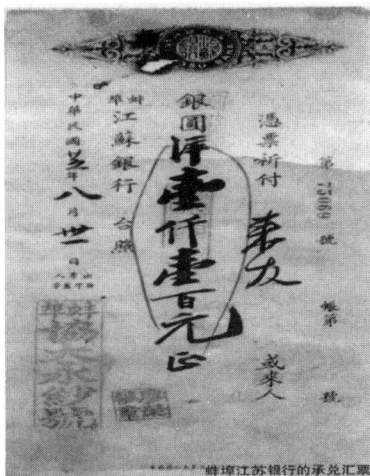

图4-2 蚌埠江苏银行的承兑汇票
（资料来源：互联网搜集）

作　者：龚佳亮

指导人：李紫薇

---

① 肖小和，李紫薇. 从近现代我国票据市场发展简史思考进一步发挥票据功能作用 [J]. 杭州金融研修学院学报，2021（9）：50-54.

上海银行票据承兑所

上海是近代中国的金融中心，因此许多金融方面的制度创新都首先发生在上海，其中票据中介机构的制度创新就是一个比较典型的案例。20世纪二三十年代，由于商业习惯和信用状况的限制，真正意义上的票据中介机构难以在上海建立。然而，结合当时中国的国情和商情，上海金融界进行了制度创新，从而诞生了一个极为特殊的票据中介机构——上海银行票据承兑所。①

1929年，资本主义世界经济危机爆发，帝国主义列强为了转嫁本国的经济危机，加强对中国的侵略，纷纷在华设立外商银行。这些银行带来了新式票据，使得近代中国出现了新旧票据并存的局面。1932年1月28日，日军突然袭击上海，金融形势变得异常严峻。1933年，美国放弃金本位制，导致国际银价飞涨，中国白银大量外流，信用紧缩，上海金融市场遭遇前所未有的危机。为了构建稳健的银行体系，上海银行公会采取了一系列措施改革信用方式，如设立票据交换所、推广商业承兑汇票、创办银行承兑汇票，以提高会员银行的资金运作效率，降低银行运行成本和风险。

为了应对上海银行业面临的危机，1935年7月，上海银行公会决定委托联合准备委员会筹建票据承兑所。终于，在1936年3月16日，上海银行票据承兑所召开了成立大会，并公布了《上海银行票据承兑所章程》及其公约。根据章程与公约，加入承兑所的银行只要提交了合格且充足的担保品，就可以开具"银行承兑汇票"，即开出一定金额以该所为付款人的汇票，并由该所承兑。1936年2月27日组建的第一届票据承兑所委员会，由联合准备委员会经理朱博泉兼任经理，中国银行程慕灏、交通银行李恭楷、上海商业储蓄银行董承道、浙江兴业银行竹森生、金城银行殷纪常为常务委员。同时，成立专门的票据承兑所委员会负责管理该所相关事务，这不仅是民主管理方式的体现，也充分说明上海银行票据承兑所是一个同业互助机构和公共信用机构。②

上海银行票据承兑所在运作方式上也有其独特之处，主要体现在以下三个方面：第一，银行需先提供担保品，经审核估价后签订承兑申请书，

---

① 万立明. 近代中国票据中介机构的制度创新及其启示——以上海银行票据承兑所为例 [J]. 上海行政学院学报, 2008 (2)：59-67.

② 王红曼. 中国近代银行公会的社会责任 [J]. 中国金融, 2019 (16)：99-100.

再开出汇票。所员银行按原承兑契约规定的条件提供担保品清单，交由该所审查，经审查合格与评定价值后，担保品缴存该所保管。如果所缴存担保品内有银行转让或过户的物品，则应由银行背书转让或过户于该所。第二，承兑汇票以独有的方式在所员银行之间相互买卖，必要时承兑所给予贴现。承兑汇票只在所员银行之间转让或贴现，每天由承兑所居间代为接洽。承兑所制定了"贴现交易暂行办法"，规定凡拟卖出该所承兑汇票之银行，均须在每日规定时间（下午 2 时前），将拟卖汇票的数额（金额）与利率（最高限度的贴现率，也称卖价）通知承兑所。第三，损益由所员银行共同分担和分享。所员银行公约中明确规定：立约人对于本所承兑业务，依认缴票据承兑基金额在总额内所占成数担负其责任。凡本所因承兑票据而发生之一切损失，由立约人依认缴票据承兑基金额在总额内所占成数按成摊派之。

上海银行票据承兑所的成立，反映了当时中国国情和商情的实际需求。在当时，期望出现一家资本独立的专门办理票据承兑贴现的机构，或坚持只对规范意义上的商业汇票进行承兑贴现，是不现实的。上海银行票据承兑所的创设，对于促进近代中国票据的使用、流通和贴现市场的建立，以及协助工商业发展，起到了积极作用。然而，不幸的是，上海银行票据承兑所开业 1 年多后，抗日战争爆发，上海经济出现了畸形繁荣。1941 年 6 月 25 日，因沪市游资充斥，银根松弛，票据承兑业务已非必须，经常务委员会决定停办。虽然它只存在了五年多时间，但其制度创新的理念至今仍值得我们借鉴。

作　者：龚佳亮

指导人：李紫薇

重庆联合票据承兑所

1937 年 7 月，随着全面抗战的硝烟弥漫，重庆城被卷入了一场前所未有的公债风波，债市随之陷入低迷。在这场金融风暴的席卷下，重庆票据交换所的诸多弊端逐渐浮出水面，且变得愈发严重。票据交换过程变得混乱无序，账目记录模糊不清，资金缺口不断扩大，使得参与票据交换的各家行庄遭受了巨大的经济损失。在这种局面的影响下，1937 年 7 月至 8 月，重庆市票据交换数量出现了大幅度下降。直到 10 月之后，票据交换数量才逐渐回升。然而，到了 1938 年 1 月重庆票据交易所陷入停滞状态时，票据交换数量也未能恢复到战前的水平。

1939 年，因重庆票据交换所的运作陷入停滞，各行庄面临收解困难，加之市面上流通的法币多为小额，给结算过程带来了极大的不便。在此背景下，重庆金融市场上响起了恢复票据交换制度的迫切呼声。1939 年 3 月，在第二次地方金融会议上，四川省银行指出，重庆市同业间及市场的收交，大多不愿意收取现金与四行支票，且在收受法币时，四行之法币混合在一起，难以分辨整理，这些问题严重制约了市场的正常运作和资金流通效率。为了打破这一僵局，四川省银行提出了恢复重庆市票据交换制度的申请，并建议由中国银行或中央银行来承办此项事务。这一建议旨在解决当时所面临的困难，推动票据顺畅流通，进而促进整个金融市场繁荣发展。1940年，银行公会的陈晓钟先生致函财政部，强调了票据交换所在金融市场中的重要作用。他指出，票据交换所不仅能够便利金融机构的收解过程，促进资金快速周转，还能有效节约人力物力消耗，降低运营成本。因此，陈晓钟先生强烈地希望政府能够尽快采取行动，开办票据交换所，为金融机构的收支提供便利。然而，尽管各方呼声强烈，但由于种种复杂因素，重庆票据交换所的恢复工作未能如期进行。

1941 年以后，随着重庆市面通货膨胀速度急剧加快，金融界对于多元化融资渠道的渴求愈发迫切，然而相较之下，融资渠道却显得异常狭窄。这一严峻形势进一步推动了金融界向政府发出强烈呼吁，要求尽快恢复票据交换制度。与此同时，当时的重庆市场完全依赖于四行支票作为主要的收交手段，四联总处也在不知不觉中扮演了各行庄的转账中枢角色。特别是随着轧现制度的实施，中央银行承担起了四行之间的轧现职责，实际上已经间接形成了中央银行为重庆全市银钱业提供转账服务的局面。然而，恶性通货膨胀与比期①制度的存在，给抗战大后方的金融秩序带来了极大的不安定因素。在这种背景下，实施票据交换显得尤为重要。通过票据交换，不仅可以减少行庄之间流通的货币数量，降低金融风险，而且在比期存放款高峰时期，能有效减少各银行同业间的借款与拆款，缓解市场资金紧张的状况。这无疑对战时金融的稳定起到了积极推动作用。鉴于以上种种因素，中央银行开始积极筹备恢复票据交换所的工作。

1943 年以后，参与中央银行票据交换的行庄数量与种类均有所增加，同时，大量有别于本地或本国的外商银行与侨资银行也积极参与票据交换，使得票据交换行庄种类更加多样化。例如，1943 年 1 月 27 日，华侨兴业银行加入票据交换；3 月 8 日，汇丰银行加入票据交换；6 月 1 日，麦加利银行加入票据交换；等等。票据交换数量、交换总额与交换差额均呈现出直线上升的趋势。从表面上看，重庆票据交换一派兴盛。

终于，在 1944 年 10 月，国民政府联合中国银行、交通银行、中国农民银行、中央信托局、邮政储金汇业局以及其他机构成立了重庆联合票据承兑所。重庆联合票据承兑所的主要功能是促进工商企业生产，对工商企业的票据进行增信。承兑后的票据可以在市面上流通，进行贴现、转贴现等操作。与上海银行票据承兑所相比，两者都是为了解决市场资金不足，促进工商业发展，解决市场流动性不足的问题。不同之处在于，重庆联合票据承兑所将符合条件的工商企业也纳入交易体系中，同时资金调剂也不再局限于同业之中。

重庆联合票据交易所成立于抗日战争时期，通过为工商企业票据进行增信，增强了票据的流动性。这对于活跃大后方资金运用，促进工商业、生产事业的发展具有重要意义。重庆联合票据承兑所的成立推动了票据贴现制度的发展，扩展了中央银行重贴现的运用，成为大后方票据市场的核心，促进了重庆票据市场的繁荣和发展。

作　者：龚佳亮

指导人：李紫薇

---

①　旧中国银钱业和工商业公定的一种债权债务结算日期。如以每月五日、十日、二十日、二十五日为"小比期"，以每月十五日和月底最后一天为"大比期"。一般拆放短期款项，即以半个月为期。

上海票据交换所

20 世纪二三十年代，中国新式银行不断发展壮大，钱业衰退，迫切需要清算机构来进行票据的收解。1929 年《中华民国票据法》颁布实施，使票据流通更为广泛，这也进一步激发了商业银行对于票据交换制度的渴求。1933 年 1 月 10 日，上海票据交易所在香港路 59 号上海银行公会大楼底层大厅正式成立，各大银行纷纷加入，成立之初就有交换银行 32 家。

1937 年淞沪会战之后，上海失守，日本全面掌控了上海的金融市场，使得上海票据交换所陷入了艰难维持的状态。然而，1941 年太平洋战争的爆发进一步加剧了紧张局势。随着日军对上海租界的入侵，上海票据交换所在日伪政府的高压政策下，不得不进行了一系列适应性的调整。具体来说，它被迫将本位币改为"中储券"，并要求各交换行庄将原有的法币存欠按照一定比率折算成"中储券"进行票据交换。不仅如此，日伪政府还试图通过修改上海票据交换所的章程将"中储行"纳入其运作体系。修改后的章程明确规定，"中储行"将自动成为上海票据交换所的委员，并承担交换银行差额转账等关键职责。此外，上海票据交换所的代理交换银行业务也被强制交由"中储行"代理。这一系列措施使得上海票据交换所在实质上沦为"中储行"的附庸，完全被其操控。[1]

抗战胜利后，国民政府对上海票据交换所进行了改组，使得上海票据交换所成为上海市唯一的票据交换机构。但是由于上海金融业的畸形繁荣，加入上海票据交换所的行庄由 1946 年的 133 家增长到了 1949 年的 232 家，其增长以私营行庄为主。随着通货膨胀愈演愈烈，此阶段票据交换数额激增，以致朱博泉评价道"解放前夕，通货膨胀如野马脱缰，一日数涨，由此也造成信用膨胀。各种票据满天飞，交换票据的张数与金额随之激增，给交换带来困难。4 月 14 日那天，中国银行收到的票据有 21 万张，派大卡车到交换所接运。办理的人员一看就吓昏，一个通宵也整理不完。交换员工作繁重，连月不得休息，精神疲惫不堪，票据根本来不及复核"[2]，充分反映了当时法币和金圆券的贬值程度。

---

① 万立民.上海票据交换所研究（1933—1951）[M].北京：中国书籍出版社，2019：70—84.

② 朱博泉.记上海票据交换所[A].陆坚心，完颜绍元.20 世纪上海文史资料文库（第 5 辑）[M].上海：上海书店出版社，1999.

上海解放前夕，国民政府自顾不暇，时局动荡导致上海票据交换所被迫停业。1949 年 5 月上海解放后，上海金融业被中国人民解放军上海市军事管制委员会下属的财政经济接管委员会金融处所接管，上海票据交换所也被接收。但是由于交换行庄与原来的中央银行断绝关系，与中国人民银行上海分行建立联系，[①] 上海票据交换所实际上被中国人民银行掌控。上海票据交换所复业后，交换行庄骤减，从原来的 230 家减少至 81 家，交换场次由四个缩减至两个，导致人员臃肿和经费减少，交换所难以正常运转[②]。1951 年 2 月 1 日，中国人民银行上海分行正式接管上海票据交换所，承担信用调节、现金管理和行庄检查等工作。

作　者：潘志豪

指导人：蔡振祥

① 江西财经大学九银票据研究院. 票据史［M］. 北京：中国金融出版社，2020：143.

② 万立民. 上海票据交换所研究（1933—1951）［M］. 北京：中国书籍出版社，2019：73-84.

民国时期的中央银行与票据

近代中国中央银行的建设始于 1905 年的清政府户部银行，其历程跨越晚清、北洋政府及国民政府三个重要时期。[1] 1908 年，户部银行更名为大清银行，并颁布了《大清银行则例》，这是中国历史上首部正式的中央银行法，象征着中央银行制度初步形成。然而，民国时期，中央银行的发展并非坦途。在北洋政府时期，中国银行和交通银行虽被视作中央银行，却因分工模糊而频繁陷入竞争与矛盾，对金融市场造成显著冲击。[2] 直至 1927 年南京国民政府成立，中央银行的筹建工作方得以正式启动。1928 年 11 月，国民政府中央银行在上海正式成立，此后其业务日渐拓展，职能日益完善，市场地位显著提升，最终成为国家金融体系的核心支柱。[3]

20 世纪 30 年代，商业汇票承兑与贴现的热潮汹涌而至。在此背景下，金国宝强调中央银行必须深入开展重贴现业务。然而，由于中央银行职能的不足，重贴现业务进展迟缓。直至 1943 年 7 月，重贴现业务才正式由中央银行接管。尽管初期主要服务于国家行局的资金融通，但这无疑为中央银行职能的完善奠定了基石。1947 年 4 月，中央银行设立贴放委员会，并颁布了一系列规则，明确了重贴现的手续和要求。尽管受到战争的影响，贴放委员会曾短暂关闭，但中央银行于 1948 年 4 月 27 日在上海重新设立该委员会，并增设工、矿、农业和出口等顾问委员会，专门负责相关案件的审核。同年，四联总处通过了《生产事业贷款方针》，规范了重贴现业务的市场利率，进一步推动了近代中国票据市场的发展。

票据清算，即票据交换，是中央银行的一项传统职能。1935 年，《中央银行法》虽将票据交换及银行划拨清算列为中央银行业务之一，但受限于时局，未能实施。直至抗日战争爆发前，中央银行才正式加入上海票据清算所参与清算工作。1942 年，随着重庆票据交换所的成立，中央银行正式开启了主持票据交换的篇章。此后，中央银行不断完善票据交换制度，加强对国家行局票据的管理，逐渐成为全国金融机构的结算中心，正式确立了其主持全国清算事务的职能。至 1948 年前后，全国范围内已基本建立起中央银行主导的票据交换制度。然而，面对经济危机和频繁的退票现象，

① 石涛. 近代中国中央银行史 [M]. 北京：商务印书馆，2021：1-2.
② 石涛. 近代中国中央银行史 [M]. 北京：商务印书馆，2021：48-96.
③ 石涛. 近代中国中央银行史 [M]. 北京：商务印书馆，2021：124.

即便中央银行出台了修订后的管理办法，也未能立即扭转局面。但中央银行依然坚定不移地努力，为稳定金融市场、推动经济发展贡献了力量。

作　者：陈家宇

指导人：李紫薇

中国工商银行票据营业部

随着票据业务对金融机构的影响日益显现，加上亚洲金融危机对中国金融市场的影响，各商业银行对票据业务的应用越来越重视。对此中国工商银行率先进行票据经营体制改革，2000年11月9日在上海成立全国首家经中国人民银行批准的全国性、专业性的票据经营机构——中国工商银行票据营业部，标志着我国票据经营进入集中经营和集约化管理的新阶段。[①]

工商银行票据营业部自成立以来，始终坚守底线、规范经营，为更好地服务实体经济，进行了多方面的创新发展。2002年，在上海发起成立"中国城市金融学会票据研究会"（现名为"中国城市金融学会票据专业委员会"），创设业界唯一的票据专业期刊《票据研究》。同年，为了全面覆盖各地区票据业务经营，工商银行票据营业部先后在沈阳、北京、天津、广州、重庆、西安、沈阳、郑州8个城市设立票据分部，实行垂直管理、独立核算、专业化经营，为企业提供更便利的承兑、贴现等票据业务服务，进一步发展了国内票据市场。此后，工商银行票据营业部积极探索票据市场创新发展路径，先后推出我国首个票据价格指数"工银票据价格指数"、票据交流平台"票据沙龙"、以Shibor为基准的票据交易报价制度、首期"长三角票据贴现价格指数"等。[②] 这一系列创新举措能够更好地推动我国票据市场的发展。

2016年，工商银行票据营业部迎来新的发展机遇。在这一年，工商银行票据营业部进行票据业务管理体系改革，通过发挥票据业务专营与全行营销服务两大优势，持续推动票据业务做大做强，最终实现年均票据贴现量突破万亿元大关，牢牢占据贴现业务全市场第一的行业地位。进入票交所时代后，工商银行票据营业部适应电子化发展潮流，自主研发并推出我国银行业首个基于供应链的票据一体化组合产品"付款票据通"及国有银行第一款自助式贴现产品"工银e贴"。随后，工商银行推出"工银图灵"，赋能业务运营、客户服务、风险防控等近200个场景的智能化转型。近几年国家高度重视乡村振兴，工商银行票据营业部据此推出"工银兴农贴"，紧贴"三农"，加大对涉农产业的资金优惠力度，扶持农业发展。可以说，工

---

① 详见中国工商银行票据营业部官网。

② 中国工商银行票据营业部. 凝"心"聚力，深耕票据市场 助力实体，彰显大行担当——中国工商银行票据营业部成立十九周年记［J］. 杭州金融研修学院学报，2019（12）：78-80.

商银行票据营业部在票据智能化、便捷化和服务实体经济方面进行了出色的创新发展。在工商银行票据营业部的积极推动下，全行努力做大做强票据业务，截至 2023 年末，工商银行票据贴现余额达 12777 亿元。[①]

　　工商银行票据营业部的成立，对票据市场的发展有着重大意义：一是服务小微、助力普惠，推动了实体经济的发展。二是积极进行票据智能化发展，构建全面风险管理框架，有力促进了新时期票据市场的发展。三是为中国票据市场发展创新提供了新的思路。

作　者：李　旸

指导人：赵思彦

[①]　资料来源：中国工商银行 2023 年年度报告。

中国城市金融学会票据专业委员会

作为我国首家成立票据专营机构的商业银行，工商银行在积极发展票据业务的同时，以推动我国票据市场发展为己任，2002 年在上海发起成立"中国城市金融学会票据研究会"（现名为"中国城市金融学会票据专业委员会"）。①

多年来，中国城市金融学会票据专业委员会在中国城市金融学会的统筹指导下，持续致力于课题研究与战略规划的深入实施。该委员会以《票据研究》为重要交流平台，秉承创新驱动和转型发展的核心理念，不断拓宽票据业务专业知识的传播范围，深化行业内的交流层次。这一努力不仅为全市场票据业务的经营管理提供了有力支持，也为推动票据市场健康发展做出了显著贡献。

自中国城市金融学会票据专业委员会成立以来，工商银行票据营业部作为核心推动者，不仅积极提升课题研究的参与度和专业化水平，也高度重视研究成果的实用性，以及对日常经营管理的导向和助力效应。工商银行票据营业部持续组织员工广泛参与总行及行业内的课题研讨活动，通过不懈的努力，成功取得了一系列具有显著成效的研究成果。此外，工商银行票据营业部还着力于票据业务研究专业人才的培养，为票据业务的长期发展奠定了稳固的人才基石。

2018 年，中国城市金融学会票据专业委员会成功举办了会员代表大会及新时代票据市场发展研讨会。会议不仅深入探讨了新时代票据市场的发展前景，还对当前经济金融发展的新态势、新任务进行了细致分析，同时指出了学会所面临的新机遇与挑战。

会议明确指出，学会应当在服务实体经济、加强风险防范以及推动金融改革等方面发挥关键作用，力求将中国城市金融学会票据专业委员会打造成为业内领先的票据专业学术组织。此举旨在为我国票据市场的持续发展提供更高质量的平台支撑，并为市场的进一步繁荣做出更为显著的贡献。

在研讨会上，与会专家围绕多个主题进行了深入交流，包括当前国内外经济金融环境、商业银行的转型与发展策略、票交所时代票据市场的变革与演进，以及从企业融资视角审视中国票据市场的发展等。这些讨论不

---

① 资料来源于中国工商银行官网。

仅丰富了会议的内容，也为我国票据市场的未来发展提供了宝贵的思路和方向。

在中国城市金融学会的引领下，并得益于中国人民银行、监管部门的支持以及外部媒体、高校及金融同业的鼎力相助，中国城市金融学会票据专业委员会不仅致力于推动群众性学术活动的积极开展，还不断深化分析研究工作，组织高端学术论坛，以促进票据市场内的交流与合作。这些努力在理论层面对票据市场产生了显著的推动作用，为票据业务的经营管理提供了坚实的理论指导，并为推动我国票据市场蓬勃发展做出了积极且重要的贡献。

作　者：潘志豪

指导人：蔡振祥

"中国票据"网

20世纪末，我国票据市场尚未像股票、外汇、银行间市场那样形成全国统一的交易市场。票据买卖需求信息、交易价格、票据信息查询都处于割裂状态，缺少信息的公开和共享，沟通成本较高，票据业务的发展一直受到地理位置和区域的限制。2013年以前，票据交易仍以点对点的沟通为主，票据市场的网络化发展水平较低，票据信息平台较少。在当时的票据信息平台中，中国外汇交易中心主办的"中国票据"网最为权威，受到市场的广泛认可。"中国票据"网实行会员制，实现了公开的报价平台功能、历史报价数据查询功能、部分政策法规和票据丧失信息共享功能以及会员市场研究交流功能。由于"中国票据"网由中国外汇交易中心暨全国银行间同业拆借中心主办，其会员均为银行业金融机构。

"中国票据"网自2003年成立以来，受到政府、银行、企业和涉外投资商的鼎力支持，成为国内外较有影响力的票据投融资专业信息服务商。建有大型专业数据中心，具备高效、安全的信息搜索、处理、发布和在线交易系统，以及大型票据信息交流平台和电子商务平台，每天处理和发布大量融资、投资等信息，有众多访问者通过这一交易平台进行合作洽谈和信息交流。同时，专门设有"票据在线服务中心"，提供专业服务咨询和全流程跟踪服务，以丰富的信息资源服务于企业和金融机构，让买卖双方在最短的时间内达到双赢的目的。

"中国票据"网是一次很好的尝试，建设全国统一的票据信息平台，对报价、交易等操作执行全国统一的标准，有助于探索形成行业业务执行标准，进一步有效规范市场经营行为，从而改变票据业务参与者因为各自机构设置和业务管理要求不同而产生的业务处理中标准不一的现象，有效提高了业务办理的标准化水平，最终促使交易更加规范。同时，利用全国统一的票据信息平台发布票据监管规定和风险动态，有助于提升各市场参与者对票据规章制度、风险防控、合规操作的认识和理解。上海票据交易所成立后，"中国票据"网的功能移至上海票据交易所。

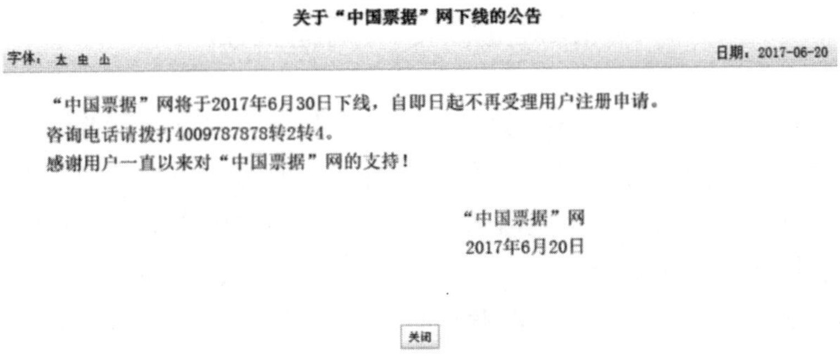

关于"中国票据"网下线的公告

字体：太 业 业   日期：2017-06-20

"中国票据"网将于2017年6月30日下线，自即日起不再受理用户注册申请。
咨询电话请拨打4009787878转2转4。
感谢用户一直以来对"中国票据"网的支持！

"中国票据"网
2017年6月20日

关词

图4-3 关于"中国票据"网下线的公告

（资料来源："中国票据"官网）

作　者：周世雄
指导人：陈　晨

中国农业银行票据营业部

2005 年，中国农业银行存款超过 3.5 万亿元，流动性非常充足，而仅靠发放贷款并不能充分利用这些存款，因此，把票据业务搞起来就非常重要。为了更好地获取、把握金融政策信息，充分利用流动资金以及灵活调节银行信贷规模，2005 年 5 月，经中国银监会批准，中国农业银行在上海成立了票据专营机构——中国农业银行票据营业部，成为继工商银行之后第二家成立总行直属票据营业部的银行。其经营范围为商业汇票银行承兑业务；商业汇票贴现、转贴现、回购和再贴现业务；商业汇票代理查询查复、代理承兑业务；信贷资产回购业务；同业间存放业务；中国银行业监督管理委员会批准的与票据有关的其他业务。

农业银行票据营业部自成立以来，不断夯实业务经营基础，顺应市场发展潮流，积极投身市场建设。2015 年，农业银行票据营业部牵头建设的农业银行系统内票据交易平台投产上线，在农业银行内试行纸质票据电子化交易，这是票据电子化发展的一次积极探索。上海票据交易所成立后，农业银行票据营业部完成市场首单场内票据交易。之后，为了提高票据服务质量及风险管理水平，农业银行票据营业部积极推动农业银行与上海票据交易所之间直连系统的构建，该系统在 2018 年顺利投产上线，使农业银行成为四大行中首家以全直连方式接入中国票据交易系统的银行。① 同年，中国农业银行推出企业贷款创新产品"银票通"，使得客户可以根据业务需要，通过组合和拆分票据，提高自身持有银行承兑汇票的灵活性。该产品成本较低，很好地满足了企业日常经营支付结算的需求。②

为了抓住数字经济发展机遇，给客户提供更加自动、便捷的票据服务，2021 年，农业银行推出国有大型银行中首款"供应链票据"在线贴现产品——供票 e 融，该产品与创新产品"票据 e 承""票据 e 融"共同组成了农业银行供应链融资产品的"票据组合拳"，实现了农业银行票据融资产品对供应链融资场景上下游的全覆盖，进一步丰富了农业银行供应链产品体系。③

---

① 赵艳超·农业银行票交所直连系统（ 期）成功上线 [N]. 中国城乡金融报, 2018（A01）。
② 详见中国农业银行官网。
③ 详见中国农业银行湖北分行微信公众号。

在票据承兑、贴现方面，2023 年，农业银行票据承兑余额为 10242 亿元，较年初增长 45.84%，票据贴现余额为 13107 亿元，较年初增长 30.09%，相较于其他几大行，增速非常快。[①] 农业银行票据业务的发展位居市场前列，促进了票据服务实体经济功能的实现，对我国票据市场的影响较大。

作　者：李　旸

指导人：赵思彦

---

① 资料来源：中国农业银行 2021 年度报告、2022 年年报、2023 年年报。

浦发银行票据营业部

浦发银行自成立以来始终践行金融服务实体经济的宗旨，经营票据贴现业务以支持实体经济的发展。为了更好地管理票据业务及适应票据发展趋势，浦发银行于 2005 年设立票据营业部，集中管理票据业务。

2013 年，为了应对小企业持有小额票据难以贴现的困境，上海市促进中小企业发展协调办公室与浦发银行合作设立"上海市小额票据贴现中心"，集中受理小额票据贴现业务。同时，浦发银行上海分行开放 135 家营业网点，设置绿色通道，确保小额票据贴现业务顺利开展，缓解了中小企业资金紧张的压力。2014 年 9 月至 12 月，浦发银行先后在北京、天津、重庆、广州、西安、郑州、沈阳七个地区建立了票据营业部分部，以更大范围地提供票据业务服务。

为了适应票据电子化发展趋势，浦发银行加强产品创新和系统建设，升级在线贴现功能，推出"浦银 e 贴"产品，为持票企业提供全流程线上贴现融资服务，以科技赋能提升票据融资效率，帮助企业化解贴现难问题。

截至 2023 年末，浦发银行贷款余额为 50177.54 亿元，存款余额为 50603.44 亿元，其中，票据承兑余额为 6793.62 亿元，同比下降 6.93%，占存款、贷款余额的比例分别为 13.54%、13.43%；贴现余额为 3109.33 亿元，同比下降 24.20%，占存款、贷款余额的比例分别为 6.20%、6.14%，说明浦发银行票据业务对其经营做出了一定贡献。浦发银行票据营业部持续创新票据业务和产品，巩固在票据市场上的竞争优势，为服务实体经济提供强有力支撑。

作　者：李　旸

指导人：赵思彦

交通银行票据中心

交通银行票据业务的发展可以追溯到 1923 年，当时中国银行、交通银行、上海银行、江苏银行在安徽蚌埠联合成立了贴现公所，这是近代中国第一家票据专营机构，其在很大程度上解决了当时票据买卖之间的不良竞争问题，推动票据市场规范发展。之后因为我国国情及我国的发展情况，票据业务发展出现了停滞。直到 2002 年我国第一家票据专营机构——中国工商银行票据营业部成立，各票据专营机构才相继成立，2013 年交通银行针对票据业务形成了票据中心，主要从事票据承兑、贴现、转贴现等业务。

近几年，新一代票据业务系统服务逐渐推出。交通银行作为上海票据交易所首批上线会员，在 2022 年 8 月成功上线新一代票据业务系统服务，并以先试点再推广的方式推出。新系统为票据拆分后的流通提供交易平台，使一些大宗商品交易产生的大额票据得以拆分，这为交通银行推出的"找零支付"（票据找零、拆分使用）票据服务新体验提供了平台。票据的灵活拆分使用，有效解决了企业持票金额与付款金额不匹配的矛盾，大大提升了票据服务体验，更好地满足了公司客户的支付结算需求。[1] 在票据贴现承兑业务上，交通银行规模较大，截至 2023 年末，交通银行票据贴现余额为 3044.52 亿元，同比增长 39.47%；票据承兑余额为 5444.73 亿元，同比增长 1.47%。[2]

交通银行票据中心在数字化发展的背景下，积极引进大数据、区块链、人工智能等科学技术，不断推出创新型票据产品，持续推动票据业务电子化、数字化发展，促进我国票据市场稳健发展。

作　者：李　旸
指导人：赵思彦

---

① 交通银行打造票据服务"找零支付"新体验［EB/OL］.［2022-08-25］. https：//m. huanqiu. com/article/49NgQR0qGxS.

② 资料来源：交通银行 2022 年年报、2023 年年报。

招商银行票据业务部

自 2002 年起，招商银行对行内票据业务管理体制进行改革，先后在深圳、广州、武汉、沈阳等地成立了一批区域性票据中心同时，为了顺应市场利率变化，招商银行先后推出了企业汇票回购、商业承兑汇票保证等一系列票据业务新产品。①

2004 年，中国人民银行提出票据电子化发展的构想，一向关注市场需求、勇于创新的招商银行成了第一个吃螃蟹的人。2005 年 4 月，招商银行为 TCL 集团开出我国第一张电子银行承兑汇票，这也标志着我国商业票据的电子化发展迈出了第一步。随后，招商银行推出了一套基于票据的现金管理服务——票据通业务，将传统的商业票据业务与先进的网络银行技术相结合，推出电子化的票据交易信息平台，形成一个"票据池"，在一定程度上实现了票据的集中化管理，在促进票据市场电子化发展的同时降低了票据交易风险。②

尤其是 2009 年电子商业汇票系统正式上线后，市场对电子化、智能化票据服务的需求增多，为此，招商银行不断推出电子化票据创新产品，如承兑通、贴现通、商票通、银票通等，以客户为中心，优化企业票据融资流程、丰富企业票据融资渠道，激活票据供应链生态，致力于解决企业在票据整个生命周期的业务需求。同时，招商银行票据业务部高度重视票据贴现业务的发展，于 2017 年率先研发出新一代票据创新产品，成为全国首家推出商业汇票"在线贴现"的银行，为客户提供更加自主、智能化的票据融资服务，也在很大程度上减少了招商银行票据业务经营成本。③ 截至 2023 年末，招商银行票据承兑余额为 4882 亿元，票据贴现余额为 4044 亿元，所占市场份额较大。④

自上海票据交易所成立以来，票据市场发生了翻天覆地的变化，招商

---

① 沈阳. 招商银行积极创新票据业务 [N]. 中国证券报，2003-03-17 (003).
② 票据电子化的趋势及应用 [J]. 金融电子化，2009 (3)：38-40.
③ 详见招商银行昆明分行官网。
④ 资料来源：招商银行 2022 年年报、2023 年年报。

银行票据营业部不断推出票据创新产品，在支持实体经济、助力中小微企业融资方面发挥了关键作用。

作　者：李　旸
指导人：赵思彦

兴业银行票据中心

为了规范自身票据业务发展、降低票据交易风险，兴业银行于2018年进行了票据经营机构改革，在总分行成立票据中心，着重将票据贴现业务、转贴现业务、再贴现业务进行集中化管理，利用自身票据流转渠道的优势，降低票据贴现价格和企业融资成本，有效提升兴业银行在票据贴现市场的竞争力。① 截至2023年末，兴业银行票据贴现余额为3197亿元，同比下降1.72%。②

上海票据交易所成立以来，票据电子化迅猛发展，兴业银行顺应电子化发展趋势，不断引进科学技术进行票据系统升级改造，加强上海票据交易所创新产品——贴现通、票付通等产品的运用，同时不断创新票据业务，更好地实现票据服务实体经济的功能。2019年兴业银行推出"兴e贴"创新产品，以系统自动审核替代人工审核，实现票据贴现的全流程线上操作，节省了企业票据交易的时间成本、融资成本，为中小企业提供了高效优质的票据服务。

在解决中小企业融资问题方面，兴业银行票据中心积极与企业合作，构建票据业务平台，实现票据在线承兑、在线贴现、集团票据池质押融资等融资业务的一站式金融服务，在一定程度上为中小企业赋能，解决中小企业融资问题。③ 同时，兴业银行推出"U+保理"业务，与具有商业保理业务资质和牌照的财务公司、保理公司基于资源共享、信息共享、收益共享的理念，为企业集团上游供应商提供保理融资服务，共同构建产业与金融合作新模式，提升票据服务实体经济的质量和效率。④

兴业银行票据中心不断推陈出新，丰富票据产品、票据业务，为客户提供更加多样化、全方位的票据服务，全面提高服务同业客户、金融市场、实体经济的能力。

作　者：李　旸

指导人：赵思彦

---

① 大力发展票据业务　破局中小企业融资难——访兴业银行同业金融部总经理林榕辉［EB/OL］．［2019-12-31］．https：//www.financialnews.com.cn/yh/dh/201912/t20191231_174482.html.

② 资料来源：兴业银行2022年年报。

③ 详见兴业银行青岛分行官网。

④ 详见兴业银行官网。

民生银行票据业务部

民生银行自 2000 年开始进行票据业务专营，每个分行都设置票据事务中心，进行集中化管理。随后，民生银行不断拓展票据业务服务，推出一代又一代新产品，其中 2005 年推出了票据管理系统，[①] 为客户提供越来越专业化的服务。民生银行票据业务部始终以票据支持实体经济发展为宗旨，围绕市场需求，不断进行票据业务创新，买方付息票据业务、协议付息业务、包买业务、代理票据贴现业务等均是民生银行适应客户对风险控制、融资的全方位需要而推出的新产品。在票据直贴业务上，民生银行也进行了一系列产品创新，如"票据管家"业务、"贴现宝"业务、"快易贴"业务等，其中，"票据管家"是民生银行对企业持有的未到期商业汇票以代保管为基础进行综合管理的业务，其他直贴产品均为具体票据交易行提供了更加安全便捷的服务。[②]

如今，我国供应链金融发展趋势加强，各票据经营机构不断推出创新性产品。2021 年，民生银行推出商票秒贴系统——票融 e，这是民生银行在供应链金融上的一大创新，可使贴现申请人在线上进行融资申请，通过线上业务操作流程，实现更高效、便捷的贴现业务模式，提升了供应链上游中小微企业贴现融资的可得性和便利性，大幅降低了企业融资成本。[③] 除了"票融 e"之外，还有"信融 e""应收 e""赊销 e"等一系列供应链创新产品，极大地满足了供应链场景下各类客户的线上化融资和结算需求。近年来，民生银行票据营业部运用票据的规模总体呈上升趋势，截至 2023 年末，票据贴现余额为 2776 亿元，票据承兑余额为 4763 亿元。

民生银行票据营业部作为票据专营机构，始终秉承"专业、创新、价值"的经营理念，顺应时代发展对票据市场的要求，不断进行票据业务和产品的创新，为客户提供更加丰富、多样的票据服务，逐步提高自身票据服务实体经济的能力。

作　者：李　旸

指导人：赵思彦

---

①　肖小和. 中国票据简史 [M]. 北京：中国金融出版社，2022.

②　详见中国民生银行官网.

③　民生银行宁波分行启动"票融 e""贷"动产业链上中小企业发展 [EB/OL]. [2021-05-26]. https://www.jiemian.com/article/6148827.html.

普兰金服——民间票据机构的实践

2012 年，票据市场"一体两面"，除了以银行为代表的官方票据市场，也存在以票据中介机构为代表的民间票据市场。票据中介机构在中国票据市场发展过程中发挥了一定作用，其中普兰金服具有一定的代表性。经过多年的发展和沉淀，上海普兰金融服务有限公司（简称普兰金服）于 2012 年 5 月获准成立①，成为国内首家具有"票据中介"业务资质的创新型金融服务公司。

票据中介直接参与票据交易一向不被有关方认可，主要原因是该类交易涉及法律模糊地带，很多行为需要法律进一步明确。因此，普兰金服进行了规范化转型，在 2012 年顺利拿到经营牌照。同时其也进行了多元化转型，除了票据经纪业务以外，普兰金服结合自身优势，将其多年经营票据经纪业务的成功经验应用到货币市场其他领域中，陆续开展了债券、资金单、资产、存款等多种金融产品经纪业务，在交易平台上及时发布交易信息并进行高效撮合，逐步向货币经纪公司方向转型。

如今，普兰金服可提供票据直贴服务、票据转贴服务、咨询服务。在票据直贴服务方面，基于全国市场覆盖率领先的贴现银行和业务量，依托普兰村平台，为企业及银行提供每日高达上万条快贴、秒贴、贴现通等价格信息，为企业拓展融资渠道、降低融资成本，为商业银行合规引流企业客户。在票据转贴服务方面，基于全国市场覆盖率领先的机构客户和业务量，借助普兰村平台，结合国外先进模式及国内票据行业特点，以最低的成本快速完成转贴客户单边或波段信息智能匹配，助力金融机构完成从复杂人工到专业交易的转型。在咨询服务方面，基于普兰村平台，提供票据头寸策略设计、风险缓释、仓位配置、波段抓取、杠杆配置、久期管理、信用管理、日周月报告、策略研讨会、票据团队带教等信息服务。

民间票据机构发展还存在许多挑战，如票据中介行业缺乏统一的制度规范、票据中介机构内外部监管缺失、部分票据中介行为缺乏法律认可等，需要我们进一步探索解决。

作　者：周世雄

指导人：陈　晨

---

① 资料来源：普惠金兰官网。

中国银行业协会票据专业委员会

经相关部门批准，中国银行业协会票据专业委员会于 2014 年 11 月 18 日正式成立，主要为加入中国银行业协会票据专业委员会的会员单位提供服务。中国银行业协会票据专业委员会依照协会章程和《中国银行业协会票据专业委员会工作规则》开展工作，奉行依法合规、公平公正、协调服务、合作共赢的原则，在促进票据市场稳定发展，促进银行业票据机构交流合作，维护银行业和会员单位的合法权益方面发挥了重要作用。对于其成员，中国银行业协会会员单位均可申请加入，会员单位依法享有权利及承担义务。

中国银行业协会票据专业委员会自成立以后，先后出台了一系列规范票据业务发展的规章制度，对票据承兑、贴现等业务及票据的交易运行、管理等提出细则，在很大程度上规范了票据市场的发展。随后，在票据电子化的趋势下，市场上出现了越来越多的电子票据，中国银行业协会票据专业委员会就电子票据的发展出台了服务指引。

中国银行业协会票据专业委员会紧跟票据市场发展形势，不定期开展票据交流研讨会，针对票据市场发展问题，汲取票据专家观点，不断出台、修订票据相关制度，为票据市场的发展提供制度保障，为促进票据市场稳定健康发展提供支撑。2023 年中国银行业协会票据专业委员会修订《中国银行业协会票据专业委员会工作规则》，为票据工作的开展提供了更明确的指引。①

作　者：李　旸

指导人：赵思彦

---

① 详见中国银行业票据专业委员会官网。

中国支付清算协会票据工作委员会

中国支付清算协会成立于 2011 年 5 月，是经国务院同意、民政部批准成立，并在民政部登记注册的全国性非营利社会团体法人。它以促进会员单位实现共同利益为宗旨，遵守国家法律法规与社会道德风尚，对支付清算服务行业进行自律管理，从而稳定支付清算服务市场秩序，维护会员单位的合法权益，防范支付清算风险，促进支付清算服务行业健康发展。①

根据市场发展需要，截至 2014 年 3 月，中国支付清算协会共设立七个工作（专业）委员会，其中 2013 年 9 月 27 日成立的票据工作委员会是为了满足票据市场发展需要、完善票据制度而设立的。中国支付清算协会票据工作委员会主要是对票据市场进行自律性约束，为了规范票据业务经营行为，维护票据市场秩序，保护会员单位的合法权益，2014 年，中国支付清算协会票据工作委员会发布《票据行业自律公约》，在自觉自愿的基础上，各主体应遵守该公约。

除此之外，针对票据市场各阶段发展趋势，结合经济金融政策，中国支付清算协会票据工作委员会定期召开票据研讨会，由会员分享各自的票据经营创新方式及风险防控措施，并适时修订票据相关政策，以保障票据行业持续健康运行。2022 年 9 月，中国支付清算协会票据工作委员会召开第四次成员大会暨高质量发展研讨会，审议通过了《票据工作委员会下一步工作要点》《中国支付清算协会票据工作委员会工作规则》，为票据市场的未来发展提供参考及约束。

中国支付清算协会票据工作委员会在中国人民银行和中国支付清算协会的领导下，认真贯彻监管要求和自律规范，积极落实监管部门工作要求，推动监管政策传导到位；持续丰富面向成员单位的服务方式，不断提升服务水平；推动票据市场健康规范发展。

作　者：李　旸

指导人：赵思彦

---

① 详见中国支付清算协会票据工作委员会相关介绍。

上海市金融学会票据专业委员会

上海市金融学会票据专业委员会的成立，标志着上海在票据领域的专业研究与实践迈出了坚实的一步。2015年1月15日，随着"新常态·新机遇"票据论坛盛大召开，票据专业委员会与跨境金融服务专业委员会、小微金融创新专业委员会共同构成了上海市金融学会的专业力量，为上海乃至全国的票据业务发展注入了新的活力。[①] 作为中国经济最繁荣的地区之一，上海票据业务的迅猛发展不仅推动了实体经济的增长，更凸显了票据作为金融工具的独特价值。在这一背景下，上海市金融学会票据专业委员会应运而生，其成立恰逢其时，旨在推动票据业务持续创新与发展。中国工商银行票据营业部作为会长单位，更是为上海市金融学会票据专业委员会的发展提供了强有力的支持。

上海市金融学会票据专业委员会致力于和中国人民银行、商业银行等金融机构及其他主体开展学术会议、学术理论研究等关于票据业务发展的学术活动。在学术活动中，上海市金融学会票据专业委员会与各方参会主体会就票据发展情况积极交换意见，探索票据未来的发展方向；对票据实务中所遇的问题展开充分探讨，深入分析原因，汇报自身观点，提出解决对策。同时，上海市金融学会票据专业委员会不断培训票据人才，挖掘票据人才资源，帮助相关人员熟悉掌握票据理论知识、提升票据业务实操能力、强化票据业务或票据产品创新能力。

回望过去，上海市金融学会票据专业委员会在摸索中前行，不断总结经验、完善机制，为解决票据领域面临的问题与挑战贡献智慧和力量。展望未来，上海市金融学会票据专业委员会将继续秉持开放、合作、创新的精神，为推动上海乃至全国票据业务的繁荣发展贡献更多力量。

作　者：蔡承宏

指导人：蔡振祥

[①] 上海市金融学会票据专业委员会成立［EB/OL］.［2015-01-19］. http：//finance. sina. com. cn/stock/t/20150119/025721326429. shtml.

上海票据交易所

2016 年无疑是票据市场历史上具有转折意义的一年。自 1995 年《票据法》颁布以来，我国票据市场迅速崛起，承兑和贴现业务分别以年均 15% 和 10% 的增速持续增长。然而，在繁荣的表象下，市场风险逐渐显现，特别是纸质票据所承载的风险尤为突出。自 2000 年起，监管部门行政处罚案例中近三分之一涉及票据违规，至 2016 年，仅半年时间纸质票据违法违规案件金额就高达上百亿元。同时，民间票据中介频繁出现，利用信息不对称进行违规贴现，甚至形成市场垄断，进一步加剧了市场的风险。①

面对这种严峻形势，重塑市场秩序，建设统一的市场基础设施和业务规范变得刻不容缓。因此，2016 年 12 月 7 日，中国人民银行正式出台《票据交易管理办法》；次日，上海票据交易所正式成立，标志着我国票据市场迈入了全新的时代。

上海票据交易所对票据市场的重要性，如同证券交易所对股票、债券市场一样不可或缺。作为票据市场基础设施，上海票据交易所一成立就肩负起了重要使命——推动"纸票电子化"。为此，上海票据交易所推出了中国票据交易系统（CPES），并规定贴现前的票据仍按原方式流转，但贴现后的票据必须进入 CPES 进行登记和交易，实现了纸电融合。随后，上海票据交易所不断优化 CPES 接入模式，由客户端改为直连，极大地提升了票据交易效率并降低了交易成本，为电票的全面推广奠定了基础。

作为我国金融市场的重要支柱，上海票据交易所不仅具有票据报价交易、登记托管、清算结算、信息服务等核心功能，还承担着中央银行再贴现操作等关键政策职能，是我国票据领域的登记托管中心、业务交易中心、创新发展中心、风险防控中心、数据分析中心和信息服务中心。自成立以来，上海票据交易所始终致力于推动票据市场发展与创新，不断调整和完善票据二级市场交易、托管、清算等业务规则，规范市场运行秩序。

在上海票据交易所的引领下，市场推出了票付通、贴现通、供应链票据、标准化票据等一系列创新产品，极大地提升了票据市场的信息透明度，降低了企业融资成本。此外，票据收益率曲线的推出也推动了票据市场公

---

① 伍佳昱，汪小政. 上海票据交易所成立的背景、影响及对策分析 [J]. 杭州金融研修学院学报，2017，239（2）：19-22.

允价值的形成。特别是 2022 年新一代票据业务系统的推出，实现了票据可拆分和业务流程的优化，极大地提升了票据支付的便利性，为票据市场的进一步发展奠定了坚实基础。

上海票据交易所的成立无疑是票据市场发展历程中的一座里程碑。它的建立和发展不仅极大地提升了票据市场的安全性和透明度，还有效地降低了市场风险和信息不对称程度。在不断完善的市场基础设施中，交易效率得到了显著提升，票据融资的便利性和低成本优势得到了充分发挥，对激发票据市场活力起到了显著作用。更重要的是，在上海票据交易所的助力下，票据市场作为货币市场的重要子市场，更有利于完善宏观调控机制，优化货币政策传导，提升对实体经济的服务能力。

作　者：毛　磊
指导人：陈　晨

江西省金融学会票据专业委员会

在江西省金融界的璀璨星空中，有一颗独特的星星，它以其专业的视角、务实的作风和不懈的追求，照亮了江西省票据市场的发展之路，这就是 2017 年 9 月 14 日成立的江西省金融学会票据专业委员会。江西省金融学会票据专业委员会始终秉持"遵守宪法、法律、法规和国家政策，在江西省金融学会的组织领导下，围绕票据业务，努力为会员服务"的宗旨，致力于推动票据理论、政策、业务和管理水平的提升。它不仅是江西省内票据市场的"智囊团"，更是推动票据业务创新、深化票据市场改革的"先锋队"。

江西省金融学会票据专业委员会自成立以来，每年都积极地与各方团体开展学术交流、学术研究等学术活动，积极讨论票据发展道路和方向，分享当下票据管理的经验。例如，在 2019 年举办的"金融供给侧结构性改革下票据业务发展研讨交流会"中，江西省金融学会票据专业委员会副主任提出，票据专业委员会将通过明确职能建设、清晰定位，凝聚和引导各会员单位探索票据业务理论和实务创新，以及承担使命、敢于担当，积极促进江西省票据业务发展，使票据更有效地服务实体经济。同年举办的"票据市场发展与展望交流会"中，有关专家提出，基于我国经济和金融步入新时代，票据业务将继续在服务新时代经济、发展金融市场和加快业务创新等方面发挥重要作用。2021 年举办的"票据服务产业链供应链发展"研讨会上，专家们认为金融科技赋能下的传统票据对供应链金融创新过程有重大影响，并提出要充分发挥再贷款再贴现作用、执行商票信息披露制度，推动票据市场信用体系建设、优化票据信用环境，强化产品创新以提升服务实体经济的适配性，强化票据市场风险防控。2023 年举办的"中国式现代化与票据发展研讨会"中，专家们结合当前经济发展状况，对比过去，认为江西省金融支持经济发展力度强劲，同时从中国式现代化、中国式现代化金融以及中国式现代化票据三个方面说明了中国式现代化票据的基本情况，认为中国式现代化票据是中国式现代化金融的重要组成部分，中国式现代化票据的发展方向应与新时代金融发展保持高度一致，深化与产业链供应链的融合，提升服务实体经济的能力和效率。

除了举办研讨会，江西省金融学会票据专业委员会还积极举办票据征文活动，鼓励票据专业人士和学者就票据业务、票据市场发展现状和未来创新方向提出宝贵建议。同时，它还推介票据书籍，向广大社会人士普及票据基础知识，提高票据市场的专业素养。

在江西省金融学会票据专业委员会的引领和江西金融系统的努力下，江西省票据市场迎来了飞速发展的黄金时期。2017 年至 2022 年，江西省银行承兑汇票承兑发生额从 543 亿元快速增长至 4625.8 亿元，年均增速为 53.49%；商业汇票贴现发生额从 1196 亿元喷发式涨至 17804.6 亿元，年均增速为 71.62%；银行承兑汇票承兑发生额/GDP 的值从 2.69% 增长至 14.42%，商业汇票贴现发生额/GDP 的值从 5.92% 增长至 55.51%，这些硕果说明江西省票据业务在飞速发展，江西省内的金融意识在不断强化，展现了江西省票据的巨大发展潜力。展望未来，江西省金融学会票据专业委员会将继续肩负使命，不断探索创新票据新功能，提升票据服务效率，优化票据市场环境。它将携手各方力量，共同推动江西省票据市场迈向更加辉煌的未来。

作　者：蔡承宏
指导人：蔡振祥

江西财经大学九银票据研究院

自 1995 年《中华人民共和国票据法》出台以来，我国票据市场进入快速发展时期。特别是互联网技术的发展，进一步加速了票据市场的发展，各种票据创新产品不断涌现，票据资金化运作趋势越来越明显。但在票据市场蓬勃发展的同时，也暴露出了许多问题，过度的票据创新导致各种票据风险事件频繁爆发，票据中介扰乱正常的市场秩序，监管部门频繁发文整治票据市场乱象，票据理论严重滞后于票据市场实际。在此背景下，2016 年 11 月 6 日，国内首家票据研究院——江西财经大学九银票据研究院正式成立。

江西财经大学九银票据研究院是由江西财经大学和九江银行联合设立的一家非营利票据研究机构，代表着理论界与业界产学研一体化的首次深层次合作，旨在引导票据市场规范有序发展，推进票据与实体经济融合，打造高端票据领域智库和面向全国的交流合作平台，更好地服务经济金融与票据市场发展。研究院设顾问 3 名，院长、执行院长各 1 名，副院长 3 名，秘书长 1 名，副秘书长 1 名，聘请国内科研单位、知名金融学者、知名高校专家教授、各大银行总行级票据管理人员和业务骨干组成研究团队，目前已达 80 余人。

自成立以来，研究院本着应用理论研究的原则，加强对票据领域的研究，学术成果丰硕；同时，搭建学术平台，举办了 20 余场学术会议，围绕票据市场发展中出现的新变化、新趋势，充分分享对于票据市场发展的新思考、新观点，如 2023 年 3 月在江西财经大学成功举办的"新规对票据市场影响与策略"研讨会。在专注于学术研究的同时，研究院也注重服务票据市场和实体经济，牵头成立"中国票据论坛""中国商票研究中心"等平台，加快研究成果落地，加强平台成员间的沟通协作，互帮互助，互利共赢；针对中小银行发起"中国中小银行票据协同发展论坛"，以资源共享、发展共赢为宗旨，倡导各成员单位达成《中小银行票据经营自律宣言》，共同推进票据业务发展；与江西财经大学、九江银行共同建设全国首个票据方向研究生点，致力于培养票据领域专业化人才，为票据市场的发展提供源源不断的新生力量；每年均会联合《上海立信会计金融学院学报》编辑部、当代财经杂志社等定期面向全社会举办票据征文活动，动员业界开展票据研究。① 江西财经大学九银票据研究院成立以来，已在中国票据业界产生了积极影响，成为票据理论研究的有力开拓者和开拓票据市场政策制度的参谋助手。

作　者：谢玉林

指导人：陈　晨

---

① 详见江西财经大学九银票据研究院微信公众号《开启票据应用理论研究之道，探索票据服务实体经济之路》。

中央财经大学云票据研究中心

　　我国票据市场经过三十余年的发展，票据承兑、贴现业务量快速增长，已成为连接实体经济和资本市场的重要枢纽，在解决企业融资难题、推进商业银行发展以及促进经济建设方面发挥了重要作用。但是，近年来，票据市场上票据理论与实践脱钩，票据创新产品层出不穷但相应的监管不到位，各类票据风险事件频频爆发，如骇人听闻的 2016 年××银行 39 亿元票据诈骗案，给我国商业银行合法合规经营带来了巨大挑战。正因如此，2016 年 9 月 7 日，中国人民银行发布《关于规范和促进电子商业汇票业务发展的通知》（银发〔2016〕224 号），规范票据市场，大力推动电子票据发展，逐步取代纸质票据，当年 12 月 8 日，更是成立上海票据交易所，专门对票据市场进行规范和监管。然而，电子票据的推广使用，也给票据市场带来了新问题，亟待解决。

　　在此背景下，2017 年 3 月，中央财经大学中国银行业研究中心、云票据（深圳）金融服务有限公司、北京市京师律师事务所和兴业数字金融服务（上海）股份有限公司共同发起设立了中央财经大学云票据研究中心。该研究中心的宗旨是引导票据市场规范有序发展，推进票据与实体经济的融合，打造高端票据领域智库和面向全国的交流合作平台。

　　自成立以来，中央财经大学云票据研究中心不断开展票据理论与实践、票据风险与管控、票据创新与发展等方面的研究，定期举办票据业务论坛，开展票据业务征文及课题研究；定期对企业财务人员、各银行票据从业人员进行关于票据市场基础知识、票据风险防控、票据创新产品及票据市场发展趋势的咨询与培训；在高校开设票据知识课堂，加强与各院校、部门、科研单位以及金融同业的合作。

作　　者：谢玉林

指导人：陈　晨

中国票据研究中心

2015 年，我国票据市场发展处于巅峰时刻，但随之而来的却是 2016 年票据业务风险集中爆发，承兑汇票涉及重大风险的业务规模达 100 亿元。商业银行票据业务经营过程中存在的风险隐患转变为真实的风险事件，比如××银行北京分行 39.15 亿元票据买入返售风险事件，××银行兰州分行 9.69 亿元票据业务风险事件等。正是这些票据市场出现的乱象，直接促使了上海票据交易所的成立，使得票据市场得以平稳运行，各类票据风险显著下降，电子票据逐渐替代纸质票据在市场上流通。但是市场是变幻莫测的，存在信息不对称情况，一些机构无法对票据市场出现的关键性问题进行有效的解决，因此，2017 年 12 月，中国票据研究中心正式成立。

中国票据研究中心是上海票据交易所会同上海财经大学，联合中国工商银行、中国农业银行、招商银行、上海浦东发展银行、兴业银行、中国民生银行发起建立的。中国票据研究中心设立理事会，实行理事长负责制。理事会成员由各合作单位推选产生，设理事长 1 名，执行理事长 1 名，副理事长 2 名，理事若干名。理事会下设专家库和办事机构，专家库由具有较高学术造诣、社会声誉和决策影响力的专家组成；办事机构设 1 名名誉主任和 2 名联席主任，负责研究中心工作执行。

自成立以来，中国票据研究中心始终聚焦票据市场的关键性问题，紧跟票据市场发展前沿，致力于成为全国一流的票据研究平台和中国金融市场的重要智库，创设了《中国票据市场研究》，长期向社会征稿，按季出版票据市场优秀理论成果，集中展现、交流与分享票据市场的新形势、新动态和新成果；每年组织开展票据领域的研究课题申报与立项，针对当前市场的热点问题展开研究，如票据法律制度、绿色票据、票据数字化等；发布"票据市场改革创新与规范发展""票据市场深化改革与高质量发展"等征文启事。中国票据研究中心在更好地推动票据理论研究支持实践方面起着积极的作用，有助于促进票据市场服务实体经济。

作　者：谢玉林

指导人：陈　晨

第五章 票据综合小故事

再贴现利率

再贴现是中央银行和金融机构管理货币供应、稳定金融体系及促进经济增长的关键工具，能有效影响商业银行的信用扩张，从而调控货币供应总量。再贴现利率紧密关联于货币供应调控与金融市场流动性管理，直接作用于金融市场流动性提供或吸收，对价格稳定和经济增长具有一定影响。中央银行通过调整再贴现利率，有效管理市场流动性并控制货币供应，以确保金融市场稳健运行。

随着我国经济体制持续深化改革，票据在商品交易、债权债务处理等领域得到了广泛应用与流通，再贴现利率与贴现利率的形成机制也逐步得到完善。1998 年以前，我国的商业汇票贴现利率和再贴现利率分别与贷款利率和再贷款利率挂钩，通常在前者的基础上分别下浮 5% 和 10%。然而，1998 年 3 月，中国人民银行对票据市场利率形成机制进行了重要改革，将再贴现利率独立设为中央银行的法定基准利率，与再贷款利率脱钩，同时，贴现利率基于再贴现利率加点形成，与贷款利率也脱钩了，使贴现利率的浮动空间得到扩大。此后，再贴现利率经历了数次调整。① 2010 年 12 月 26日，人民银行将其从 1.8% 调整至 2.25%。直至 2020 年 6 月 30 日，出现了十年来的首次下调，再贴现利率降低了 0.25 个百分点至 2%。② 最新的调整发生在 2024 年 1 月 25 日，人民银行将再贴现利率从 2% 下调至 1.75%，创下历史新低，这体现了近年来国家对中小企业的支持力度不断增加。这项政策对票据市场发展产生了积极影响，推动了票据业务利益驱动机制的形成，并逐步完善了价格形成机制。中国人民银行通过以再贴现利率为基准，

---

① 肖小和. 中国票据市场四十周年回顾与展望 [J]. 金融与经济, 2018 (11)：73-79.

② 这三个利率今起下调！[EB/OL].（2020-07-01）[2024-04-09]. https：//news. 96189. com/w/2007/c3bc1cf6c47a4aaf9ed8cbc5872dd534. html.

间接引导贴现利率、转贴现利率价格机制，为票据市场利率市场化奠定了坚实基础。①

进入 21 世纪，票据市场的参与主体持续扩展，票据业务的流通性显著增强。众多城市商业银行、信用社以及外资银行纷纷加大票据业务拓展力度，将其作为进军信贷市场的敲门砖。与此同时，票据市场利率定价体系也日趋完善。再贴现作为定向调控的政策工具，在货币政策操作中占据重要地位，为票据业务赋予了传导货币政策、调控宏观市场的新使命。通过再贴现利率的灵活调整，可以实现"国家信用—金融信用—商业信用"的有效互动，进一步推动社会信用体系健全与完善，促进金融与产业良性循环发展。

作　者：陈家宇

指导人：李紫薇

---

① 肖小和，李紫薇. 中国共产党建党百年的中国票据市场回顾与启示［J］. 征信，2021，39（9）：7-17.

贴现规模管理

贴现规模管理对于金融机构风险控制至关重要。贴现贷款是金融机构的主要业务之一，通过将票据贴现给贴现银行来获取流动资金。然而，不当的贴现规模管理可能会导致金融机构过度贴现，从而集中贷款风险和增加信用风险。因此，通过合理控制贴现规模，金融机构能够避免贴现业务规模过大带来的潜在风险。

此外，贴现规模管理对于金融机构的流动性也至关重要。金融机构需要足够的流动性以满足客户的存取款需求，而过大的贴现规模可能会导致信贷资金紧张。通过合理控制贴现规模，金融机构能够确保流动性风险在可控范围内，并能够灵活应对市场变化。

同时，贴现规模管理对于金融机构的盈利优化也具有重要影响。适当的贴现规模能够使金融机构在贴现业务中获得更高的利润，并提高业务的盈利能力。通过科学的贴现规模管理，金融机构能够避免因过度贴现或贴现规模不足而影响盈利能力的情况。

因此，贴现规模管理一直备受金融业关注。1996 年 6 月，人民银行发布了《贷款通则》，明确规定贴现贷款属于贷款的范畴，为贴现贷款的监管提供了法律依据。然而，2001 年 7 月，人民银行开放了票据融资，将其排除在存贷比例管理范围之外。尽管票据融资仍然属于贷款的范畴，但这一变化给予了一定的宽松，为金融机构提供了更多的贷款渠道选择，并减少了对存贷比例的限制。2004 年，《贷款通则》计划进行修订，将贴现贷款从贷款管理中剔除出来。然而，这只是一份讨论稿，至今尚未审议通过，具体何时将贴现贷款从贷款管理中剥离出来，仍需根据未来的实践和政策变化来确定。

为了实施贴现规模管理，金融机构可以采取一些策略。首先，明确贴现业务的战略定位和发展目标，根据金融机构的风险承受能力和盈利能力制定合理的贴现规模。其次，建立风险评估体系，对贴现对象的信用状况进行评估，避免风险过度集中。同时，结合市场情况和流动性需求，动态调整贴现规模，确保流动性风险在可承受的范围内。此外，应加强内部控制体系建设，建立有效的监控机制，及时发现和纠正贴现规模管理中存在的问题。

总的来说，贴现规模管理是金融监管中一个复杂且具有争议的议题。

尽管当前贴现贷款仍被归类于贷款，但随着时间的推移和政策的变化，我们需要进一步观察和调整贴现贷款监管的具体安排。金融机构和监管机构需要密切关注市场变化和监管政策，以确定最合适的贴现规模管理策略，确保金融体系稳定、可持续发展。

作　者：周世雄

指导人：陈　晨

票据贸易背景

票据作为延期支付的工具，其诞生与支付环节紧密相连。贸易背景宛如票据的忠实伴侣，二者紧密相连，不可分割。缺乏贸易背景的支撑，票据便会脱离其原始的生产环节，沦为单纯的融资工具。然而，这种脱离贸易背景的结构既背离了票据的本质定位，也不符合监管的严格要求。因此，鉴于贸易背景的重要性，那些在融资端扮演"大搬运工"角色的票据中介机构，都不可避免地面临着虚构贸易背景的风险。[1]

《票据法》赋予了票据无因性特质，即票据权利的行使不依赖于其产生和流转的具体原因。票据无因性原则的核心在于"信用原则"，即基于对票据本身的信任而行使权利。票据无因性原则主要通过背书这一形式来实现，背书使得票据权利得以转让给下一个持票人，且此后的权利行使不再受原始债权人或其他手段的约束，从而确保了无因票据的相对独立性。《票据法》第十条规定，票据的签发、取得和转让应当遵循诚实信用的原则，具有真实的交易关系和债权债务关系。同时，票据上必须明确载明以下内容：出票人的名称、支付的金额、支付的期限或无条件支付的表述、收款人的名称、票据的种类以及签名，以确保票据的完整性和有效性。[2]

2005年9月，中国人民银行发布《关于完善票据业务制度有关问题的通知》，其中规定，贴现银行向其他银行转贴现或向人民银行申请再贴现时，不再提供贴现申请人与其直接前手之间的交易合同或发票，但需确保票据的要式性和文义性符合相关法律法规和规章制度的规定。这一变革由张丹在《金融经济》杂志（2009年第18期）中进行了初步探讨。[3] 2016年12月，中国人民银行发布《票据交易管理办法》，进一步明确了纸质票据贴现申请人无须向贴现银行提供合同、发票等额外资料，简化了贴现申请流程。然而，该管理办法并未明确指出金融机构办理贴现时可以忽略对真实贸易背景的审查。2022年11月，中国人民银行发布了最新的《商业汇票承兑、贴现与再贴现管理办法》，强调金融机构在办理商业汇票承兑、贴现等业务时，必须确保存在真实的交易关系和债权债务关系。这一要求旨在提

① 贸易背景是票据中介的一道防线，虚构贸易背景承兑贴现要不得！［EB/OL］.（2020-11-02）［2024-04-09］. https://www.shangpiaoquan.com/api/1218.html.
② 资料来源于《中华人民共和国票据法》。
③ 张丹. 我国商业银行票据业务风险防范关键点初探［J］. 金融经济, 2009（18）：110-112.

高金融机构在票据业务中对真实贸易背景和债权债务关系的审查标准，确保市场健康稳定发展。

　　商业汇票真实贸易背景的要求有力推动了以实体货物交易为主导的票据流通，有效规避了金融市场乱象和票据诈骗行为，从而极大地促进了经济贸易繁荣。同时，商业银行在承兑和贴现过程中，对发运单据、出入库单据和税务发票等资料进行严格审核，不仅确保了交易的合规性，还鼓励企业按照税收规定开具发票，为国家的税收收入提供了坚实保障，进一步推动了国家税收体系健康发展。①

作　者：陈家宇

指导人：李紫薇

---

① 票据的真实贸易背景与融资性票据问题研究［EB/OL］．（2019-04-23）［2024-04-09］．https：//www.ljzfin.com/news/info/49602.html.

工银票据价格指数

中国工商银行票据营业部是中国人民银行批准的第一家票据专营机构，自成立以来始终坚持底线、规范经营，不断提升服务实体经济水平，并在票据领域做出创新。其中，2003 年 11 月 7 日中国工商银行票据营业部发布了"工银票据价格指数"，这也是我国编制的第一个票据价格指数。

在那个互联网并不发达的时代，"工银票据价格指数"是由中国工商银行票据营业部授权在指定媒体上发布的，其最初设计包括两部分，分别是"转贴现价格指数"和"贴现价格指数"，最初只发布了"转贴现价格指数"，"贴现价格指数"则适时推出。"工银票据价格指数"的推出有助于全面、准确地反映票据市场整体价格水平，为票据市场各交易主体提供参考，更重要的是，使得票据市场实现集中交易迈出了重要的一步。[①]

随着互联网技术快速发展，"工银票据价格指数"也与时俱进，为了提供更加方便、快捷、专业的票据服务，2008 年 12 月 23 日中国工商银行网站推出"工银票据价格指数"服务，其中包含了票据价格指数和指数周评两个模块。票据价格指数模块为客户提供了各期票据转贴现买断和回购的价格指数，而指数周评模块则定期为客户分析价格指数走势及其原因。推出"工银票据价格指数"服务也是中国工商银行强化网站金融服务功能，加快建设国际一流现代化金融企业门户的带有工银特色的重要一步。[②]

虽然 2020 年 12 月 3 日中国工商银行发布最后一期"工银票据价格指数"后便停止更新，但它是我国在票据市场发展过程中摸索创新的一个重要标志。在它服务票据市场的 17 年中，持续发挥着票据市场价格指导作用。也是在这 17 年中，我国票据市场发生了巨大的变化，由纸质票据发展为电子票据，票据市场法律法规不断完善，票据交易主体由分散趋于集中，特别是上海票据交易所成立并推出了票据收益率曲线，为票据市场提供了更

---

① 中国工商银行推出中国第一个票据价格指数系统［EB/OL］．［2003-11-08］．https：//www．chinanews．com/n/2003-11-08/26/366246．html．

② 工商银行网站新推出"工银票据价格指数"服务［EB/OL］．［2008-12-23］．https：//www．icbc．com．cn/icbc/%E7%BD%91%E4%B8%8A%E7%90%86%E8%B4%A2/%E7%90%86%E8%B4%A2%E4%BF%A1%E6%81%AF/%E5%9C%A7%E8%B4%A2%E9%81%93%08%E5%D9%D1%E7%A0%A03%E6%9C%9F/%E5%B7%A5%E5%95%86%E9%93%B6%E8%A1%8C%E7%BD%91%E7%AB%99%E6%96%B0%E6%8E%A8%E5%87%BA%E5%B7%A5%E9%93%B6%E7%A5%A8%E6%8D%AE%E4%BB%B7%E6%A0%BC%E6%8C%87%E6%95%B0%E6%9C%8D%E5%8A%A1．htm．

162

加权威、专业的票据市场价格参考指标。未来，票交所时代的票据市场将会有更多创新性产品，从而让票据更好地为实体经济服务。

作　者：毛　磊
指导人：陈　晨

电子商业汇票系统

在 2009 年电子商业汇票系统建成之前，银行汇票、银行本票和支票都不同程度地实现了电子化，而商业汇票的交易绝大部分都是依靠纸质媒介，手工操作，处理环节较多，需经过票面审核、真伪查询、书写背书、人工签章、跟单审核、邮寄托收、汇付票款、入库保管等一系列环节，手续烦琐，效率低下，成本较高。尽管当时商业汇票业务呈现快速增长态势，对满足企业支付需求、短期融资需求、提高商业银行金融服务水平、调整资产负债结构和增强盈利能力等都发挥了积极作用，但除了存在效率低下等问题之外，也存在票据品种单一、票据业务发展不平衡、市场参与主体较少、违法违规票据风险事件层出不穷、统一票据市场尚未形成等问题，严重制约了票据业务和票据市场的健康发展。①

为了进一步推动国内票据业务和票据市场发展，便利企业支付和融资，支持商业银行票据业务创新，在充分调研论证的基础上，中国人民银行于 2008 年 1 月决定组织建设电子商业汇票系统，6 月正式立项，2009 年 10 月 26 日发布《关于发布电子商业汇票系统相关制度的通知》，10 月 28 日电子商业汇票系统建成并投入运行。

电子商业汇票系统是依托网络和计算机技术，接收、登记、转发电子商业汇票数据电文，提供与电子商业汇票货币给付、资金清算行为相关服务并提供纸质商业汇票登记查询和商业汇票公开报价服务的综合性业务处理平台。该系统从根本上解决了纸质商业汇票交易方式的低效率、成本高、信息不对称、风险较大等问题，有利于打破企业票据使用过程中的时空限制，缩短交易周期，提升资金周转效率。同时，该系统也有利于降低商业银行办理票据业务的人工成本，提升票据业务的安全性和金融服务效率，有利于增加中央银行货币政策操作的弹性、力度和精准度，为宏观经济决策提供重要参考依据。

作　者：谢玉林

指导人：陈　晨

---

①　中国人民银行电子商业汇票系统建成运行 [J]. 金融会计，2009（11）.

中国票据发展指数

我国票据市场在金融体系中扮演着重要角色。作为重要的融资工具，票据对经济增长和中小企业融资具有重要作用。随着票据市场的发展和创新，了解其发展状况和结构变化对于制定政策和引导市场发展至关重要。为了实现这一目标，2016年江西财经大学九银票据研究院提出建立中国票据发展指数，以量化和评价票据市场的发展水平，并划分市场发展阶段，研究历史发展轨迹，为市场未来发展方向和政策制定提供依据，促进市场稳定、可持续发展。此外，中国票据发展指数还可以衡量市场化程度和风险水平。通过二级指数（如中国票据金融指数和中国票据风险指数），我们可以评估市场的金融化程度和监管情况，为金融市场化进程和风险管理提供指导。

中国票据发展指数是通过对一系列指标进行数量处理来反映我国票据市场发展状况和结构变化的指数体系。该指数体系包含了运用主成分分析法创造性构建的中国票据生态指数、中国票据金融指数、中国票据价格指数、中国票据创新指数和中国票据风险指数等二级指数。

构建中国票据发展指数的主要意义在于以下几点：一是量化票据市场的发展水平，研究历史发展轨迹，规划未来发展方向并制定政策；二是准确判断票据业务对经济增长的影响，制定适合地区特点的票据发展战略；三是衡量票据市场化程度，为金融市场化进程和金融体制改革提供依据；四是衡量票据市场利率走势，为市场参与者和政策制定者提供参考；五是衡量创新程度和监管情况，制定科学合理的监管政策；六是测量市场风险和预测系统性风险等。

中国票据发展指数在2015年末达到12778点，相比基期2002年增长了近12倍，年均增长率超过21%；2016—2017年，受到票据风险事件频发、监管趋严以及金融去杠杆等因素影响，中国票据发展指数有所回落；2018年，为了应对经济下行压力，政策环境趋于宽松，票据业务恢复增长，中国票据发展指数达到13699点；2019年，在国内外风险挑战明显上升的复杂局面下，中国经济总体平稳，票据市场稳步增长，票据支持实体经济功能进一步强化，中国票据发展指数达到14039点；2020年，面对新冠疫情带来的巨大冲击，在各方共同努力下，全国复工复产稳步推进，票据市场也迅速恢复正常运行，为传导货币政策、推动宏观经济企稳起到了重要推动作用，同时，票据利率中枢整体下移，充分发挥支持实体经济的作用，票据融资成本进一步下降，中国票据发展指数持续增长至15292点。2021—2022年，我国票据市场运行总体平稳，业务总量稳中有升，在"稳字当头"的总基调下，票据利率进一步下行，票据融资成本进一步下降，加上商业汇票信息披露规则全面实行，新一代票据业务系统顺利投产，商业承兑汇票发展迎来了新的契机，票据服务实体经济的能力进一步凸显，中国票据发展指数快速上升至17976点，同比增长965点。[①]

通过构建中国票据发展指数，可以从多个角度全面地评估和监测票据市场发展状况，有助于分析票据市场的规模和流动性，评估市场参与者的活跃程度和市场化程度，衡量市场的法规环境和监管状况，以及预测和管理市场的风险。与此同时，还可以为政府、监管机构、金融机构和投资者等相关利益相关方提供决策和参考依据，促进票据市场健康发展。总的来说，构建中国票据发展指数对于了解和评价票据市场的发展状况和结构变化具有重要意义。通过量化和评估市场发展水平，并分析各个方面的指标，可以为政府和市场参与者提供科学的决策依据，推动票据市场稳定、可持续发展。

作　者：周世雄

指导人：陈　晨

---

① 江西财经大学九银票据研究院课题组．发挥票据价格指数作用　正确引导票据市场发展[J]．上海立信会计金融学院学报，2017，141（3）：84-93．

票据价格指数

票据价格指数的提出主要源于风险管理和市场监测的需求，旨在提供一个全面、准确的指标，反映票据市场价格的整体变动情况，提高市场透明度和监管效能。票据价格指数以客观数据为基础、以数学统计为工具，有效构建出反映票据市场价格宏观变动方向与幅度的指标，绘制出利率波动的"晴雨表"，具有客观性、代表性、可靠性、服务性的特点。上海票据交易所相继发布了国股银票转贴现收益率曲线和城商银票转贴现收益率曲线，为票据市场价格提供了一定参考并反映出价格走势。

此前，市场上已有的票据价格指数主要是长三角票据贴现价格指数和工银票据价格指数，但两者都存在各自的局限性。长三角票据贴现价格指数是根据长三角地区的金融机构最近两周买入的全部贴现票据的加权平均利率计算的，接受当地人民银行和监管部门的监督，其局限性在于它只能反映区域性市场的情况。工银票据价格指数是由工商银行票据营业部收集全国重点金融机构样本报送的交易价格统计得出，具有全国性和代表性，然而并没有监管部门的监督，因此其局限性在于缺乏公信力。2017 年江西财经大学九银票据研究院对价格指数进行了编制，通过选取"中国票据"网的报价作为样本，运用计量方法确定加权系数，根据不同业务的特点建立了票据资金价格指数、票据信贷价格指数和票据综合价格指数，分别反映票据市场的资金、规模以及总体状况和变化趋势。

票据资金价格指数是指对"中国票据"网的回购利率报价和转贴现利率报价进行系数确定而计算得出的指数，旨在反映票据市场的资金状况和变化趋势。票据信贷价格指数是指通过对转贴现报价和直贴现报价进行系数及时调整而建立的指数，旨在反映票据市场的规模状况和变化趋势。票据综合价格指数是指以"中国票据"网报价金额为系数权重对加权平均利率建立的综合指数，旨在反映票据市场的总体状况和变化趋势。实际上，票据综合价格指数应该包含直贴报价情况。[①]

2022 年 12 月，票据资金价格指数为 324 点，较上年同期减少 176 个点，且显著低于 700 点的临界值水平，说明市场资金面非常宽松（见图 5-1）。

---

① 江西财经大学九银票据研究院课题组 . 发挥票据价格指数作用　正确引导票据市场发展 [J]. 上海立信会计金融学院学报，2017，141（3）：84-93.

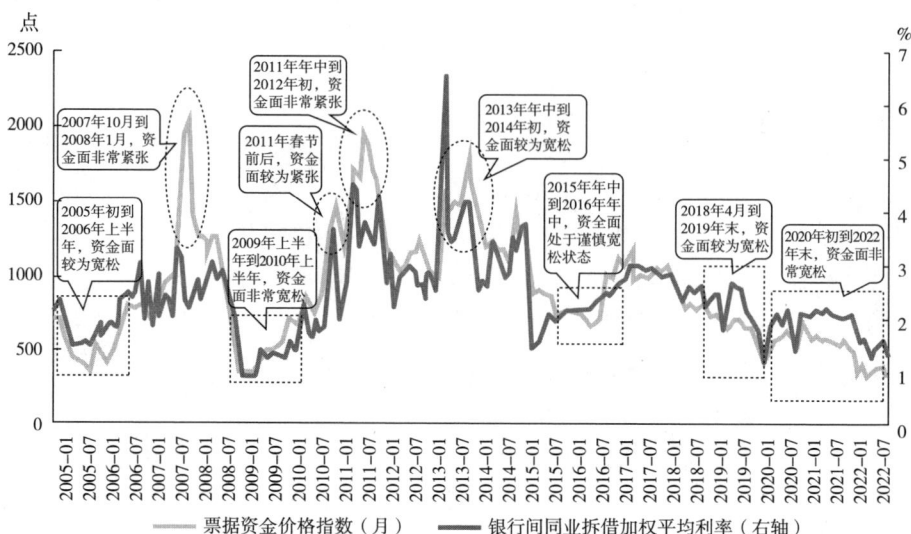

图 5-1　2005—2022 年票据资金价格指数走势

（资料来源：江西财经大学九银票据研究院）

2021 年至 2022 年信贷规模稳定宽松时期，票据信贷价格指数持续下行至 315 点（见图 5-2）。

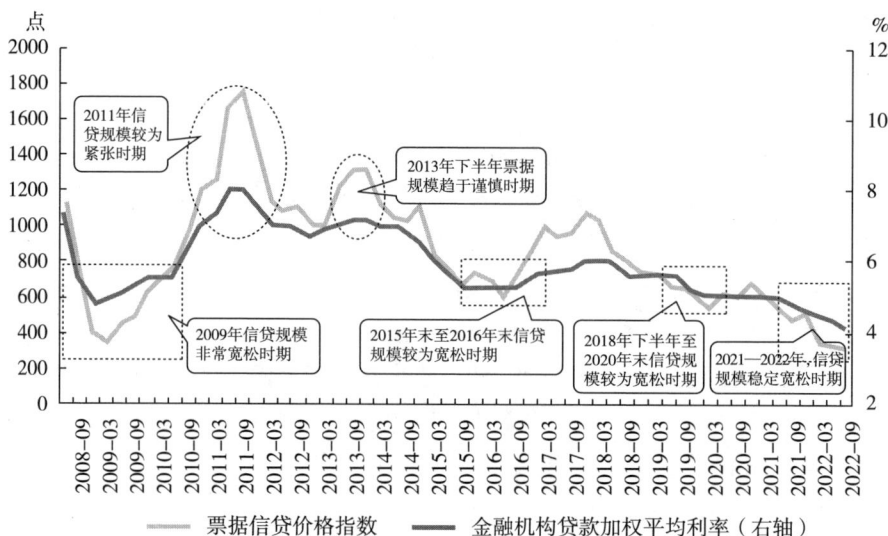

图 5-2　2000—2022 年票据信贷价格指数走势

（资料来源：江西财经大学九银票据研究院）

2022年以来，资金与规模双宽松导致票据价格持续下探，几经触底，最终达到333点，创下2009年以来的最低纪录（见图5-3）。

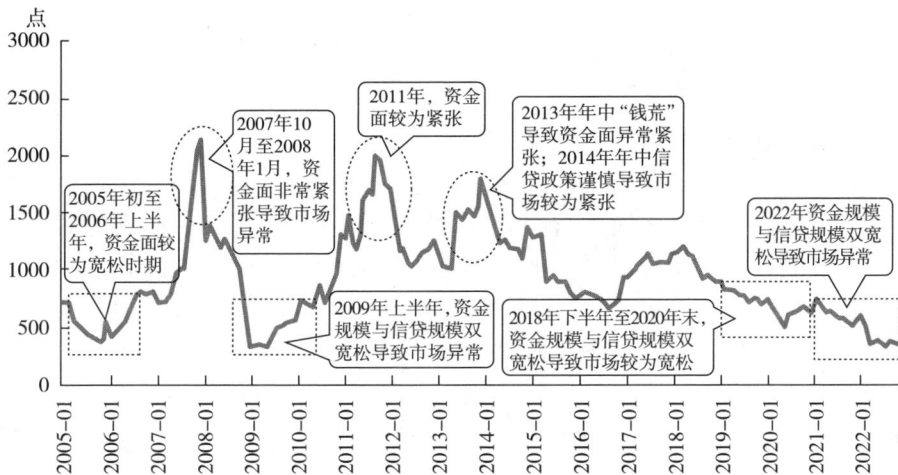

图 5-3　2005—2022年票据综合价格指数走势
（资料来源：江西财经大学九银票据研究院）

总的来说，票据价格指数的构建对于市场参与者、监管部门以及研究机构都具有重要意义，因为其可以综合反映票据市场价格总体的变动方向和变动幅度，有助于分析和测定各个因素对票据价格变动的影响方向和程度，在一定程度上已成为货币市场的"晴雨表"。

作　者：周世雄
指导人：陈　晨

临沂模式

改革开放以来，我国民营企业迅速发展，但融资难、融资贵越来越成为制约民营企业发展的关键性问题。在此严峻形势下，商票助推供应链金融发展的临沂模式应运而生。

临沂市的小微企业也想自主签发商票，但是由于其缺乏合格的抵质押物，开票的门槛较高，向银行融资很难，持有票据后向银行贴现的难度也大，企业应收账款占比高等问题长期存在，导致临沂地区的商票推广制约重重，[①] 因此，临沂建立区域商业票据市场势在必行。2018 年 2 月，临沂市确立了商票助推供应链金融发展的方针，逐渐打造形成了临沂模式，即临沂"两局一行"（临沂市地方金融监督管理局、中国人民银行临沂市中心支行、中国银行保险监督管理委员会临沂监管分局）联合设计、共同打造的区域性供应链票据发展模式。

该模式的具体交易流程如下：由临沂市供应链金融协会选取核心企业进入白名单，基于此，供应链中的企业可以凭借核心企业的联合授信额度向主办行申请签发商票，以此来支付款项；主办行收到企业的签发商票申请后，对企业进行真实贸易背景资格审查，审查通过后为企业办理商票签发业务；商票签发后，通过商票信息平台对签发企业的基本情况、基本状况和信用评级等相关信息进行披露，并促成商票的流通交易，也可向商业银行申请贴现；整个交易流程都有商票风控系统对商票信息进行动态监管，也有相应的惩罚措施和退出机制。

临沂模式下，政府联合商业银行共同研发了"银担商票保"产品，由高信用评级机构做担保，降低了企业签发商票的门槛，使得中小企业也能进行商票的签发，有效促进了当地企业票据的使用。截至 2022 年 3 月底，临沂市已有 16 家中小企业采用"商票保"模式，商票累计签发金额达 3.74 亿元，均到期按时、足额承兑，效果显著。同时，担保机构扩大到 3 家，贴现主办银行扩大到 7 家。[②]

与此同时，临沂市的商业银行主动作为，对商票进行限额管理，加强监

---

① 汲长虹，闫莎莎．临沂模式：商票助推供应链金融发展的探索和实践 [J]．中国银行业，2019（3）：36-38．

② 梁雨舟，史运昌．山东临沂创新运用商业承兑汇票服务中小企业发展 [N]．金融时报，2022-04-21．

管，从而防范风险，助力商票持续健康发展。截至 2023 年 3 月末，临商银行累计为 169 家企业客户（其中 80%为新增客户）完成商票贴现 3010 笔，贴现金额为 9.25 亿元，贷款余额为 5 亿元，平均年化利率为 6%~6.5%，无任何逾期记录。

至此，临沂地区形成了一个区域性优质企业信用生态圈，实现了商票助推供应链金融发展的目的，解决了部分小微企业融资难、融资贵的问题。①

作　者：谢玉林

指导人：陈　晨

---

① 杨莉萍．临沂商票助推供应链金融发展模式及其可推广性研究 [D]．南昌：江西财经大学，2020.

票据收益率曲线

收益率曲线作为金融资产收益率与其到期期限之间关系的直观展现，为资产定价、估值以及风险管理提供了宝贵的指导，是金融市场稳定发展的重要基石。然而，在 2018 年之前，票据市场却缺乏一条专属的收益率曲线，在一定程度上制约了其进一步发展，尤其是在市场体量不断扩大的背景下，缺乏合适的定价基准线成为亟待解决的问题。在这样的背景下，上海票据交易所于 2018 年 12 月 6 日迈出了重要一步，发布了首条票据收益率曲线——国股银票转贴现收益率曲线。票据作为一种集投资、支付和融资功能于一体的特殊金融工具，其定价的复杂性不容忽视。尽管我国在收益率曲线的编制上已有丰富经验，但上海票据交易所编制票据收益率曲线时仍保持高度严谨性。①

在编制过程中，上海票据交易所并未简单套用债券市场或货币市场的方法，而是充分考虑了票据的特殊性。其不仅将价格变动显著的特殊时点作为动态关键期限点，还利用聚类分析提升了对样本异常值的剔除效率。在关键期限点收益率的计算上，更是采用了迭代重复加权最小二乘法（IRLS）等先进方法，确保了票据收益率曲线的准确性和可靠性。

经过长达半年的试验阶段，首条票据收益率曲线经受住了市场的考验，最终获得了各试验机构的认可，并于 2018 年 5 月正式投入使用。这一里程碑式的进展，不仅为票据市场提供了更加科学的定价基准，也为市场的稳健发展奠定了坚实基础。

随着时间的推移和市场的进一步发展，票据市场逐渐出现了不同的特点和需求。为此，上海票据交易所于 2019 年 12 月 6 日再次发布了一条重要的票据收益率曲线——城商银票转贴现收益率曲线（见图 5-4）。该曲线针对城市商业银行银票报价的特点，在样本选取、时限点选择等方面进行了优化，以更好地反映市场交易的真实情况。同时，在模型上与国股银票转贴现收益率曲线保持一致，确保了票据收益率曲线的连贯性和可比性。

这两条收益率曲线的发布，不仅为票据市场提供了更加完善的定价体系，也为市场参与者提供了更加精准的决策依据。在未来的发展中，我们

---

① 票文所发布首条票据收益率曲线［EB/OL］.（2018-12-08）［2023-02-24］. http://www. shcpe. com. cn/content/shcpe/news. html？articleType = news&articleId = WZ20200805129101788777809152.

有理由相信，随着市场的不断成熟和监管的日益完善，票据市场将迎来更加广阔的发展空间和更加美好的前景。

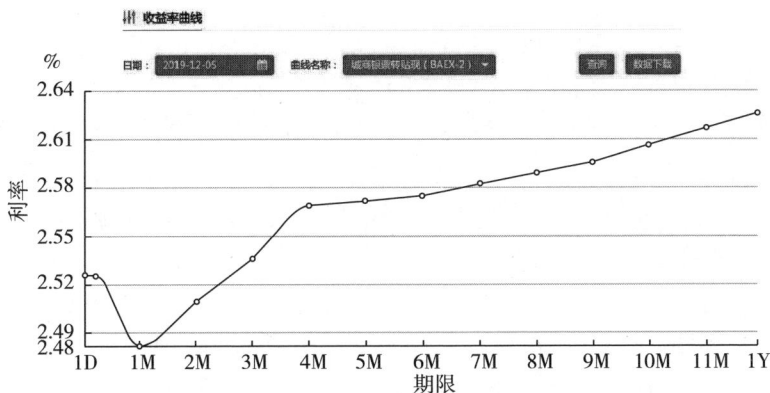

图 5-4 2019 年 12 月 5 日城商银票转贴现收益率曲线

（资料来源：上海票据交易所）

城商银票转贴现收益率曲线的正式发布，标志着票据市场迎来了一个全新的里程碑。这一曲线的诞生，为票据市场中各类资产的价值评估提供了明确而权威的标准，使得票据价格的预期变得有据可循。对于票据市场的参与者而言，这一曲线无疑成为他们制定投资策略和风险管理策略的重要工具，为市场的稳定与发展注入了强大的动力。

首条票据收益率曲线的问世，不仅满足了证券市场"公允定价"的基本要求，更推动了票据市场标准化进程。这一进程不仅提升了市场的透明度，也进一步巩固了票据市场在货币市场中的重要地位，使其成为不可或缺的组成部分。紧接着，城商银票转贴现收益率曲线的发布，更是进一步丰富了票据市场定价体系。如今，这两条收益率曲线已经能够覆盖市场上约 90% 的票据，为城商承兑票据的价格揭开了神秘的面纱。这不仅增强了中小银行票据承兑的流动性和活跃度，也为整个票据市场的繁荣与稳定奠定了坚实的基础。

总之，票据收益率曲线的发布，无疑为票据市场带来了深远的影响，不仅提升了市场的定价效率，也为市场参与者提供了更加科学、合理的决策依据。我们有理由相信，在未来的发展中，票据市场将继续保持强劲的增长势头，为我国的金融市场贡献更多的力量。

作　者：毛　磊

指导人：陈　晨

标准化票据指数

近年来，我国政府对供应链金融的发展给予了高度重视。供应链金融主要依赖核心企业的信用来连接上下游企业，在这个过程中，票据作为基于核心企业和银行信用的支付工具，在供应链上下游的支付结算融资中扮演着举足轻重的角色。随着票据支付需求的不断增长，为了促进票据市场健康发展并优化小微企业的票据融资环境，上海票据交易所在 2019 年 8 月 20 日推出了标准化票据产品。

标准化票据一经问世，便迅速受到企业和银行的热烈追捧，成为政策推动下资本市场投资者进军票据市场的重要切入点。特别是在 2020 年 9 月，我国允许境外机构投资国内银行间债券市场后，标准化票据更是成为其中的重要投资标的。

随着标准化票据市场的迅猛发展，为了进一步加强相关制度建设和丰富我国的产品指数体系，上海清算所在 2020 年 10 月 9 日正式发布了标准化票据系列指数。这一指数体系是反映银行间市场标准化票据产品价格走势的重要参考。除了综合指数外，中证指数有限公司还根据承兑人类型和贴现状态的不同，将其细分为商票指数、银票指数、已贴现商票指数和未贴现商票指数四个子指数。

如图 5-5 所示，这四个子指数在编制方法上保持了一致性，主要差异在于所涵盖的票据类型不同。综合指数囊括了所有类型的标准化票据，而商票指数和银票指数则是在此基础上根据票据承兑人的不同进行了进一步划分。在商票指数中，又根据票据是否已经贴现，进一步细分为已贴现商票指数和未贴现商票指数。考虑到商票在贴现后流动性会显著提升，其风险特征也会发生相应变化，因此，这种细分能更准确地反映标准化票据的价格动态，为市场提供有价值的参考。相比之下，由于银票自诞生之初就

指数名称	代码	基准日	样本券数	总收益指数	总市值（亿元）	平均收益率	修正久期
综合指数	SCH01300	2020/8/3	47	100.3201	39.8362	3.1963%	0.4018
商票指数	SCH01301	2020/8/3	29	100.3183	23.5774	3.3284%	0.3944
银票指数	SCH01302	2020/8/3	18	100.3585	16.258	3.0046%	0.4126
已贴现商票指数	SCH01303	2020/8/3	11	100.3969	13.8046	3.1466%	0.395
未贴现商票指数	SCH01304	2020/8/3	18	100.2588	9.7728	3.5840%	0.3955

图 5-5 标准化票据指数（2020 年 9 月 30 日）

（资料来源：上海清算所）

具备了银行信用的支持，其贴现前后的风险变化并不显著，因此，银票指数并未进行进一步细分。

标准化票据指数的子指数在降低市场信息不对称方面起到了关键作用，不仅有助于存托机构更精准地为产品进行合理定价，同时也为投资者提供了更为清晰、具体的投资指南，帮助他们基于指数进行产品选择，进而降低投资风险。然而，尽管标准化票据指数带来了诸多优势，但标准化票据本身并未实现持续稳健发展。问题主要集中在两个方面。首先，标准化票据的周期过长，融资过程往往耗时 10 天以上，在一定程度上降低了其市场吸引力和实用性。其次，标准化票据的创建初衷是解决小微企业票据流动性问题，降低其融资成本。然而，在实际操作中，由于过多金融中介的参与以及各金融机构的"薅羊毛"行为，这一初衷并未得到有效实现，甚至出现了与目标相背离的情况。

因此，尽管标准化票据曾一度备受瞩目，但最终因为这些原因被监管部门暂时叫停。这提示我们，在推进金融创新和市场发展的同时，也需密切关注市场动态，及时发现问题并进行调整，以确保金融市场健康发展。

作　者：毛　磊

指导人：陈　晨

商业汇票信息披露平台

商业汇票是企业支付、融资的重要工具之一，相比于应收账款，其具有法律保障、期限固定、流动性较高等优势，在优化企业应收账款结构、提高资金流动性与融资效率等方面发挥了重要作用。但在长期实践过程中，商业汇票因信息不透明、信用问题而导致其流动性和融资便利性较低。因此一些企业不愿意接收商业汇票，亟待建立信用约束机制，解决商业汇票流动性和融资问题。

鉴于此，上海票据交易所于 2020 年 1 月 15 日正式发布《关于商业汇票信息披露平台试运行有关事项的通知》，并于 1 月 16 日上线试运行商业汇票信息披露平台，商业汇票承兑机构可通过该平台披露票据相关信息。市场机构自 2020 年 1 月 17 日起便可通过该平台查询披露的相关信息。2020 年 6 月 5 日，人民银行发布《关于规范商业汇票信息披露的公告（征求意见稿）》，作为商业汇票信息披露平台的配套制度。2020 年 12 月 23 日，中国人民银行发布 2020 年第 19 号公告，对商业承兑汇票信息披露有关事宜进行正式公告。此公告将之前征求意见稿中的"商业汇票"范围缩小为"商业承兑汇票"，财务公司承兑汇票信息披露可参照执行，并未对银行承兑汇票信息披露进行要求。2022 年 11 月 18 日，上海票据交易所发布《商业汇票信息披露操作细则》，自 2023 年 1 月 1 日起正式实施，其中，披露范围除了商业承兑汇票，还包括财务公司承兑汇票、银行承兑汇票，《商业承兑汇票信息披露操作细则》同时废止。

商业汇票信息披露平台披露的内容分为两个方面：一是按日披露每张票据的承兑信息（包括出票日期、承兑日期、票据号码、出票人名称、承兑人名称、承兑人社会信用代码、票面金额、到期日）；二是按月披露承兑人承兑票据的信用情况（包括累计承兑发生额、承兑金额、累计逾期发生额以及逾期金额等）。

截至 2023 年 10 月，商业汇票信息披露平台累计注册企业 76975 家，已注册财务公司 249 家，已注册银行 1658 家，并且会在每月月初披露承兑人逾期名单、持续逾期名单、信用信息未披露名单以及延迟披露名单，向社会公众提示存在信用风险的企业。

自信息披露制度施行以来，在商业汇票信息披露平台上注册的企业、财务公司和银行越来越多，商业汇票信息披露平台在规范承兑人商业汇票信息披露、建立承兑人信用约束机制、改善市场信用环境、促进商业汇票更好地发挥其功能作用等方面的作用越来越显著。商业汇票信息披露平台的推出是中国票据史上又一具有里程碑意义的事件。

作　者：谢玉林

指导人：陈　晨

账户主动管理

我国票据市场自诞生以来便历经波折，特别是在银行业票据市场，由于基础设施薄弱，存在引发金融风险的潜在隐患。针对纸票时期票据风险案件频发的问题，为了降低市场风险并提升交易的便捷性，中国人民银行在2009年推出了电子商业汇票系统（ECDS），并于2016年采取了一系列行政措施来推动电子票据（电票）的普及。电票的引入在初期确实展现出了其独特的便利性和安全性。

然而，2016年8月，一宗涉及20亿元电票的重大风险案件震惊了整个票据界，不法分子利用电票系统的制度漏洞进行了非法操作，引发了业界对电子票据风险的深度关注。这一案件对市场的冲击极大，直接导致了电子承兑汇票代理业务的暂停。

随着上海票据交易所的逐渐发展，电票系统和中国票据交易系统统一归其管理，以期提升市场的透明度和规范性。然而，票据市场的风险事件并未因此完全消失。近年来，一些大型企业遭遇了不法分子利用电票系统的漏洞伪造公章和材料、冒用公司名义进行虚假注册，并开具大额电票进行贴现的情况，给投资者带来了直接的经济损失。

为了防范伪造票据的风险，提高票据市场服务质量，上海票据交易所在2020年10月30日正式推出了账户主动管理服务。这一服务允许企业委托主办机构对其所有电票账户进行集中管理。若企业需要在其他银行办理电票业务，必须先由企业委托的主办机构进行登记。这种模式相当于企业为自己的票据账户聘请了一位专业的管家，全面负责账户的管理。

在过去的票据伪造事件中，不法分子的主要手段包括：利用部分银行的电票系统漏洞自由填写承兑人信息；伪造高信用等级企业的开户材料以冒开银行账户；冒用大型企业名义注册其子公司。通过引入账户主动管理服务，企业可以将其所有电票账户交由主办机构进行统一审核和管理。任何涉及企业票据的操作，都必须经过主办机构的审核和确认，以确保所有操作均源自企业的真实意愿，并经过合法的登记流程（见图5-6）。这样一来，就能够有效防止伪造票据流入市场，保护投资者的合法权益。

企业一旦开通账户主动管理服务，即便银行在审核过程中有所疏忽，导致不法分子成功开立电票账户，这些账户也无法签发票据，因为主办机构并未收到真实企业的委托登记。这一机制从根本上解决了票据伪造问题，

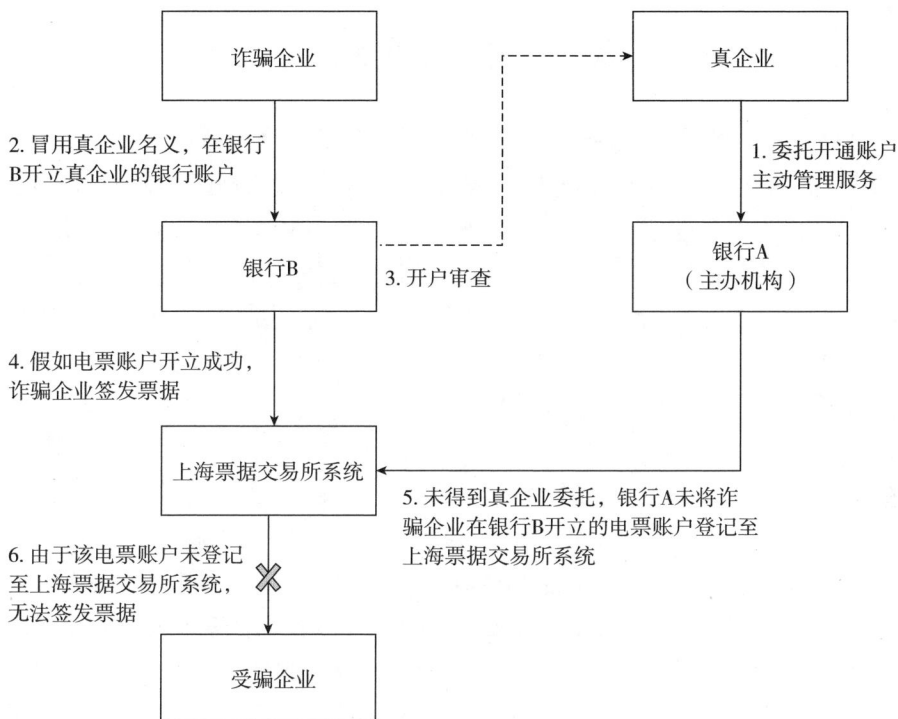

图5-6　账户主动管理防伪流程

（资料来源：根据上海票据交易所《票据账户主动管理服务操作规程》整理）

为市场增添了一道坚固的防线。

　　然而，这也对主办机构提出了更高的要求。当真实企业申请开通账户主动管理服务时，主办机构必须严格审查企业的真实性及其委托的真实性，确保没有给不法分子留下任何可乘之机。这种严谨的态度和高效的审查流程，是维护票据市场健康稳定运行的关键。

　　票据账户主动管理制度的推出，无疑是票据市场规范化、透明化进程中的一大步。它不仅有效防范了票据伪造的风险，也提升了市场的整体安全性，为投资者提供了更为可靠的交易环境。

作　者：毛　磊

指导人：陈　晨

新一代票据业务系统

2009 年，中国人民银行推出电子商业汇票系统（ECDS），无疑为我国票据市场基础设施建设画下了浓墨重彩的一笔，标志着我国票据市场正式从纸票时代迈入了电票时代。自 ECDS 问世以来，中国人民银行、上海票据交易所积极构建以《电子商业汇票业务管理办法》为核心的法规体系，不断完善电子商业汇票相关法律法规，并大力推动银行、企业使用电子票据。在各方的共同努力下，截至 2023 年底，电子商业汇票已经基本取代了纸质商业汇票，在票据市场中的占比超过 99%。

ECDS 经过 10 多年的稳健运行，不仅为票据市场提供了巨大的便利，降低了交易成本，还极大地提升了交易的便捷性，规范了票据业务的操作流程。同时，随着票据市场的不断发展，票据市场基础设施也在逐步完善。上海票据交易所推出的中国票据交易系统（CPES）进一步丰富了票据二级市场的交易模式。然而，ECDS 与 CPES 的并行运行也带来了重复投入和系统割裂等问题，对票据业务系统的发展提出了新的挑战。

为了应对这一挑战，上海票据交易所在 2021 年 5 月 18 日提出了《新一代票据业务系统业务方案》，并在 2022 年 8 月 20 日正式上线新一代票据业务系统。面对新冠疫情的严峻考验，上海票据交易所与首批上线机构紧密合作，确保了新一代票据业务系统的顺利推出。其中，江苏银行、九江银行、兵工财务、TCL 科技集团财务为新一代票据业务系统的专项验证工作提供了全力支持，确保了其上线后稳定运行。上线首日，就有 41 家银行、10 家财务公司接入并使用新系统功能；上线两日，登记企业数量达 311 家，发起的电票出票登记、提示承兑、提示收票、背书、贴现业务共计 1136 笔、金额 155.26 亿元。其中，出票业务金额最大的为招商银行，承兑业务金额最大的为江苏银行，贴现业务金额最大的为招商银行。①

新一代票据业务系统的推出，不仅是对 ECDS 业务流程和功能习惯的重塑，更是对 CPES 系统功能规则的继承与优化。该系统在多个方面进行了显著的优化：首先，它彻底统一了票据全生命周期的流转通道，使票据贴现前后的操作不再需要跨越两大系统，从而提高了业务处理效率；其次，它引入了"找零"功能，支持企业签发由标准金额（0.01 元）票据组成的票据

---

① 资料来源：《新一代票据业务系统首批上线机构顺利投产上线》。

包，并允许根据需求进行分包背书、贴现，极大地满足了市场的多样化需求；最后，它进一步强化了风险防控能力，通过账户主动管理、信用信息查询等功能，将风险防控措施前置，有效降低了票据风险发生的概率。

新一代票据业务系统的成功上线和稳定运行，标志着我国票据市场又迈出了坚实的一步，为未来的持续发展奠定了坚实的基础。

金融基础设施犹如金融市场的动脉，其完善程度直接关系到资金流通的效率和顺畅度。新一代票据业务系统的推出，正是对金融基础设施的一次重要升级。该系统不仅将企业与商业银行、财务公司及中央银行紧密地连接在一起，形成了一个高效、互联的金融网络，还极大地方便了中央银行对票据市场进行统一监管，为市场提供了更为便捷、精准的服务。

新一代票据业务系统通过优化和整合，使得票据整个生命周期的流转过程变得更为简便和高效。它简化了业务流程，降低了市场运行风险，同时也减少了市场成本，为票据市场稳步高速发展注入了新的活力。未来，随着新一代票据业务系统的不断完善和优化，相信它将为金融市场的发展带来更加深远的影响。

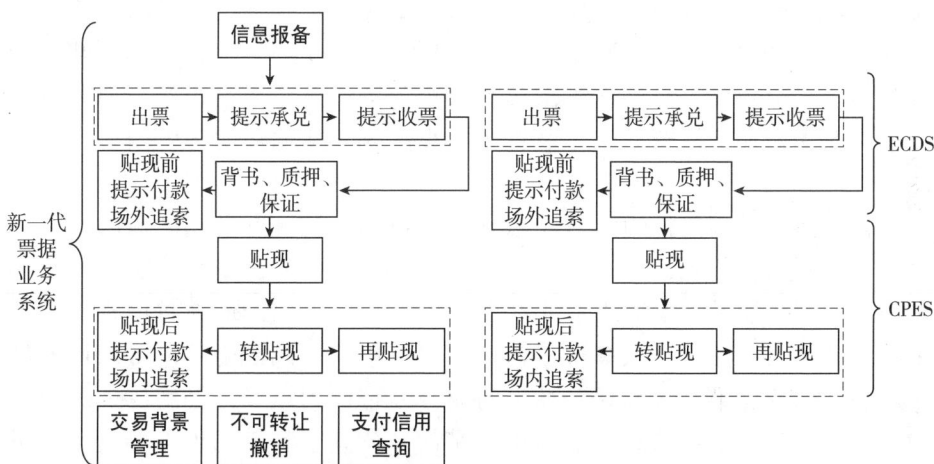

说明：加黑字体表示新增业务功能，其余为原有业务功能。

图 5-7　新旧系统对比

（资料来源：江西财经大学九银票据研究院《关于新一代票据业务系统最全介绍》）

作　者：毛　磊
指导人：陈　晨

第六章　票据名人小故事

雷履泰

在浩瀚的历史长河中，总有一些人凭借非凡的智慧和勇气，在各自的领域里留下浓墨重彩的一笔。其中，山西平遥的雷履泰便是中国票据界的一位传奇人物。雷履泰出生于1770年，他的人生经历充满了传奇色彩。初出茅庐的雷履泰曾在平遥街的一间赌坊中工作，然而，命运的转折却将他带向了另一条道路。他被颜料庄"西裕成"的老板儿子慧眼识中，邀请其加入西裕成担任重要职务。在西裕成的日子里，雷履泰凭借自己的商业天赋和卓越的经营能力，迅速崭露头角，最终被提拔为总掌柜。他深知，商业的繁荣离不开对时机的敏锐把握和对市场的深入洞察。于是，他凭借自己的商业知识和丰富的经验，果断地将西裕成颜料庄转型为中国第一家票号——日升昌。①

雷履泰凭借其独特的经营理念和创新精神，使日升昌在激烈的商业竞争中脱颖而出。首先，他深知信用是票号业的生命线，因此建立了规范化的信用制度，使员工牢记"宁可损己，也要利人"的原则，② 同时注重员工的培训和考察，使日升昌赢得了客户的广泛信任。该措施不仅可以培养员工解决问题的思维，锻炼提升员工的业务办理能力以及问题解决能力，还可以考察员工的业绩表现和忠诚度。其次，建立了科学的汇兑制度。雷履泰为了把不同含量和重量的银子的兑换标准统一，编制了一个专门用于鉴定银子的口诀："天津化宝松江京，纹银出在广朝城，上洋豆规诚别致，金陵顷化是足色"。其中，南京银质量最好，含银量为97%，而上海银仅为73%。日升昌票号以南京银为基础，其他地方的银子依据含银比例进行换算

---

① 票号始祖雷履泰［J］. 国企管理，2018，121（4）：56.
② 赵宁宁，邢晔. 从晋商雷履泰看山西票号的发展兴衰［J］. 兰台世界，2013，390（4）：75-76.

和兑换，从而保障了客户的利益。最后，建立了防伪制度。为了避免票号的汇票被人伪造，雷履泰设计了一种以日期为基础的防伪方法——密押。其中，第一句的 12 个字对应 12 个月份，第二句的 30 个字对应每月的 30 天，第三句的 10 个字对应银钱的数目，第四句对应银钱的数量单位，同时密押也会不定期更换。除了密押之外，还采用了水印技术用于防伪，从而提高了汇票的防伪能力。[①]

雷履泰开创了中国第一家票号，其汇兑业务深受百姓和官府的信任，显著促进了票号业以及汇票业务的发展，也为之后汇票的发展提供了宝贵的经验。

作　者：蔡承宏
指导人：蔡振祥

---

① 　赵宁宁，邢晔. 从晋商雷履泰看山西票号的发展兴衰［J］. 兰台世界，2013，390（4）：
75-76.

马寅初

马寅初（1882—1982），名元善，字寅初，浙江嵊县（今嵊州）人，中国现代史上杰出的经济学家、银行家、教育家及人口学家。

民国初年，信用凭据的体系尚未标准化、法定化，而是受地方习惯主导。马寅初对此曾有深刻的评价："票据法在中国虽有六七次草案，却从未正式通过。社会上虽有票据流通，但它们缺乏统一标准，形式各异，简略而无定规。这种因陋就简的做法，导致弊端丛生，票据的效用大减，流通范围极为有限。实际上，这怎能与外国规范的票据体系相提并论呢？"

南京国民政府成立后，马寅初在票据法的制定上发挥了重要作用。1929年，他与其他四位委员共同请求在《票据法草案》的第十九条和第五十八条后面增加两项内容。其中，在第十九条后面增加"票据上之债权虽依本法因时效或手续之欠缺而消灭，执票人或承兑人于其所受利益之限度得请求偿还"；在第五十八条后面增加"被保证人之债务纵为无效，保证人仍负担其义务。但被保证人之债务因方式之欠缺而为无效者，不在此限"。立法院对此做出积极响应，专门发布了《票据法草案审查报告》，认为这两项建议"以期完足本条意义便于施行"，并予以采纳，提交大会公决。[①]

20世纪20年代，马寅初在深入研究上海市金融市场后，提出以上海为中心的中国金融体系尚不完善，特别是缺少一个名副其实的票据交换所来充当各银行间的中介。他强调，设立上海票据交换所对于完善中国金融体系具有重要意义，并认为"票据交换所是银行抵抗外敌的一种武器"。[②]

马寅初在票据领域的学术成就卓著，其著作包括《新版票据法之精神》《票据法总说明》《新颁布之票据施行法》《何以上海必须设立票据交换所》等，为我国早期票据法的完善、票据交换所的建立做出了积极的贡献。他的理论和实践对于推动中国金融体系现代化发挥了重要作用。

作　者：龚佳亮

指导人：李紫薇

---

① 孙笑侠. 民事立法宗师：史尚宽生平考略 [J]. 地方立法研究，2022，7（1）：124-138.

② 孔繁坚. 二十年代马寅初对开发上海金融中心的研究 [J]. 上海社会科学院学术季刊，1988（3）：51-57.

金国宝

金国宝（1894—1963），字侣琴，江苏吴江人，我国著名的经济学家和统计学家。他学术造诣深厚，著有《统计学大纲》《中国经济问题之研究》等重要著作。

1930年底，交通银行在金国宝的主导下，率先试办票据承兑及贴现业务，并颁布了《交通银行办理押汇凭信及承兑贴现业务规则》。该规则借鉴了外国委托购买证及信用证的做法，并结合中国的实际情况进行了创新。其宗旨是通过推广票据，形成一个贴现市场，为短期资金提供一个既盈利又安全的投资渠道。在《交通银行承兑汇票浅说》一文中，金国宝阐述了他的观点："交通银行的目标是引导社会所有零星闲散资金投资于工商业，避免投机和非生产性用途。随着时间的推移，人们会逐渐习惯这种投资方式，利率有望降低，工商业将得到发展，无业游民将减少，社会将更加稳定，外资也将得到有效利用。这正是发展全国实业银行的使命所在！"[①]

1931年春，国华银行、上海商业储蓄银行、大陆银行、国货银行、中南银行、浙江实业银行、和平银行、东莱银行等众多银行纷纷效仿交通银行，开展商业承兑汇票与银行承兑汇票及其贴现业务。在上海金融界，一场倡导承兑票据及贴现的运动逐渐兴起。

1931年7月，金国宝担任交通银行总行业务部副经理，这使他能够更加专注于承兑汇票推广工作。然而，"九一八"事变和"一·二八"事变相继爆发，上海金融界陷入恐慌，银根紧缩，工商各业日益萧条。金国宝指出，国民经济的困境暴露无遗，这是平时缺乏准备的直接后果。为此，他提出了两项改革措施：一是倡导商业票据，促进贴现市场的形成，特别是银行承兑和背书的票据；二是商业票据可以作为钞券的保证准备，但要有一定的限制。

尽管政局动荡不安，但从1931年初到1932年底，参与倡导票据承兑运动的各银行在承兑票据数量和贴现票据金额方面都取得了显著的成果，尤其是交通银行和国华银行的表现更为突出。1931年5月以前，承兑汇票及其贴现业务的发展势头强劲。然而，5月的粤变、各省水灾以及"九一八"事变的发生，使这一发展势头戛然而止，收效不如预期。尽管如此，金国

---

① 毛志辉. 经济学家金国宝的银行岁月［J］. 中国金融，2022（6）：98-99.

宝倡导的这场运动在银行界播下了现代票据承兑及贴现业务的种子，其意义重大，影响深远。

新中国成立后，金国宝积极投身于新中国的教育事业，历任复旦大学教授、上海财经学院教授、上海社会科学院研究员等职。金国宝在票据领域的贡献举足轻重。他主导的交通银行试办票据承兑及贴现业务，推动了中国票据市场化进程，为中国经济的发展做出了积极的贡献。他提出的促进商业票据贴现市场发展的理念，以及对钞券保证准备得以商业票据充任的建议，都具有很强的现实意义和深远的影响。因此，我们完全可以说，金国宝是一位对中国票据领域产生了重要影响的重要人物，他的贡献值得我们铭记和肯定。

作　者：龚佳亮

指导人：李紫薇

章乃器

　　章乃器（1897—1977），字子伟，浙江青田县东源村的杰出子弟。中华民国南京临时政府成立后，章乃器荣归故里，担任县议员副议长，随后又任职遂昌县警察局局长等要职。在繁忙的工作之余，章乃器并未放弃学术追求，他专心致志地研究经济学和金融理论，发表了众多富有洞见的论文，其理论造诣与业务能力并驾齐驱，逐步跻身于银行界声誉显赫之列。

　　1931年，天津遭遇了一场前所未有的金融风暴，全市金融业几乎面临灭顶之灾。面对此情此景，章乃器挺身而出，大声疾呼，倡议上海金融业超越个体利益，将各自为政的信用调查转变为共同经营、信息共享的征信机构，以全面掌握债务人的信用状况。他的呼声得到了响应，1932年6月6日，中国第一家独立的信用调查机构——中国征信所宣告成立（见图6-1），成为银行界的公用机构。[1]

　　自中国征信所创立以来，章乃器凭借其卓越的才能和不懈的努力，取得了举世瞩目的成就，不仅在国内产生了深远的影响，更极大地提振了国人的士气。他强调信用事业在金融市场调节中的关键作用，率先提出"信用膨胀"理论。他主张以稳健的信用扩张手段取代不健全的通货膨胀手段，倡导建立现代银钱市场和资本市场。章乃器提出，华商银行应"推行票据承兑和贴现，使短期资金市场现代化；同时推行股票和公司债票，使长期资金市场—证券市场—国民经济化"。他指出，将信用放款转变为票据贴现，可以加速资本流通，将"账面债权"转化为可流通的"票面债权"，将旧钱庄的"对人信用"转变为新银行的"对物信用"。他力主银行业应成立联合组织，专门负责公司股票、债票的发行与承接，"这样银行的资产就不易冻结，而工商业也可以用着期限较长、利息较低的资金"。在章乃器等人的积极推动下，上海银行业同业公会联合准备委员会于1933年成立了上海票据交换所和票据承兑所。

　　章乃器在票据市场方面的研究同样造诣颇深。1933年，他指出"所谓金融市场本来包括了两个抽象的市场，即银钱市场（Money Market）和资本市场（Capital Market）"。银钱市场的作用在于提供流动资金，其主要手段

---

　　[1]　李玉刚. 源于实践之货币金融学真知——章乃器货币金融学术思想述论［A］. 中国社会科学院近代史研究所中华民国史研究室，《历史研究》编辑部，四川师范大学历史文化学院. "1930年代的中国"国际学术研讨会论文集（上卷）［C］. 2005：19.

就是票据贴现①。关于银钱市场，章乃器指出，当时的中国仅有放账和押款，真正的票据贴现难得一见，还算不上现代的银钱市场。他曾在《银行周报》上发表文章，呼吁本地同业公会取消送货回单，改用本票或汇票支付货款，将死债务转化为流通的票据。然而，这一理念在当时似乎尚未得到实践，导致想要贴现却无票可贴。他希望银行界能够承担起责任，推动这一变革。

为了加速资金周转，1930 年，章乃器提出取消中国传统的"三节"付账制度。他认为，最佳解决方案是巧妙运用信用制度。卖方在出售货物时可以立即获得现金，而买方则可以在数月后支付货款，由金融业者在买卖双方之间进行调剂。金融业者先行以现金支付给卖方，并收取一定的利息，承担卖方的债权，实现三方共赢。债权可以转化为流通的票据，票据又可以进行贴现。"在世界进步市场中，贴现已成为金融业放资方面的最重要业务。而流通票据，则已成为现代金融制度的核心。一般所谓的信用，几乎可以说是流通票据的作用。"章乃器还为上海拟定了 7 条票据改革措施，他强调其中最重要的一点"就是以票据代替收货回单"。

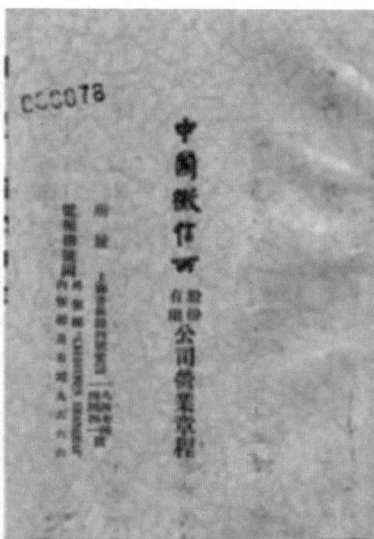

图 6-1　中国征信所营业章程
（资料来源：互联网搜集）

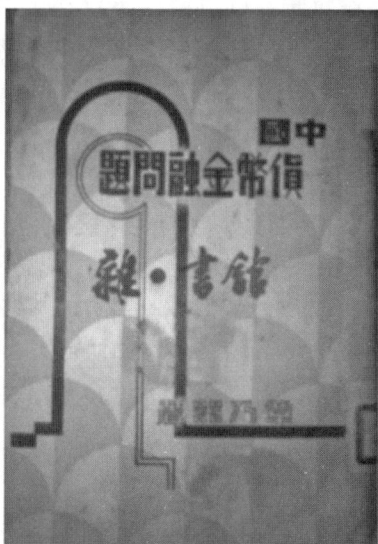

图 6-2　《中国货币金融问题》
（资料来源：互联网搜集）

① 叶世昌，童丽. 章乃器金融思想初探［J］. 上海金融，2014（7）：108-110.

　　章乃器先生的一生，一只脚坚定地走在争取中国民主与独立的光辉大道上，另一只脚则扎根于祖国的沃土，在票据等金融领域进行实践与理论研究，为祖国的发展做出了积极贡献。他的一生，是奋斗与奉献的一生，是值得我们后人敬仰与学习的一生。

图 6-3　章乃器先生在上海救国会上的谈话（1936 年 8 月）
（资料来源：互联网搜集）

作　　者：龚佳亮
指导人：李紫薇

189

杨荫溥

杨荫溥（1898—1966），字石湖，江苏无锡人，著名金融学家。1898 年 3 月 18 日，出生在无锡县留芳声巷的"石库门杨家"，并先后在清华大学、美国劳伦斯学院、美国西北大学深造。

在 1931 年 4 月至 1936 年 10 月的五年半时间里，杨荫溥亲历并参与了国民政府的重要金融改革，包括废两改元、推进新货币政策、发行统一公债等；同时，他也参与了上海银行业的多项重要变革，如组织联合准备委员会、成立票据交换所、合组中国征信所、筹设银行票据承兑所、创设银行学会等，或深入参与实况，或协助规划并参与工作。

通货膨胀作为 20 世纪三四十年代最主要的货币现象，也是政府政策关注的核心问题。当时众多经济学家对此进行了深入探讨，而通货膨胀理论也是杨荫溥金融思想的重要组成部分。杨荫溥提出，银行信用膨胀即银行增加本票或支票的发行量，在正常情形下，商业银行的本票和支票可顺利变现，其流通性近乎货币。因此，银行增加本票、支票的发行量与增加货币发行量效果相当，银行还可以通过降低票据贴现率等方式增加货币供应。这一理论拓展了从票据角度研究通货膨胀的学术视野。①

1930 年 2 月，《中国金融论》一书出版，这是早期关于票据课题论述较为丰富的著作之一。在该书的第七章"上海之票据及其清单"中，杨荫溥详细介绍了钱庄发行的庄票、汇票、支票的形式、种类、挂失，并描述了当时上海票据清算的状况。他倡导承兑汇票与贴现，并鼓励创办征信所以提升票据信用，辅助票据贴现的发展。杨荫溥认为，商业汇票主要用于埠际贸易，且明确载明收款人，便能与支票区别开来，这一点至今仍是我国商业汇票定义的重要依据。② 据《中国金融论》记载，直至 20 世纪 30 年代，银行本票在出洋货时的使用量还不及庄票的十分之一。随着日本加紧对华侵略，金融恐慌中洋行开始限制接收庄票，银行本票才逐渐得到推广。书中还详细阐述了当时通行的庄票，按付款时间不同，庄票可分为即期汇票和定期汇票两大类。"即期汇票，收到汇票，即可以取现"。定期汇票根据出票庄对付款日期记载方式的不同，又可细分为"板期"汇票、"注期"

---

① 刘慧宁. 杨荫溥及其通货膨胀理论研究述评 [J]. 东南学术, 2016 (6)：139-146.

② 曹树基，徐俊嵩. 清代山西的钱帖与信用：与东南地区比较 [J]. 史林, 2020 (6)：79-93+217+223.

汇票以及"定期迟若干日之汇票"。① 总而言之,《中国金融论》是研究 20
世纪 30 年代上海票据市场的珍贵资料。

　　总体而言,杨荫溥在票据领域做出了不可磨灭的贡献,他的学术成就
和实践经验对中国现代金融业产生了深远的影响。作为中国现代金融业的
先驱和杰出代表之一,他的金融思想和学术成果不仅推动了中国金融业的
规范化和现代化进程,也对世界金融业的发展产生了积极的推动作用。

作　者:龚佳亮

指导人:李紫薇

---

　　① 肖小和,李紫薇. 从近现代我国票据市场发展简史思考进一步发挥票据功能作用 [J]. 杭州
金融研修学院学报,2021(9):50-54.

王小能

王小能，女，1962年12月出生于河南省温县的一个小镇。1979年之前，她在当地小学和中学度过了十年求学时光。1979年，她以优异的成绩考入北京大学，并在那里完成了本科和硕士学业，此后便与北大校园结下了不解之缘。1986年，王小能留校任教，从助教做起，逐步晋升为讲师，并于1993年以卓越的学术成就破格晋升为副教授。然而，事业上一帆风顺的她却在2003年选择在山西五台山出家，成了衍能师太。尽管人生轨迹发生了转变，王小能在票据法领域的贡献依旧卓越，著有《票据法教程》和《中国票据法律制度研究》等重要作品。

在票据法领域，王小能坚定地捍卫和宣扬票据行为的无因性原则。她认为，交易关系和债权债务关系不应影响善意持票人的权益，这样的原则有助于保护善意持票人的合法权益。同时，她也强调，无因性原则不能被绝对化。持票人是否享有票据权利，不仅要看票据在形式上是否有效，还要考量其取得票据时的基础关系是否合法。这一观点为实践中票据无因性原则的谨慎贯彻提供了明确的方向。此外，王小能还提出，票据行为作为法律行为，除了必须满足一般法律行为的要件，即票据行为的实质要件外，还必须符合票据法所规定的特别要件，即票据行为的形式要件。因此，她明确指出，诸如票据清单交易等虽冠以票据之名，实质上并非真正的票据交易。[1][2]

王小能在票据领域的最大贡献当属她的著作《票据法教程》。该书立足于中国的票据法律、法规和票据运作实务，同时广泛参考了其他国家、地区的票据立法和票据法律理论，不仅系统阐述了票据法的基本原理和制度，还指出了中国票据法律、法规中存在的问题，并为解决这些问题提供了切实可行的方法。王小能运用分析、比较的方法，对票据关系、票据抗辩、票据伪造与变造、票据丧失及补救、空白授权票据等票据法规定的基本制度进行了深入研究，并对各种票据的具体操作制度，以及本票与汇票、支票与汇票的异同进行了详尽的讨论。该书内容丰富、概念严谨、体系科学，

[1] 潘修平. 票据清单交易纠纷案件裁判规则研究——《九民纪要》票据纠纷案件裁判规则的修改建议 [J]. 金融法苑, 2023 (1): 213-226.

[2] 谢晶磊. 票据市场的变化与挑战——基于优化票据功能、统筹规范远期支付凭证的视角 [J]. 金融市场研究, 2023 (5): 119-128.

是了解票据法理论体系的入门佳作。

王小能在票据法领域的研究成果不仅丰富，而且具有很高的学术深度。她的著作为票据理论研究和实务操作提供了宝贵的指导，她的贡献也得到了业界的广泛认可。《票据法教程》作为她的重要著作之一，被视为学习票据法理论体系的入门好书，对于所有学习和研究票据法的人来说，王小能是一位不可忽视的学者。

作　者：龚佳亮
指导人：李紫薇

参考文献

［1］肖小和．中国票据简史［M］．北京：中国金融出版社，2022.

［2］黄宝奎．试论台湾的票券市场［J］．世界经济研究，1987（3）：58-61+37.

［3］晏露蓉，黄宁．台湾地区票券市场发展经验与启示［J］．征信，2014，32（6）：1-6.

［4］张静，贾丹．票据理财产品创新与风险管理研究［J］．企业科技与发展，2019（3）：90-91.

［5］汪办兴．票据理财产品的银信合作模式、市场概况与政策思考［J］．金融论坛，2009，14（2）：69-73.

［6］金苹苹．票据理财互联网化机遇与风险并存［N］．上海证券报，2014-12-05（A05）．

［7］陈杰，李昊然．票据证券化的法律困境与突围——从票据ABS到标准化票据［J］．理论观察，2022（3）：125-127.

［8］李长红．票据收益权资产证券化法律问题研究［D］．上海：华东政法大学，2019：7-9.

［9］中国工商银行票据营业部．凝"心"聚力，深耕票据市场 助力实体，彰显大行担当——中国工商银行票据营业部成立十九周年记［J］．杭州金融研修学院学报，2019（12）：78-80.

［10］赵艳超．农业银行票交所直连系统（一期）成功上线［N］．中国城乡金融报，2018（A01）．

［11］交通银行打造票据服务"找零支付"新体验［EB/OL］．［2022-08-25］．https：//m. huanqiu. com/article/49NgQR0qGxS.

［12］沈阳．招商银行积极创新票据业务［N］．中国证券报，2003-03-17（003）．

［13］票据电子化的趋势及应用［J］．金融电子化，2009（3）：38-40.

［14］大力发展票据业务 破局中小企业融资难——访兴业银行同业金融部总经理林榕辉［EB/OL］．［2019-12-31］．https：//www. financialnews. com. cn/yh/dh/201912/t20191231_171182. html.

［15］民生银行宁波分行启动"票融e""贷"动产业链上中小企业发展［EB/OL］．［2021-05-16］．https：//www. jiemian. com/article/6148827. html.

［16］商票圈：美国票据市场［EB/OL］. ［2021-04-08］. https：//www. toutiao. com/article/6948715105861370404/？&source=m_redirect&wid=1696166956448.

［17］朱红林.《周礼》中的契约及其反映的商业关系［J］. 北京工商大学学报（社会科学版），2003（4）：60-64.

［18］侯广庆，赵雪琴. 关于飞钱的产生与性质［J］. 山西财经学院学报，1997（4）：72-73+84.

［19］孙金文，王常健.“柜坊”对唐代商业发展的影响探索［J］. 兰台世界，2014，434（12）：98-99.

［20］高春平. 中国古代信用票据的发展演变及其异同（中篇）［J］. 银行家，2022，253（2）：128-130.

［21］高春平. 论中国古代信用票据飞钱、交子、会票、票号的发展演变［J］. 经济问题，2007，329（1）：125-128.

［22］黄娜. 清代银票的简释问答［J］. 东方收藏，2019，123（23）：14-16.

［23］卢伯雄. 清末纸钞银票上的防伪艺术创作［J］. 东方收藏，2019，123（23）：5-11.

［24］叶真铭. 最早的抗日货币——台南官银票、官钱票［A］. 湖北省钱币学会. 湖北钱币专刊（总第14期）［C］. 2015：3.

［25］张宁. 从钱票流通看清中叶的金融变革——兼论金融史研究的本土视角［J］. 中国社会经济史研究，2022，162（3）：40-53.

［26］张小杰. 庚子年“公议官钱号”钱票［J］. 中国钱币，2020，164（3）：19-23.

［27］戴建兵. 上海钱庄庄票略说［J］. 档案与史学，2002（2）：26-29.

［28］金学史. 上海最早的银行本票——庄票［J］. 上海金融，1986（5）：47-46.

［29］魏晋. 钱庄起源论说［N］. 中国社会科学报，2022-11-16（010）.

［30］章永俊. 清代北京的钱铺、炉房与账局［J］. 北京史学论丛，2017（1）：120-134.

［31］上海市金融学会票据专业委员会成立［EB/OL］. ［2015-01-19］. http：//finance. sina. com. cn/stock/t/20150119/025721326429. shtml.

［32］票号始祖雷履泰［J］．国企管理，2018，121（4）：56.

［33］赵宁宁，邢晔．从晋商雷履泰看山西票号的发展兴衰［J］．兰台世界，2013，390（4）：75-76.

［34］中国人民银行．中国共产党领导下的金融发展简史［M］．北京：中国金融出版社，2021：16-17.

［35］《中国共产党简史》编写组．中国共产党简史［M］．北京：人民出版社，中共党史出版社，2021：56.

［36］尹静．中华苏维埃共和国湘赣省收买谷子期票考略［J］．党史文苑，2013（16）：18.

［37］万立明．近代中国票据市场的制度变迁研究［M］．上海：上海远东出版社，2014：84.

［38］洪荣昌．红军时期的期票［J］．中国钱币，2009（2）：39.

［39］赵学军．中国商业信用的发展与变迁［M］．北京：方志出版社，2008：179.

［40］张转芳．晋冀鲁豫边区货币史（上册）：晋东南革命根据地货币史［M］．北京：中国金融出版社，1996：81-85.

［41］版别最繁多的抗币"北海币"及其收藏价值［EB/OL］．（2018-12-25）［2023-5-29］．http：//www.360doc.com/content/18/1225/13/424013_804342571.shtml.

［42］中国人民银行金融研究所，中国人民银行山东省分行金融研究所．中国革命根据地北海银行史料［M］．济南：山东人民出版社，1986：562.

［43］《徐州纸币大观》编纂委员会．徐州纸币大观［M］．北京：中国文史出版社，2003：127.

［44］万立明．近代中国票据市场的制度变迁研究［M］．上海：上海远东出版社，2014：55.

［45］江西财经大学九银票据研究院．票据史［M］．北京：中国金融出版社，2020：131.

［46］王彩虹．《中华民国票据法》研究［D］．太原：山西大学，2010：17.

第二篇

票据大事记

1. 周朝时出现的质剂、傅别及书契初具票据的雏形。

2. 唐朝时出现的飞钱是我国历史上出现最早的汇票，书帖是我国历史上出现最早的支票。

3. 宋朝时交子与会子的使用使得票据的流通范围进一步扩大。

4. 明清时期陆续出现的钱庄（庄票即本票）、票号将中国古代票据的使用推向高潮。票号是我国出现最早的汇兑专营机构，它的出现极大地推动了票据的广泛使用，很好地解决了异地汇兑难题，对我国金融的发展具有深远的影响。

5. 1923 年 3 月 19 日，安徽蚌埠贴现公所成立，这是中国第一个票据专营机构。

6. 1929 年 10 月 30 日，《中华民国票据法》正式颁布，这是中国历史上第一部正式颁行的票据法。

7. 1933 年 1 月 10 日，上海票据交换所成立，这是中国金融史上第一家完全以商业银行自己的力量创办的新型清算机构。

8. 1936 年 3 月 16 日，上海银行票据承兑所成立，这是中国第一个集票据承兑与贴现于一体的票据专营机构。

9. 1944 年 10 月 2 日，重庆联合票据承兑所正式开业，这是一个集政府之力推动成立的票据专营机构。

10. 1979 年，国家对商业信用开始实行有计划、有控制的开放政策，中国人民银行批准部分企业签发商业汇票。

11. 1981 年 2 月，中国人民银行上海市杨浦区办事处和黄浦区办事处试办了第一笔同城商业承兑汇票贴现业务。

12. 1981 年 10 月，中国人民银行上海市徐汇区办事处与中国人民银行安徽省天长县支行合作，试办了第一笔跨省市的银行承兑汇票贴现业务。

13. 1982 年，中国人民银行推行"三票一卡"，倡导商业银行发展票据业务。

14. 1984 年 12 月，中国人民银行发布《商业汇票承兑、贴现暂行办法》，决定在全国范围内开展承兑、贴现业务，但规定汇票除向银行贴现外不得流通转让。

15. 1986 年，针对当时企业相互拖欠货款、占用资金严重、"三角债"问题已严重影响社会资金周转和企业生产经营正常进行的状况，中国人民银行和中国工商银行联合印发《关于实施商业汇票承兑、贴现办法清理拖欠货款的通知》，在北京、上海等 10 个城市运用商业汇票承兑贴现清理货款拖欠，扩大贴现业务。

16. 1986 年 4 月，中国人民银行发布《再贴现试行办法》，正式开始办理再贴现业务。

17. 1988 年 12 月，中国人民银行发布《银行结算办法》，自 1989 年 4 月 1 日起实行。该办法取消了银行签发汇票必须确定收款人和兑付行的限制，允许商业汇票背书转让，办理贴现、转贴现和再贴现。

18. 1995 年 5 月 10 日，第八届全国人民代表大会常务委员会第十三次会议审议通过《中华人民共和国票据法》，自 1996 年 1 月 1 日起施行。《票据法》规定了票据的种类、形式和内容，明确了票据关系和票据当事人之间的权利与义务，通过法律形式规范了票据行为。

19. 1996 年 6 月，中国人民银行颁布《贷款通则》，将票据贴现与信用贷款、担保贷款并列为贷款的一种，票据贴现计入贷款口径统计并纳入信贷规模管理。

20. 1997 年 8 月，中国人民银行颁布《票据管理实施办法》，自 1997 年 10 月 1 日起施行，在《票据法》基础上进一步对票据主体、票据行为、票据权利和义务、违法处置等方面进行加强。

21. 1998 年 3 月，中国人民银行决定改进和完善再贴现利率与贴现利率形成机制，将再贴现利率列为法定基准利率，由中国人民银行根据市场资金供求状况进行调整，贴现利率由再贴现利率加点生成。

22. 2000 年 2 月，最高人民法院审判委员会通过《最高人民法院关于审理票据纠纷案件若干问题的规定》，自 2000 年 11 月 21 日起施行。该文件从司法审判的角度对《票据法》有关票据保全、票据背书、票据法律责任等方面的内容做了阐释说明。

23. 2000 年 11 月 9 日，中国工商银行票据营业部成立，这是经中国人民银行批准成立的全国首家票据专营机构。

24. 2001 年 7 月，中国人民银行发布《关于切实加强商业汇票承兑贴现和再贴现业务管理的通知》，明确"票据融资"不再计入金融机构的存贷比例考核，要求商业银行单独设立会计科目核算和反映票据贴现、转贴现与再贴现业务；强调增值税发票作为贸易背景判断标准的权威性；提出中心城市要适度集中商业汇票业务经营管理，提高业务效率和规模效应，防范票据风险。

25. 2002 年 11 月，中国人民银行颁布《关于办理银行汇票及银行承兑汇票业务有关问题的通知》，决定取消《中国人民银行关于加强开办银行承兑汇票业务管理的通知》中规定的"办理银行承兑汇票业务实行总量控制，其承兑总量不得超过上年末各项存款余额的5%"的承兑风险控制指标，支持票据承兑业务发展。

26. 2003年6月，中国人民银行直属机构中国外汇交易中心推出"中国票据报价系统"，即"中国票据"网，为金融机构之间的票据转贴现和回购业务提供报价撮合、报价查询等信息服务。

27. 2007年1月4日，上海银行间同业拆放利率（Shibor）机制正式运行。同年4月，中国工商银行率先推出以Shibor为基准的票据转贴现和回购报价利率，11月又实现了贴现利率与Shibor报价挂钩，票据业务定价方式开始由固定利率向浮动利率转变。

28. 2009年10月，中国人民银行建成电子商业汇票系统（ECDS）并投产运行。系统上线当日，招商银行签发出全国第一张电子银行承兑汇票和第一张电子商业承兑汇票。

29. 2013年7月，中国人民银行发布《关于进一步推进利率市场化改革的通知》，取消贴现利率在再贴现利率基础上加点确定的方式，由金融机构根据市场供求关系自主决定贴现利率。

30. 2013年9月27日，中国支付清算协会票据工作委员会成立。

31. 2014年2月，银监会和国家发展改革委联合颁布《商业银行服务价格管理办法》，将银行承兑费率由《支付结算办法》规定的"承兑银行应按票面金额向出票人收取万分之五的手续费"改为"市场调节价"，票据承兑费用实现市场化定价。

32. 2014年1月24日，中国城市金融学会票据专业委员会成立，其由2002年成立的中国城市金融学会票据研究会改名而成。

33. 2014年4月，人民银行、银监会、证监会、保监会、国家外汇管理局联合发布《关于规范金融机构同业业务的通知》（银发〔2014〕127号），规范同业业务发展，约束并压低同业业务中的非标业务，促进同业业务回归流动性管理手段和本质；明确了回购业务项下的金融资产属性，买入返售（卖出回购）业务项下的金融资产应当为银行承兑汇票等具有合理公允价值和较高流动性的金融资产。

34. 2014年5月，银监会发布《关于规范商业银行同业业务治理的通知》（银监办发〔2014〕140号），提出包括票据买入返售业务在内的同业业务都要实行专营部门制改革，实行集中统一授权、集中统一授信、集中统一的名单制管理、集中审批和集中会计操作。

35. 2014 年 11 月 18 日，中国银行业协会票据专业委员会成立。

36. 2015 年 1 月 15 日，上海市金融学会票据专业委员会成立。

37. 2016 年 4 月，中国人民银行和中国银行业监督管理委员会联合发布《关于加强票据业务监管促进票据市场健康发展的通知》，要求严格审查贸易背景真实性，严格规范同业账户管理，有效防范和控制票据业务风险。

38. 2016 年 11 月 6 日，江西财经大学九银票据研究院成立，这是全国第一家专攻票据领域的研究机构。

39. 2016 年 12 月 5 日，中国人民银行出台《票据交易管理办法》，规范票据市场行为。

40. 2016 年 12 月 8 日，中国人民银行牵头筹建的上海票据交易所开业运营，全国统一的票据交易平台正式上线。

41. 2017 年 3 月 27 日，中国人民银行印发《关于实施电子商业汇票系统移交切换工作的通知》（银发〔2017〕73 号），决定将电子商业汇票系统（ECDS）移交上海票据交易所运营。

42. 2017 年 9 月 14 日，江西省金融学会票据专业委员会成立。

43. 2017 年 12 月 8 日，由上海票据交易所主办的票据市场改革发展高峰论坛在沪举行，中国票据研究中心举行揭牌仪式。

44. 2018 年 1 月 25 日，数字票据交易平台实验性生产系统成功上线试运行。

45. 2018 年 4 月 27 日，人民银行、银保监会、证监会、国家外汇管理局联合发布《关于规范金融机构资产管理业务的指导意见》。

46. 2018 年 5 月 2 日，中国银行保险监督管理委员会发布《关于规范银行业金融机构跨省票据业务的通知》（银保监办发〔2018〕21 号），对银行业金融机构跨省票据业务进行了规范，针对跨省交易类业务、跨省授信类业务提出了监管要求，要求银行业金融机构通过票据市场基础设施开展跨省票据交易，限制风险较大的跨省纸质票据交易。

47. 2018 年 5 月 9 日，商务部等八部门联合发布《关于开展供应链创新与应用试点的通知》。

48. 2018 年 9 月 26 日，中国人民银行发布《中国人民银行办公厅关于上海票据交易所纸质票据和电子票据交易融合后再贴现有关工作的通知》（银办发〔2018〕180 号），标志着纸电票据再贴现业务正式融合。

49. 2018 年 12 月 6 日，上海票据交易所发布票据市场首条收益率曲线。

50. 2018 年 12 月 6 日，上海票据交易所在上海成功举办供应链创新产品"票付通"发布会。

51. 2019 年 5 月 27 日，上海票据交易所正式上线贴现通业务。

52. 2019 年 8 月 15 日，上海票据交易所发布公告称，为了加强对中小金融机构流动性的支持，经中国人民银行同意，上海票据交易所将创设标准化票据。

53. 经中国人民银行同意，上海票据交易所于 2019 年 8 月 20 日成功创设 2019 年第 1 期标准化票据。

54. 2019 年 12 月 6 日，上海票据交易所发布信用类型为"城商承兑、国股贴现"的城商银票转贴现收益率曲线，为中小银行承兑票据提供定价参考。

55. 2020 年 1 月 16 日，商业汇票信息披露平台上线试运行。

56. 2020 年 4 月 26 日，供应链票据平台成功试运行。

57. 2020 年 6 月 18 日，首批供应链票据贴现业务成功落地。

58. 2020 年 6 月 24 日，中国人民银行发布《标准化票据管理办法》，规范标准化票据融资机制，自 2020 年 7 月 28 日起实施。

59. 2020 年 7 月 28 日，上海票据交易所会同中国外汇交易中心、上海清算所发布《标准化票据信息披露规则》（票交所公告〔2020〕2 号），并发布《标准化票据基础资产托管结算规则》（票交所公告〔2020〕3 号）。

60. 2020 年 7 月 30 日，《标准化票据管理办法》正式实施后的首批 14 单标准化票据创设成功。

61. 2020 年 11 月 3 日，跨境人民币贸易融资转让服务平台在上海票据交易所正式上线。

62. 2020 年 12 月 23 日，中国人民银行发布 2020 年第 19 号公告，规范商业承兑汇票信息披露有关事宜，自 2021 年 8 月 1 日起实施。

63. 2020 年 12 月 30 日，上海票据交易所发布《商业承兑汇票信息披露操作细则》，自 2021 年 8 月 1 日起施行。

64. 2021 年 5 月 26 日，李克强主持召开国务院常务会议，研究将商业汇票承兑期限由 1 年缩短至 6 个月，减轻企业占款压力。

65. 2021 年 8 月 1 日，商业承兑汇票信息披露制度正式施行。

66. 2022 年 1 月 13 日，国家发展改革委印发《"十四五"现代流通体系建设规划》（发改经贸〔2022〕78 号），鼓励中小企业通过标注化票据融资，支持核心企业签发供应链票据，鼓励金融机构提供更加便利的供应链票据贴现融资，建立核心企业票据融资信息共享制度。

67. 2022 年 1 月 14 日，中国人民银行颁布《商业汇票承兑、贴现与再贴现管理办法（征求意见稿）》。

68. 2022 年 4 月 6 日，银保监会印发《关于 2022 年进一步强化金融支持小微企业发展工作的通知》（银保监办发〔2022〕37 号），提出立足于小微企业的真实贸易背景和实际资金周转需求开展票据融资业务，严禁为无真实贸易背景的票据办理贴现。

69. 2022 年 5 月 19 日，国务院国资委印发《关于中央企业助力中小企业纾困解难促进协同发展有关事项的通知》（国资发财评〔2022〕40 号），要求央企开具的商业承兑汇票期限原则上不得超过 6 个月。

70. 2022 年 5 月 31 日，国务院发布《关于印发扎实稳住经济一揽子政策措施的通知》，要求抓紧修订制度，将商业汇票承兑期限由 1 年缩短至 6 个月，并加大再贴现支持力度。

71. 2022 年 6 月 3 日，新一代票据业务系统投产上线。新一代票据业务系统将电子商业汇票系统和中国票据交易系统融合，承担票据全生命周期业务。供应链票据平台与新一代票据业务系统实现融合。

72. 2022 年 10 月 13 日，银保监会修订发布《企业集团财务公司管理办法》（中国银行保险监督管理委员会令 2022 年第 6 号），从财务公司业务范围、监管指标和公司治理三个方面防范票据业务风险。

73. 2022 年 11 月 18 日，人民银行、银保监会修订发布《商业汇票承兑、贴现与再贴现管理办法》（中国人民银行　中国银行保险监督管理委员会令〔2022〕第 4 号），明确供应链票据属于电子商业汇票，强化信息披露及信用约束机制，并将商业汇票最长期限由 1 年调整至 6 个月。该办法 2023 年 1 月 1 日正式施行。

74. 2022 年 11 月 18 日，上海票据交易所印发《商业汇票信息披露操作细则》（票交所公告〔2022〕1 号）。

75. 2023 年 11 月 1 日，国家金融监督管理总局正式发布《商业银行资本管理办法》，对银票承兑业务风险权重、票据贴现与转贴现业务风险权重进行调整。

第三篇

票据数据统计资料

一、商业汇票市场统计数据

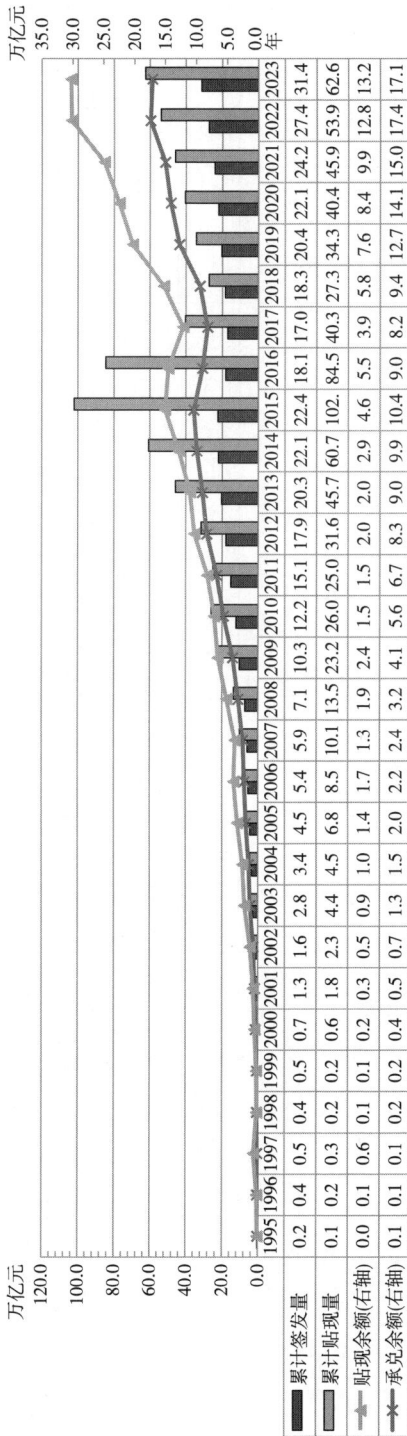

	1995	1996	1997	1998	1999	2000	2001	2002	2003	2004	2005	2006	2007	2008	2009	2010	2011	2012	2013	2014	2015	2016	2017	2018	2019	2020	2021	2022	2023
累计签发量	0.2	0.4	0.5	0.4	0.5	0.7	1.3	1.6	2.8	3.4	4.5	5.4	5.9	7.1	10.3	12.2	15.1	17.9	20.3	22.1	22.4	18.1	17.0	18.3	20.4	22.1	24.2	27.4	31.4
累计贴现量	0.1	0.2	0.3	0.2	0.2	0.6	1.8	2.3	4.4	4.5	6.8	8.5	10.1	13.5	23.2	26.0	25.0	31.6	45.7	60.7	102.	84.5	40.3	27.3	34.3	40.4	45.9	53.9	62.6
贴现余额(右轴)	0.0	0.1	0.6	0.1	0.1	0.2	0.3	0.5	0.9	1.0	1.4	1.7	1.3	1.9	2.4	1.5	1.5	2.0	2.0	2.9	4.6	5.5	3.9	5.8	7.6	8.4	9.9	12.8	13.2
承兑余额(右轴)	0.1	0.1	0.2	0.2	0.4	0.5	0.7	1.3	1.5	2.0	2.2	2.4	3.2	4.1	5.6	6.7	8.3	9.0	9.0	9.9	10.4	9.0	8.2	9.4	12.7	14.1	15.0	17.4	17.1

（资料来源：中国人民银行历年《中国货币政策执行报告》）

二、电子商业汇票发展情况

年份	系统出票笔数（万笔）	系统出票金额（万亿元）	承兑笔数（万笔）	承兑金额（万亿元）	贴现笔数（万笔）	贴现金额（万亿元）	转贴现笔数（万笔）	转贴现金额（万亿元）	质押式回购笔数（万笔）	质押式回购金额（万亿元）
2013	52.09	1.59	53.47	1.63	13.43	0.64	25.09	1.95	—	—
2014	84.49	3.13	83.78	3.07	23.53	1.50	49.11	4.81	—	—
2015	134.08	5.60	137.52	5.79	49.54	3.73	155.71	22.13	—	—
2016	230.47	8.34	237.75	8.58	83.77	5.77	325.08	49.20	—	—
2017	655.42	12.68	678.00	13.02	179.23	6.95	503.48	44.48	—	—
2018	1450.71	16.79	1489.36	17.19	419.24	9.73	697.24	34.45	56.54	6.16
2019	1990.21	19.50	2030.32	19.96	677.22	12.38	838.09	38.75	110.53	12.01
2020	2229.75	21.36	2270.94	21.86	724.44	13.38	1033.37	44.10	212.61	19.54
2021	2688.17	23.52	2738.25	23.99	966.92	14.99	1456.28	46.93	275.18	21.70
2022	2680.64	26.76	2728.19	27.29	1110.07	19.45	1908.02	58.20	383.28	27.77

资料来源：中国人民银行《支付体系运行总体情况》。

三、票据与经济

年份	GDP（万亿元）	承兑发生额（万亿元）	承兑发生额/GDP（％）	承兑余额（万亿元）	承兑余额/GDP（％）	贴现发生额（万亿元）	贴现发生额/GDP（％）	贴现余额（万亿元）	贴现余额/GDP（％）
2004	16.18	3.40	21.01	1.50	9.27	4.50	27.81	1.00	6.18
2005	18.73	4.45	23.76	1.96	10.46	6.75	36.03	1.38	7.37
2006	21.94	5.43	24.74	2.21	10.07	8.49	38.69	1.72	7.84
2007	27.01	5.87	21.73	2.44	9.03	10.11	37.43	1.28	4.74
2008	31.92	7.10	22.24	3.20	10.02	13.50	42.29	1.90	5.95
2009	34.85	10.30	29.55	4.10	11.76	23.20	66.57	2.40	6.89
2010	41.21	12.20	29.60	5.60	13.59	26.00	63.09	1.50	3.64
2011	48.79	15.10	30.95	6.70	13.73	25.00	51.24	1.50	3.07
2012	53.86	17.90	33.24	8.30	15.41	31.60	58.67	2.00	3.71
2013	59.30	20.30	34.23	9.00	15.18	45.70	77.07	2.00	3.37
2014	64.36	22.10	34.34	9.90	15.38	60.70	94.32	2.90	4.51
2015	68.89	22.40	32.52	10.40	15.10	102.10	148.22	4.60	6.68
2016	74.64	18.10	24.25	9.00	12.06	84.50	113.21	5.50	7.37
2017	83.20	17.00	20.43	8.20	9.86	40.30	48.44	3.90	4.69
2018	91.93	18.28	19.88	9.40	10.23	27.33	29.73	5.80	6.31
2019	98.65	20.40	20.68	12.70	12.87	34.30	34.77	7.60	7.70
2020	101.36	22.10	21.80	14.10	13.91	40.40	39.86	8.40	8.29
2021	114.37	24.20	21.16	15.00	13.12	45.90	40.13	9.90	8.66
2022	121.02	27.40	22.64	17.40	14.38	53.9	44.54	12.80	10.58
2023	126.06	31.40	24.91	17.10	13.56	62.6	49.66	13.20	10.47

资料来源：中国人民银行历年《中国货币政策执行报告》、国家统计局。

四、票据与信贷数据

年份	各项贷款（亿元）	企（事）业单位贷款（亿元）	短期贷款（亿元）	票据融资（亿元）	票据融资占各项贷款的比重（%）	票据融资占企（事）业单位贷款的比重（%）	票据融资占短期贷款的比重（%）
2013	766326.64	—	311771.97	19615.78	2.56	—	6.29
2014	867867.89	—	336371.27	29232.99	3.37	—	8.69
2015	993459.69	687727.69	359190.66	45838.17	4.61	6.67	12.76
2016	1120551.79	744715.66	371286.36	54778.78	4.89	7.36	14.75
2017	1256073.74	810171.19	405492.17	38882.82	3.10	4.80	9.59
2018	1417516.44	890301.37	432776.46	57807.25	4.08	6.49	13.36
2019	1586020.56	983732.01	462715.17	76175.63	4.80	7.74	16.46
2020	1784033.85	1105307.91	487247.04	83554.57	4.68	7.56	17.15
2021	1985107.52	1226776.60	516011.42	98516.07	4.96	8.03	19.09
2022	2191028.57	1393557.78	370337.63	128092.92	5.85	9.19	34.59

资料来源：中国人民银行《金融机构本外币信贷收支表》。

第四篇
票据法规制度文件

中华人民共和国票据法

1995 年 5 月 10 日第八届全国人民代表大会常务委员会第十三次会议通过，根据 2004 年 8 月 28 日第十届全国人民代表大会常务委员会第十一次会议《关于修改〈中华人民共和国票据法〉的决定》修正。

第一章　总　则

第一条　为了规范票据行为，保障票据活动中当事人的合法权益，维护社会经济秩序，促进社会主义市场经济的发展，制定本法。

第二条　在中华人民共和国境内的票据活动，适用本法。

本法所称票据，是指汇票、本票和支票。

第三条　票据活动应当遵守法律、行政法规，不得损害社会公共利益。

第四条　票据出票人制作票据，应当按照法定条件在票据上签章，并按照所记载的事项承担票据责任。

持票人行使票据权利，应当按照法定程序在票据上签章，并出示票据。

其他票据债务人在票据上签章的，按照票据所记载的事项承担票据责任。

本法所称票据权利，是指持票人向票据债务人请求支付票据金额的权利，包括付款请求权和追索权。

本法所称票据责任，是指票据债务人向持票人支付票据金额的义务。

第五条　票据当事人可以委托其代理人在票据上签章，并应当在票据上表明其代理关系。

没有代理权而以代理人名义在票据上签章的，应当由签章人承担票据责任；代理人超越代理权限的，应当就其超越权限的部分承担票据责任。

第六条　无民事行为能力人或者限制民事行为能力人在票据上签章的，其签章无效，但是不影响其他签章的效力。

第七条　票据上的签章，为签名、盖章或者签名加盖章。

法人和其他使用票据的单位在票据上的签章，为该法人或者该单位的盖章加其法定代表人或者其授权的代理人的签章。

在票据上的签名，应当为该当事人的本名。

第八条　票据金额以中文大写和数码同时记载，二者必须一致，二者不一致的，票据无效。

第九条 票据上的记载事项必须符合本法的规定。

票据金额、日期、收款人名称不得更改，更改的票据无效。

对票据上的其他记载事项，原记载人可以更改，更改时应当由原记载人签章证明。

第十条 票据的签发、取得和转让，应当遵循诚实信用的原则，具有真实的交易关系和债权债务关系。

票据的取得，必须给付对价，即应当给付票据双方当事人认可的相对应的代价。

第十一条 因税收、继承、赠与可以依法无偿取得票据的，不受给付对价的限制。但是，所享有的票据权利不得优于其前手的权利。

前手是指在票据签章人或者持票人之前签章的其他票据债务人。

第十二条 以欺诈、偷盗或者胁迫等手段取得票据的，或者明知有前列情形，出于恶意取得票据的，不得享有票据权利。

持票人因重大过失取得不符合本法规定的票据的，也不得享有票据权利。

第十三条 票据债务人不得以自己与出票人或者与持票人的前手之间的抗辩事由，对抗持票人。但是，持票人明知存在抗辩事由而取得票据的除外。

票据债务人可以对不履行约定义务的与自己有直接债权债务关系的持票人，进行抗辩。

本法所称抗辩，是指票据债务人根据本法规定对票据债权人拒绝履行义务的行为。

第十四条 票据上的记载事项应当真实，不得伪造、变造。伪造、变造票据上的签章和其他记载事项的，应当承担法律责任。

票据上有伪造、变造的签章的，不影响票据上其他真实签章的效力。

票据上其他记载事项被变造的，在变造之前签章的人，对原记载事项负责；在变造之后签章的人，对变造之后的记载事项负责；不能辨别是在票据被变造之前或者之后签章的，视同在变造之前签章。

第十五条 票据丧失，失票人可以及时通知票据的付款人挂失止付，但是，未记载付款人或者无法确定付款人及其代理付款人的票据除外。

收到挂失止付通知的付款人，应当暂停支付。

失票人应当在通知挂失止付后三日内，也可以在票据丧失后，依法向人民法院申请公示催告，或者向人民法院提起诉讼。

第十六条 持票人对票据债务人行使票据权利，或者保全票据权利，应当在票据当事人的营业场所和营业时间内进行，票据当事人无营业场所的，应当在其住所进行。

第十七条 票据权利在下列期限内不行使而消灭：

（一）持票人对票据的出票人和承兑人的权利，自票据到期日起二年。见票即付的汇票、本票，自出票日起二年；

（二）持票人对支票出票人的权利，自出票日起六个月；

（三）持票人对前手的追索权，自被拒绝承兑或者被拒绝付款之日起六个月；

（四）持票人对前手的再追索权，自清偿日或者被提起诉讼之日起三个月。

票据的出票日、到期日由票据当事人依法确定。

第十八条 持票人因超过票据权利时效或者因票据记载事项欠缺而丧失票据权利的，仍享有民事权利，可以请求出票人或者承兑人返还其与未支付的票据金额相当的利益。

第二章 汇 票

第一节 出 票

第十九条 汇票是出票人签发的，委托付款人在见票时或者在指定日期无条件支付确定的金额给收款人或者持票人的票据。

汇票分为银行汇票和商业汇票。

第二十条 出票是指出票人签发票据并将其交付给收款人的票据行为。

第二十一条 汇票的出票人必须与付款人具有真实的委托付款关系，并且具有支付汇票金额的可靠资金来源。

不得签发无对价的汇票用以骗取银行或者其他票据当事人的资金。

第二十二条 汇票必须记载下列事项：

（一）表明"汇票"的字样；

（二）无条件支付的委托；

（三）确定的金额；

（四）付款人名称；

（五）收款人名称；

（六）出票日期；

（七）出票人签章。

汇票上未记载前款规定事项之一的，汇票无效。

第二十三条　汇票上记载付款日期、付款地、出票地等事项的，应当清楚、明确。

汇票上未记载付款日期的，为见票即付。

汇票上未记载付款地的，付款人的营业场所、住所或者经常居住地为付款地。

汇票上未记载出票地的，出票人的营业场所、住所或者经常居住地为出票地。

第二十四条　汇票上可以记载本法规定事项以外的其他出票事项，但是该记载事项不具有汇票上的效力。

第二十五条　付款日期可以按照下列形式之一记载：

（一）见票即付；

（二）定日付款；

（三）出票后定期付款；

（四）见票后定期付款。

前款规定的付款日期为汇票到期日。

第二十六条　出票人签发汇票后，即承担保证该汇票承兑和付款的责任。出票人在汇票得不到承兑或者付款时，应当向持票人清偿本法第七十条、第七十一条规定的金额和费用。

第二节　背　书

第二十七条　持票人可以将汇票权利转让给他人或者将一定的汇票权利授予他人行使。

出票人在汇票上记载"不得转让"字样的，汇票不得转让。

持票人行使第一款规定的权利时，应当背书并交付汇票。

背书是指在票据背面或者粘单上记载有关事项并签章的票据行为。

第二十八条　票据凭证不能满足背书人记载事项的需要，可以加附粘单，粘附于票据凭证上。

粘单上的第一记载人，应当在汇票和粘单的粘接处签章。

第二十九条　背书由背书人签章并记载背书日期。

背书未记载日期的，视为在汇票到期日前背书。

第三十条　汇票以背书转让或者以背书将一定的汇票权利授予他人行使时，必须记载被背书人名称。

第三十一条　以背书转让的汇票，背书应当连续。持票人以背书的连续，证明其汇票权利；非经背书转让，而以其他合法方式取得汇票的，依法举证，证明其汇票权利。

前款所称背书连续，是指在票据转让中，转让汇票的背书人与受让汇票的被背书人在汇票上的签章依次前后衔接。

第三十二条　以背书转让的汇票，后手应当对其直接前手背书的真实性负责。

后手是指在票据签章人之后签章的其他票据债务人。

第三十三条　背书不得附有条件。背书时附有条件的，所附条件不具有汇票上的效力。

将汇票金额的一部分转让的背书或者将汇票金额分别转让给二人以上的背书无效。

第三十四条　背书人在汇票上记载"不得转让"字样，其后手再背书转让的，原背书人对后手的被背书人不承担保证责任。

第三十五条　背书记载"委托收款"字样的，被背书人有权代背书人行使被委托的汇票权利。但是，被背书人不得再以背书转让汇票权利。

汇票可以设定质押；质押时应当以背书记载"质押"字样。被背书人依法实现其质权时，可以行使汇票权利。

第三十六条　汇票被拒绝承兑、被拒绝付款或者超过付款提示期限的，不得背书转让；背书转让的，背书人应当承担汇票责任。

第三十七条　背书人以背书转让汇票后，即承担保证其后手所持汇票承兑和付款的责任。背书人在汇票得不到承兑或者付款时，应当向持票人清偿本法第七十条、第七十一条规定的金额和费用。

第三节　承　兑

第三十八条　承兑是指汇票付款人承诺在汇票到期日支付汇票金额的票据行为。

第三十九条　定日付款或者出票后定期付款的汇票，持票人应当在汇票到期日前向付款人提示承兑。

提示承兑是指持票人向付款人出示汇票，并要求付款人承诺付款的行为。

第四十条　见票后定期付款的汇票，持票人应当自出票日起一个月内向付款人提示承兑。

汇票未按照规定期限提示承兑的，持票人丧失对其前手的追索权。

见票即付的汇票无需提示承兑。

第四十一条 付款人对向其提示承兑的汇票，应当自收到提示承兑的汇票之日起三日内承兑或者拒绝承兑。

付款人收到持票人提示承兑的汇票时，应当向持票人签发收到汇票的回单。回单上应当记明汇票提示承兑日期并签章。

第四十二条 付款人承兑汇票的，应当在汇票正面记载"承兑"字样和承兑日期并签章；见票后定期付款的汇票，应当在承兑时记载付款日期。

汇票上未记载承兑日期的，以前条第一款规定期限的最后一日为承兑日期。

第四十三条 付款人承兑汇票，不得附有条件；承兑附有条件的，视为拒绝承兑。

第四十四条 付款人承兑汇票后，应当承担到期付款的责任。

第四节 保 证

第四十五条 汇票的债务可以由保证人承担保证责任。

保证人由汇票债务人以外的他人担当。

第四十六条 保证人必须在汇票或者粘单上记载下列事项：

（一）表明"保证"的字样；

（二）保证人名称和住所；

（三）被保证人的名称；

（四）保证日期；

（五）保证人签章。

第四十七条 保证人在汇票或者粘单上未记载前条第（三）项的，已承兑的汇票，承兑人为被保证人；未承兑的汇票，出票人为被保证人。

保证人在汇票或者粘单上未记载前条第（四）项的，出票日期为保证日期。

第四十八条 保证不得附有条件；附有条件的，不影响对汇票的保证责任。

第四十九条 保证人对合法取得汇票的持票人所享有的汇票权利，承担保证责任。但是，被保证人的债务因汇票记载事项欠缺而无效的除外。

第五十条 被保证的汇票，保证人应当与被保证人对持票人承担连带责任。汇票到期后得不到付款的，持票人有权向保证人请求付款，保证人应当足额付款。

第五十一条 保证人为二人以上的，保证人之间承担连带责任。

第五十二条 保证人清偿汇票债务后，可以行使持票人对被保证人及其前手的追索权。

第五节　付　款

第五十三条　持票人应当按照下列期限提示付款：

（一）见票即付的汇票，自出票日起一个月内向付款人提示付款；

（二）定日付款、出票后定期付款或者见票后定期付款的汇票，自到期日起十日内向承兑人提示付款。

持票人未按照前款规定期限提示付款的，在作出说明后，承兑人或者付款人仍应当继续对持票人承担付款责任。

通过委托收款银行或者通过票据交换系统向付款人提示付款的，视同持票人提示付款。

第五十四条　持票人依照前条规定提示付款的，付款人必须在当日足额付款。

第五十五条　持票人获得付款的，应当在汇票上签收，并将汇票交给付款人。持票人委托银行收款的，受委托的银行将代收的汇票金额转账收入持票人账户，视同签收。

第五十六条　持票人委托的收款银行的责任，限于按照汇票上记载事项将汇票金额转入持票人账户。

付款人委托的付款银行的责任，限于按照汇票上记载事项从付款人账户支付汇票金额。

第五十七条　付款人及其代理付款人付款时，应当审查汇票背书的连续，并审查提示付款人的合法身份证明或者有效证件。

付款人及其代理付款人以恶意或者有重大过失付款的，应当自行承担责任。

第五十八条　对定日付款、出票后定期付款或者见票后定期付款的汇票，付款人在到期日前付款的，由付款人自行承担所产生的责任。

第五十九条　汇票金额为外币的，按照付款日的市场汇价，以人民币支付。

汇票当事人对汇票支付的货币种类另有约定的，从其约定。

第六十条　付款人依法足额付款后，全体汇票债务人的责任解除。

第六节　追索权

第六十一条　汇票到期被拒绝付款的，持票人可以对背书人、出票人以及汇票的其他债务人行使追索权。

汇票到期日前，有下列情形之一的，持票人也可以行使追索权：

（一）汇票被拒绝承兑的；

（二）承兑人或者付款人死亡、逃匿的；

（三）承兑人或者付款人被依法宣告破产的或者因违法被责令终止业务活动的。

第六十二条　持票人行使追索权时，应当提供被拒绝承兑或者被拒绝付款的有关证明。

持票人提示承兑或者提示付款被拒绝的，承兑人或者付款人必须出具拒绝证明，或者出具退票理由书。未出具拒绝证明或者退票理由书的，应当承担由此产生的民事责任。

第六十三条　持票人因承兑人或者付款人死亡、逃匿或者其他原因，不能取得拒绝证明的，可以依法取得其他有关证明。

第六十四条　承兑人或者付款人被人民法院依法宣告破产的，人民法院的有关司法文书具有拒绝证明的效力。

承兑人或者付款人因违法被责令终止业务活动的，有关行政主管部门的处罚决定具有拒绝证明的效力。

第六十五条　持票人不能出示拒绝证明、退票理由书或者未按照规定期限提供其他合法证明的，丧失对其前手的追索权。但是，承兑人或者付款人仍应当对持票人承担责任。

第六十六条　持票人应当自收到被拒绝承兑或者被拒绝付款的有关证明之日起三日内，将被拒绝事由书面通知其前手；其前手应当自收到通知之日起三日内书面通知其再前手。持票人也可以同时向各汇票债务人发出书面通知。

未按照前款规定期限通知的，持票人仍可以行使追索权。因延期通知给其前手或者出票人造成损失的，由没有按照规定期限通知的汇票当事人，承担对该损失的赔偿责任，但是所赔偿的金额以汇票金额为限。

在规定期限内将通知按照法定地址或者约定的地址邮寄的，视为已经发出通知。

第六十七条　依照前条第一款所作的书面通知，应当记明汇票的主要记载事项，并说明该汇票已被退票。

第六十八条　汇票的出票人、背书人、承兑人和保证人对持票人承担连带责任。

持票人可以不按照汇票债务人的先后顺序，对其中任何一人、数人或者全体行使追索权。

持票人对汇票债务人中的一人或者数人已经进行追索的，对其他汇票债务人仍可以行使追索权。被追索人清偿债务后，与持票人享有同一权利。

第六十九条　持票人为出票人的，对其前手无追索权。持票人为背书人的，对其后手无追索权。

第七十条　持票人行使追索权，可以请求被追索人支付下列金额和费用：

（一）被拒绝付款的汇票金额；

（二）汇票金额自到期日或者提示付款日起至清偿日止，按照中国人民银行规定的利率计算的利息；

（三）取得有关拒绝证明和发出通知书的费用。

被追索人清偿债务时，持票人应当交出汇票和有关拒绝证明，并出具所收到利息和费用的收据。

第七十一条　被追索人依照前条规定清偿后，可以向其他汇票债务人行使再追索权，请求其他汇票债务人支付下列金额和费用：

（一）已清偿的全部金额；

（二）前项金额自清偿日起至再追索清偿日止，按照中国人民银行规定的利率计算的利息；

（三）发出通知书的费用。

行使再追索权的被追索人获得清偿时，应当交出汇票和有关拒绝证明，并出具所收到利息和费用的收据。

第七十二条　被追索人依照前二条规定清偿债务后，其责任解除。

第三章　本　票

第七十三条　本票是出票人签发的，承诺自己在见票时无条件支付确定的金额给收款人或者持票人的票据。

本法所称本票，是指银行本票。

第七十四条　本票的出票人必须具有支付本票金额的可靠资金来源，并保证支付。

第七十五条　本票必须记载下列事项：

（一）表明"本票"的字样；

（二）无条件支付的承诺；

（三）确定的金额；

（四）收款人名称；

（五）出票日期；

（六）出票人签章。

本票上未记载前款规定事项之一的，本票无效。

第七十六条 本票上记载付款地、出票地等事项的，应当清楚、明确。

本票上未记载付款地的，出票人的营业场所为付款地。

本票上未记载出票地的，出票人的营业场所为出票地。

第七十七条 本票的出票人在持票人提示见票时，必须承担付款的责任。

第七十八条 本票自出票日起，付款期限最长不得超过二个月。

第七十九条 本票的持票人未按照规定期限提示见票的，丧失对出票人以外的前手的追索权。

第八十条 本票的背书、保证、付款行为和追索权的行使，除本章规定外，适用本法第二章有关汇票的规定。

本票的出票行为，除本章规定外，适用本法第二十四条关于汇票的规定。

第四章 支 票

第八十一条 支票是出票人签发的，委托办理支票存款业务的银行或者其他金融机构在见票时无条件支付确定的金额给收款人或者持票人的票据。

第八十二条 开立支票存款账户，申请人必须使用其本名，并提交证明其身份的合法证件。

开立支票存款账户和领用支票，应当有可靠的资信，并存入一定的资金。

开立支票存款账户，申请人应当预留其本名的签名式样和印鉴。

第八十三条 支票可以支取现金，也可以转账，用于转账时，应当在支票正面注明。

支票中专门用于支取现金的，可以另行制作现金支票，现金支票只能用于支取现金。

支票中专门用于转账的，可以另行制作转账支票，转账支票只能用于转账，不得支取现金。

第八十四条 支票必须记载下列事项：

（一）表明"支票"的字样；

（二）无条件支付的委托；

（三）确定的金额；

（四）付款人名称；

（五）出票日期；

（六）出票人签章。

支票上未记载前款规定事项之一的，支票无效。

第八十五条 支票上的金额可以由出票人授权补记，未补记前的支票，不得使用。

第八十六条 支票上未记载收款人名称的，经出票人授权，可以补记。

支票上未记载付款地的，付款人的营业场所为付款地。

支票上未记载出票地的，出票人的营业场所、住所或者经常居住地为出票地。出票人可以在支票上记载自己为收款人。

第八十七条 支票的出票人所签发的支票金额不得超过其付款时在付款人处实有的存款金额。

出票人签发的支票金额超过其付款时在付款人处实有的存款金额的，为空头支票。禁止签发空头支票。

第八十八条 支票的出票人不得签发与其预留本名的签名式样或者印鉴不符的支票。

第八十九条 出票人必须按照签发的支票金额承担保证向该持票人付款的责任。

出票人在付款人处的存款足以支付支票金额时，付款人应当在当日足额付款。

第九十条 支票限于见票即付，不得另行记载付款日期。另行记载付款日期的，该记载无效。

第九十一条 支票的持票人应当自出票日起十日内提示付款；异地使用的支票，其提示付款的期限由中国人民银行另行规定。

超过提示付款期限的，付款人可以不予付款；付款人不予付款的，出票人仍应当对持票人承担票据责任。

第九十二条 付款人依法支付支票金额的，对出票人不再承担受委托付款的责任，对持票人不再承担付款的责任。但是，付款人以恶意或者有重大过失付款的除外。

第九十三条 支票的背书、付款行为和追索权的行使，除本章规定外，适用本法第二章有关汇票的规定。

支票的出票行为，除本章规定外，适用本法第二十四条、第二十六条关于汇票的规定。

第五章　涉外票据的法律适用

第九十四条　涉外票据的法律适用，依照本章的规定确定。

前款所称涉外票据，是指出票、背书、承兑、保证、付款等行为中，既有发生在中华人民共和国境内又有发生在中华人民共和国境外的票据。

第九十五条　中华人民共和国缔结或者参加的国际条约同本法有不同规定的，适用国际条约的规定。但是，中华人民共和国声明保留的条款除外。

本法和中华人民共和国缔结或者参加的国际条约没有规定的，可以适用国际惯例。

第九十六条　票据债务人的民事行为能力，适用其本国法律。

票据债务人的民事行为能力，依照其本国法律为无民事行为能力或者为限制民事行为能力而依照行为地法律为完全民事行为能力的，适用行为地法律。

第九十七条　汇票、本票出票时的记载事项，适用出票地法律。

支票出票时的记载事项，适用出票地法律，经当事人协议，也可以适用付款地法律。

第九十八条　票据的背书、承兑、付款和保证行为，适用行为地法律。

第九十九条　票据追索权的行使期限，适用出票地法律。

第一百条　票据的提示期限、有关拒绝证明的方式、出具拒绝证明的期限，适用付款地法律。

第一百零一条　票据丧失时，失票人请求保全票据权利的程序，适用付款地法律。

第六章　法律责任

第一百零二条　有下列票据欺诈行为之一的，依法追究刑事责任：

（一）伪造、变造票据的；

（二）故意使用伪造、变造的票据的；

（三）签发空头支票或者故意签发与其预留的本名签名式样或者印鉴不符的支票，骗取财物的；

（四）签发无可靠资金来源的汇票、本票，骗取资金的；

（五）汇票、本票的出票人在出票时作虚假记载，骗取财物的；

（六）冒用他人的票据，或者故意使用过期或者作废的票据，骗取财物的；

（七）付款人同出票人、持票人恶意串通，实施前六项所列行为之一的。

第一百零三条　有前条所列行为之一，情节轻微，不构成犯罪的，依照国家有关规定给予行政处罚。

第一百零四条　金融机构工作人员在票据业务中玩忽职守，对违反本法规定的票据予以承兑、付款或者保证的，给予处分；造成重大损失，构成犯罪的，依法追究刑事责任。

由于金融机构工作人员因前款行为给当事人造成损失的，由该金融机构和直接责任人员依法承担赔偿责任。

第一百零五条　票据的付款人对见票即付或者到期的票据，故意压票，拖延支付的，由金融行政管理部门处以罚款，对直接责任人员给予处分。

票据的付款人故意压票，拖延支付，给持票人造成损失的，依法承担赔偿责任。

第一百零六条　依照本法规定承担赔偿责任以外的其他违反本法规定的行为，给他人造成损失的，应当依法承担民事责任。

第七章　附　则

第一百零七条　本法规定的各项期限的计算，适用民法通则关于计算期间的规定。

按月计算期限的，按到期月的对日计算；无对日的，月末日为到期日。

第一百零八条　汇票、本票、支票的格式应当统一。

票据凭证的格式和印制管理办法，由中国人民银行规定。

第一百零九条　票据管理的具体实施办法，由中国人民银行依照本法制定，报国务院批准后施行。

第一百一十条　本法自 1996 年 1 月 1 日起施行。

票据管理实施办法

1997年6月23日国务院批准，1997年8月21日中国人民银行令第2号发布，根据2011年1月8日《国务院关于废止和修改部分行政法规的决定》修订。

第一条 为了加强票据管理，维护金融秩序，根据《中华人民共和国票据法》（以下简称票据法）的规定，制定本办法。

第二条 在中华人民共和国境内的票据管理，适用本办法。

第三条 中国人民银行是票据的管理部门。

票据管理应当遵守票据法和本办法以及有关法律、行政法规的规定，不得损害票据当事人的合法权益。

第四条 票据当事人应当依法从事票据活动，行使票据权利，履行票据义务。

第五条 票据当事人应当使用中国人民银行规定的统一格式的票据。

第六条 银行汇票的出票人，为经中国人民银行批准办理银行汇票业务的银行。

第七条 银行本票的出票人，为经中国人民银行批准办理银行本票业务的银行。

第八条 商业汇票的出票人，为银行以外的企业和其他组织。

向银行申请办理汇票承兑的商业汇票的出票人，必须具备下列条件：

（一）在承兑银行开立存款账户；

（二）资信状况良好，并具有支付汇票金额的可靠资金来源。

第九条 承兑商业汇票的银行，必须具备下列条件：

（一）与出票人具有真实的委托付款关系；

（二）具有支付汇票金额的可靠资金。

第十条 向银行申请办理票据贴现的商业汇票的持票人，必须具备下列条件：

（一）在银行开立存款账户；

（二）与出票人、前手之间具有真实的交易关系和债权债务关系。

第十一条 支票的出票人，为在经中国人民银行批准办理支票存款业务的银行、城市信用合作社和农村信用合作社开立支票存款账户的企业、其他组织和个人。

第十二条　票据法所称"保证人"，是指具有代为清偿票据债务能力的法人、其他组织或者个人。

国家机关、以公益为目的的事业单位、社会团体、企业法人的分支机构和职能部门不得为保证人；但是，法律另有规定的除外。

第十三条　银行汇票上的出票人的签章、银行承兑商业汇票的签章，为该银行的汇票专用章加其法定代表人或者其授权的代理人的签名或者盖章。

银行本票上的出票人的签章，为该银行的本票专用章加其法定代表人或者其授权的代理人的签名或者盖章。

银行汇票专用章、银行本票专用章须经中国人民银行批准。

第十四条　商业汇票上的出票人的签章，为该单位的财务专用章或者公章加其法定代表人或者其授权的代理人的签名或者盖章。

第十五条　支票上的出票人的签章，出票人为单位的，为与该单位在银行预留签章一致的财务专用章或者公章加其法定代表人或者其授权的代理人的签名或者盖章；出票人为个人的，为与该个人在银行预留签章一致的签名或者盖章。

第十六条　票据法所称"本名"，是指符合法律、行政法规以及国家有关规定的身份证件上的姓名。

第十七条　出票人在票据上的签章不符合票据法和本办法规定的，票据无效；背书人、承兑人、保证人在票据上的签章不符合票据法和本办法规定的，其签章无效，但是不影响票据上其他签章的效力。

第十八条　票据法所称"代理付款人"，是指根据付款人的委托，代其支付票据金额的银行、城市信用合作社和农村信用合作社。

第十九条　票据法规定可以办理挂失止付的票据丧失的，失票人可以依照票据法的规定及时通知付款人或者代理付款人挂失止付。

失票人通知票据的付款人或者代理付款人挂失止付时，应当填写挂失止付通知书并签章。挂失止付通知书应当记载下列事项：

（一）票据丧失的时间和事由；

（二）票据种类、号码、金额、出票日期、付款日期、付款人名称、收款人名称；

（三）挂失止付人的名称、营业场所或者住所以及联系方法。

第二十条　付款人或者代理付款人收到挂失止付通知书，应当立即暂停支付。付款人或者代理付款人自收到挂失止付通知书之日起 12 日内没有收到人民法院的止付通知书的，自第 13 日起，挂失止付通知书失效。

第二十一条　付款人或者代理付款人在收到挂失止付通知书前，已经依法向持票人付款的，不再接受挂失止付。

第二十二条　申请人申请开立支票存款账户的，银行、城市信用合作社和农村信用合作社可以与申请人约定在支票上使用支付密码，作为支付支票金额的条件。

第二十三条　保证人应当依照票据法的规定，在票据或者其粘单上记载保证事项。保证人为出票人、付款人、承兑人保证的，应当在票据的正面记载保证事项；保证人为背书人保证的，应当在票据的背面或者其粘单上记载保证事项。

第二十四条　依法背书转让的票据，任何单位和个人不得冻结票据款项；但是，法律另有规定的除外。

第二十五条　票据法第五十五条所称"签收"，是指持票人在票据的正面签章，表明持票人已经获得付款。

第二十六条　通过委托收款银行或者通过票据交换系统向付款人提示付款的，持票人向银行提交票据日为提示付款日。

第二十七条　票据法第六十二条所称"拒绝证明"应当包括下列事项：

（一）被拒绝承兑、付款的票据的种类及其主要记载事项；

（二）拒绝承兑、付款的事实依据和法律依据；

（三）拒绝承兑、付款的时间；

（四）拒绝承兑人、拒绝付款人的签章。

票据法第六十二条所称"退票理由书"应当包括下列事项：

（一）所退票据的种类；

（二）退票的事实依据和法律依据；

（三）退票时间；

（四）退票人签章。

第二十八条　票据法第六十三条规定的"其他有关证明"是指：

（一）医院或者有关单位出具的承兑人、付款人死亡的证明；

（二）司法机关出具的承兑人、付款人逃匿的证明；

（三）公证机关出具的具有拒绝证明效力的文书。

第二十九条　票据法第七十条第一款第（二）项、第七十一条第一款第（二）项规定的"利率"，是指中国人民银行规定的流动资金贷款利率。

第三十条　有票据法第一百零二条所列行为之一，情节轻微，不构成

228

犯罪的，由公安机关依法予以处罚。

第三十一条　签发空头支票或者签发与其预留的签章不符的支票，不以骗取财物为目的的，由中国人民银行处以票面金额5%但不低于1000元的罚款；持票人有权要求出票人赔偿支票金额2%的赔偿金。

第三十二条　金融机构的工作人员在票据业务中玩忽职守，对违反票据法和本办法规定的票据予以承兑、付款、保证或者贴现的，对直接负责的主管人员和其他直接责任人员给予警告、记过、撤职或者开除的处分；造成重大损失，构成犯罪的，依法追究刑事责任。

第三十三条　票据的付款人对见票即付或者到期的票据，故意压票、拖延支付的，由中国人民银行处以压票、拖延支付期间内每日票据金额0.7‰的罚款；对直接负责的主管人员和其他直接责任人员给予警告、记过、撤职或者开除的处分。

第三十四条　违反中国人民银行规定，擅自印制票据的，由中国人民银行责令改正，处以1万元以上20万元以下的罚款；情节严重的，中国人民银行有权提请有关部门吊销其营业执照。

第三十五条　票据的格式、联次、颜色、规格及防伪技术要求和印制，由中国人民银行规定。

中国人民银行在确定票据格式时，可以根据少数民族地区和外国驻华使领馆的实际需要，在票据格式中增加少数民族文字或者外国文字。

第三十六条　本办法自1997年10月1日起施行。

支付结算办法

1997 年 9 月 19 日银发〔1997〕393 号公布，自 1997 年 12 月 1 日起施行，根据 2024 年 2 月 6 日《中国人民银行关于修改〈支付结算办法〉的决定》修订。

第一章　总　则

第一条　为了规范支付结算行为，保障支付结算活动中当事人的合法权益，加速资金周转和商品流通，促进社会主义市场经济的发展，依据《中华人民共和国票据法》（以下简称《票据法》）和《票据管理实施办法》以及有关法律、行政法规，制定本办法。

第二条　中华人民共和国境内人民币的支付结算适用本办法，但中国人民银行另有规定的除外。

第三条　本办法所称支付结算是指单位、个人在社会经济活动中使用票据、信用卡和汇兑、托收承付、委托收款等结算方式进行货币给付及其资金清算的行为。

第四条　支付结算工作的任务，是根据经济往来组织支付结算，准确、及时、安全办理支付结算，按照有关法律、行政法规和本办法的规定管理支付结算，保障支付结算活动的正常进行。

第五条　银行、城市信用合作社、农村信用合作社（以下简称银行）以及单位和个人（含个体工商户），办理支付结算必须遵守国家的法律、行政法规和本办法的各项规定，不得损害社会公共利益。

第六条　银行是支付结算和资金清算的中介机构。未经中国人民银行批准的非银行金融机构和其他单位不得作为中介机构经营支付结算业务。但法律、行政法规另有规定的除外。

第七条　单位、个人和银行应当按照《银行账户管理办法》的规定开立、使用账户。

第八条　在银行开立存款账户的单位和个人办理支付结算，账户内须有足够的资金保证支付，本办法另有规定的除外。没有开立存款账户的个人向银行交付款项后，也可以通过银行办理支付结算。

第九条　票据和结算凭证是办理支付结算的工具。单位、个人和银行办理支付结算，必须使用按中国人民银行统一规定印制的票据凭证和统一规定的结算凭证。

未使用按中国人民银行统一规定印制的票据，票据无效；未使用中国人民银行统一规定格式的结算凭证，银行不予受理。

第十条 单位、个人和银行签发票据、填写结算凭证，应按照本办法和附一《正确填写票据和结算凭证的基本规定》记载，单位和银行的名称应当记载全称或者规范化简称。

第十一条 票据和结算凭证上的签章，为签名、盖章或者签名加盖章。

单位、银行在票据上的签章和单位在结算凭证上的签章，为该单位、银行的盖章加其法定代表人或其授权的代理人的签名或盖章。

个人在票据和结算凭证上的签章，应为该个人本名的签名或盖章。

第十二条 票据和结算凭证的金额、出票或签发日期、收款人名称不得更改，更改的票据无效；更改的结算凭证，银行不予受理。

对票据和结算凭证上的其他记载事项，原记载人可以更改，更改时应当由原记载人在更改处签章证明。

第十三条 票据和结算凭证金额以中文大写和阿拉伯数码同时记载，二者必须一致，二者不一致的票据无效；二者不一致的结算凭证，银行不予受理。

少数民族地区和外国驻华使领馆根据实际需要，金额大写可以使用少数民族文字或者外国文字记载。

第十四条 票据和结算凭证上的签章和其他记载事项应当真实，不得伪造、变造。

票据上有伪造、变造的签章的，不影响票据上其他当事人真实签章的效力。

本条所称的伪造是指无权限人假冒他人或虚构人名义签章的行为。签章的变造属于伪造。

本条所称的变造是指无权更改票据内容的人，对票据上签章以外的记载事项加以改变的行为。

第十五条 办理支付结算需要交验的个人有效身份证件是指居民身份证、军官证、警官证、文职干部证、士兵证、户口簿、护照、港澳台同胞回乡证等符合法律、行政法规以及国家有关规定的身份证件。

第十六条 单位、个人和银行办理支付结算必须遵守下列原则：

一、恪守信用，履约付款；

二、谁的钱进谁的账，由谁支配；

三、银行不垫款。

第十七条 银行以善意且符合规定和正常操作程序审查，对伪造、变造的票据和结算凭证上的签章以及需要交验的个人有效身份证件，未发现异常而支付金额的，对出票人或付款人不再承担受委托付款的责任，对持票人或收款人不再承担付款的责任。

第十八条 依法背书转让的票据，任何单位和个人不得冻结票据款项。但是法律另有规定的除外。

第十九条 银行依法为单位、个人在银行开立的基本存款账户、一般存款账户、专用存款账户和临时存款账户的存款保密，维护其资金的自主支配权。对单位、个人在银行开立上述存款账户的存款，除国家法律、行政法规另有规定外，银行不得为任何单位或者个人查询；除国家法律另有规定外，银行不代任何单位或者个人冻结、扣款，不得停止单位、个人存款的正常支付。

第二十条 支付结算实行集中统一和分级管理相结合的管理体制。

中国人民银行总行负责制定统一的支付结算制度，组织、协调、管理、监督全国的支付结算工作，调解、处理银行之间的支付结算纠纷。

中国人民银行省、自治区、直辖市分行根据统一的支付结算制度制定实施细则，报总行备案；根据需要可以制定单项支付结算办法，报经中国人民银行总行批准后执行。中国人民银行分、支行负责组织、协调、管理、监督本辖区的支付结算工作，调解、处理本辖区银行之间的支付结算纠纷。

政策性银行、商业银行总行可以根据统一的支付结算制度，结合本行情况，制定具体管理实施办法，报经中国人民银行总行批准后执行。政策性银行、商业银行负责组织、管理、协调本行内的支付结算工作，调解、处理本行内分支机构之间的支付结算纠纷。

第二章　票　据

第一节　基本规定

第二十一条 本办法所称票据，是指银行汇票、商业汇票、银行本票和支票。

第二十二条 票据的签发、取得和转让，必须具有真实的交易关系和债权债务关系。

票据的取得，必须给付对价。但因税收、继承、赠与可以依法无偿取得票据的，不受给付对价的限制。

第二十三条　银行汇票的出票人在票据上的签章，应为经中国人民银行批准使用的该银行汇票专用章加其法定代表人或其授权经办人的签名或者盖章。银行承兑商业汇票、办理商业汇票转贴现、再贴现时的签章，应为经中国人民银行批准使用的该银行汇票专用章加其法定代表人或其授权经办人的签名或者盖章。银行本票的出票人在票据上的签章，应为经中国人民银行批准使用的该银行本票专用章加其法定代表人或其授权经办人的签名或者盖章。

单位在票据上的签章，应为该单位的财务专用章或者公章加其法定代表人或其授权的代理人的签名或者盖章。个人在票据上的签章，应为该个人的签名或者盖章。

支票的出票人和商业承兑汇票的承兑人在票据上的签章，应为其预留银行的签章。

第二十四条　出票人在票据上的签章不符合《票据法》《票据管理实施办法》和本办法规定的，票据无效；承兑人、保证人在票据上的签章不符合《票据法》《票据管理实施办法》和本办法规定的，其签章无效，但不影响其他符合规定签章的效力；背书人在票据上的签章不符合《票据法》《票据管理实施办法》和本办法规定的，其签章无效，但不影响其前手符合规定签章的效力。

第二十五条　出票人在票据上的记载事项必须符合《票据法》《票据管理实施办法》和本办法的规定。票据上可以记载《票据法》和本办法规定事项以外的其他出票事项，但是该记载事项不具有票据上的效力，银行不负审查责任。

第二十六条　区域性银行汇票仅限于出票人向本区域内的收款人出票，银行本票和支票仅限于出票人向其票据交换区域内的收款人出票。

第二十七条　票据可以背书转让，但填明"现金"字样的银行汇票、银行本票和用于支取现金的支票不得背书转让。

区域性银行汇票仅限于在本区域内背书转让。银行本票、支票仅限于在其票据交换区域内背书转让。

第二十八条　区域性银行汇票和银行本票、支票出票人向规定区域以外的收款人出票的，背书人向规定区域以外的被背书人转让票据的，区域外的银行不予受理，但出票人、背书人仍应承担票据责任。

第二十九条　票据背书转让时，由背书人在票据背面签章、记载被背书人名称和背书日期。背书未记载日期的，视为在票据到期日前背书。

持票人委托银行收款或以票据质押的，除按上款规定记载背书外，还应在背书人栏记载"委托收款"或"质押"字样。

第三十条　票据出票人在票据正面记载"不得转让"字样的，票据不得转让；其直接后手再背书转让的，出票人对其直接后手的被背书人不承担保证责任，对被背书人提示付款或委托收款的票据，银行不予受理。

票据背书人在票据背面背书人栏记载"不得转让"字样的，其后手再背书转让的，记载"不得转让"字样的背书人对其后手的被背书人不承担保证责任。

第三十一条　票据被拒绝承兑、拒绝付款或者超过付款提示期限的，不得背书转让。背书转让的，背书人应当承担票据责任。

第三十二条　背书不得附有条件。背书附有条件的，所附条件不具有票据上的效力。

第三十三条　以背书转让的票据，背书应当连续。持票人以背书的连续，证明其票据权利。非经背书转让，而以其他合法方式取得票据的，依法举证，证明其票据权利。

背书连续，是指票据第一次背书转让的背书人是票据上记载的收款人，前次背书转让的被背书人是后一次背书转让的背书人，依次前后衔接，最后一次背书转让的被背书人是票据的最后持票人。

第三十四条　票据的背书人应当在票据背面的背书栏依次背书。背书栏不敷背书的，可以使用统一格式的粘单，粘附于票据凭证上规定的粘接处。粘单上的第一记载人，应当在票据和粘单的粘接处签章。

第三十五条　银行汇票、商业汇票和银行本票的债务可以依法由保证人承担保证责任。

保证人必须按照《票据法》的规定在票据上记载保证事项。保证人为出票人、承兑人保证的，应将保证事项记载在票据的正面；保证人为背书人保证的，应将保证事项记载在票据的背面或粘单上。

第三十六条　商业汇票的持票人超过规定期限提示付款的，丧失对其前手的追索权，持票人在作出说明后，仍可以向承兑人请求付款。

银行汇票、银行本票的持票人超过规定期限提示付款的，丧失对出票人以外的前手的追索权，持票人在作出说明后，仍可以向出票人请求付款。

支票的持票人超过规定的期限提示付款的，丧失对出票人以外的前手的追索权。

第三十七条　通过委托收款银行或者通过票据交换系统向付款人或代

理付款人提示付款的，视同持票人提示付款；其提示付款日期以持票人向开户银行提交票据日为准。

付款人或代理付款人应于见票当日足额付款。

本条所称"代理付款人"是指根据付款人的委托，代理其支付票据金额的银行。

第三十八条　票据债务人对下列情况的持票人可以拒绝付款：

（一）对不履行约定义务的与自己有直接债权债务关系的持票人；

（二）以欺诈、偷盗或者胁迫等手段取得票据的持票人；

（三）对明知有欺诈、偷盗或者胁迫等情形，出于恶意取得票据的持票人；

（四）明知债务人与出票人或者持票人的前手之间存在抗辩事由而取得票据的持票人；

（五）因重大过失取得不符合《票据法》规定的票据的持票人；

（六）对取得背书不连续票据的持票人；

（七）符合《票据法》规定的其他抗辩事由。

第三十九条　票据债务人对下列情况不得拒绝付款：

（一）与出票人之间有抗辩事由；

（二）与持票人的前手之间有抗辩事由。

第四十条　票据到期被拒绝付款或者在到期前被拒绝承兑，承兑人或付款人死亡、逃匿的，承兑人或付款人被依法宣告破产的或者因违法被责令终止业务活动的，持票人可以对背书人、出票人以及票据的其他债务人行使追索权。

持票人行使追索权，应当提供被拒绝承兑或者被拒绝付款的拒绝证明或者退票理由书以及其他有关证明。

第四十一条　本办法所称"拒绝证明"应当包括下列事项：

（一）被拒绝承兑、付款的票据种类及其主要记载事项；

（二）拒绝承兑、付款的事实依据和法律依据；

（三）拒绝承兑、付款的时间；

（四）拒绝承兑人、拒绝付款人的签章。

第四十二条　本办法所称退票理由书应当包括下列事项：

（一）所退票据的种类；

（二）退票的事实依据和法律依据；

（三）退票时间；

（四）退票人签章。

第四十三条 本办法所称的其他证明是指：

（一）医院或者有关单位出具的承兑人、付款人死亡证明；

（二）司法机关出具的承兑人、付款人逃匿的证明；

（三）公证机关出具的具有拒绝证明效力的文书。

第四十四条 持票人应当自收到被拒绝承兑或者被拒绝付款的有关证明之日起3日内，将被拒绝事由书面通知其前手；其前手应当自收到通知之日起3日内书面通知其再前手。持票人也可以同时向各票据债务人发出书面通知。

未按照前款规定期限通知的，持票人仍可以行使追索权。

第四十五条 持票人可以不按照票据债务人的先后顺序，对其中任何一人、数人或者全体行使追索权。

持票人对票据债务人中的一人或者数人已经进行追索的，对其他票据债务人仍可以行使追索权。被追索人清偿债务后，与持票人享有同一权利。

第四十六条 持票人行使追索权，可以请求被追索人支付下列金额和费用：

（一）被拒绝付款的票据金额；

（二）票据金额自到期日或者提示付款日起至清偿日止按照中国人民银行规定的同档次流动资金贷款利率计算的利息。

（三）取得有关拒绝证明和发出通知书的费用。

被追索人清偿债务时，持票人应当交出票据和有关拒绝证明，并出具所收到利息和费用的收据。

第四十七条 被追索人依照前条规定清偿后，可以向其他票据债务人行使再追索权，请求其他票据债务人支付下列金额和费用：

（一）已清偿的全部金额；

（二）前项金额自清偿日起至再追索清偿日止，按照中国人民银行规定的同档次流动资金贷款利率计算的利息；

（三）发出通知书的费用。

行使再追索权的被追索人获得清偿时，应当交出票据和有关拒绝证明，并出具所收到利息和费用的收据。

第四十八条 已承兑的商业汇票、支票、填明"现金"字样和代理付款人的银行汇票以及填明"现金"字样的银行本票丧失，可以由失票人通知付款人或者代理付款人挂失止付。

未填明"现金"字样和代理付款人的银行汇票以及未填明"现金"字样的银行本票丧失，不得挂失止付。

第四十九条　允许挂失止付的票据丧失，失票人需要挂失止付的，应填写挂失止付通知书并签章。挂失止付通知书应当记载下列事项：

（一）票据丧失的时间、地点、原因；

（二）票据的种类、号码、金额、出票日期、付款日期、付款人名称、收款人名称；

（三）挂失止付人的姓名、营业场所或者住所以及联系方法。

欠缺上述记载事项之一的，银行不予受理。

第五十条　付款人或者代理付款人收到挂失止付通知书后，查明挂失票据确未付款时，应立即暂停支付。付款人或者代理付款人自收到挂失止付通知书之日起 12 日内没有收到人民法院的止付通知书的，自第 13 日起，持票人提示付款并依法向持票人付款的，不再承担责任。

第五十一条　付款人或者代理付款人在收到挂失止付通知书之前，已经向持票人付款的，不再承担责任。但是，付款人或者代理付款人以恶意或者重大过失付款的除外。

第五十二条　银行汇票的付款地为代理付款人或出票人所在地，银行本票的付款地为出票人所在地，商业汇票的付款地为承兑人所在地，支票的付款地为付款人所在地。

第二节　银行汇票

第五十三条　银行汇票是出票银行签发的，由其在见票时按照实际结算金额无条件支付给收款人或者持票人的票据。

银行汇票的出票银行为银行汇票的付款人。

第五十四条　单位和个人各种款项结算，均可使用银行汇票。

银行汇票可以用于转账，填明"现金"字样的银行汇票也可以用于支取现金。

第五十五条　银行汇票的出票和付款，全国范围限于中国人民银行和各商业银行参加"全国联行往来"的银行机构办理。跨系统银行签发的转账银行汇票的付款，应通过同城票据交换将银行汇票和解讫通知提交给同城的有关银行审核支付后抵用。代理付款人不得受理未在本行开立存款账户的持票人为单位直接提交的银行汇票。省、自治区、直辖市内和跨省、市的经济区域内银行汇票的出票和付款，按照有关规定办理。

银行汇票的代理付款人是代理本系统出票银行或跨系统签约银行审核

支付汇票款项的银行。

第五十六条 签发银行汇票必须记载下列事项：

（一）表明"银行汇票"的字样；

（二）无条件支付的承诺；

（三）出票金额；

（四）付款人名称；

（五）收款人名称；

（六）出票日期；

（七）出票人签章。

欠缺记载上列事项之一的，银行汇票无效。

第五十七条 银行汇票的提示付款期限自出票日起 1 个月。

持票人超过付款期限提示付款的，代理付款人不予受理。

第五十八条 申请人使用银行汇票，应向出票银行填写"银行汇票申请书"，填明收款人名称、汇票金额、申请人名称、申请日期等事项并签章，签章为其预留银行的签章。

申请人和收款人均为个人，需要使用银行汇票向代理付款人支取现金的，申请人须在"银行汇票申请书"上填明代理付款人名称，在"汇票金额"栏先填写"现金"字样，后填写汇票金额。

申请人或者收款人为单位的，不得在"银行汇票申请书"上填明"现金"字样。

第五十九条 出票银行受理银行汇票申请书，收妥款项后签发银行汇票，并用压数机压印出票金额，将银行汇票和解讫通知一并交给申请人。

签发转账银行汇票，不得填写代理付款人名称，但由人民银行代理兑付银行汇票的商业银行，向设有分支机构地区签发转账银行汇票的除外。

签发现金银行汇票，申请人和收款人必须均为个人，收妥申请人交存的现金后，在银行汇票"出票金额"栏先填写"现金"字样，后填写出票金额，并填写代理付款人名称。申请人或者收款人为单位的，银行不得为其签发现金银行汇票。

第六十条 申请人应将银行汇票和解讫通知一并交付给汇票上记明的收款人。

收款人受理银行汇票时，应审查下列事项：

（一）银行汇票和解讫通知是否齐全、汇票号码和记载的内容是否一致；

（二）收款人是否确为本单位或本人；

（三）银行汇票是否在提示付款期限内；

（四）必须记载的事项是否齐全；

（五）出票人签章是否符合规定，是否有压数机压印的出票金额，并与大写出票金额一致；

（六）出票金额、出票日期、收款人名称是否更改，更改的其他记载事项是否由原记载人签章证明。

第六十一条　收款人受理申请人交付的银行汇票时，应在出票金额以内，根据实际需要的款项办理结算，并将实际结算金额和多余金额准确、清晰地填入银行汇票和解讫通知的有关栏内。未填明实际结算金额和多余金额或实际结算金额超过出票金额的，银行不予受理。

第六十二条　银行汇票的实际结算金额不得更改，更改实际结算金额的银行汇票无效。

第六十三条　收款人可以将银行汇票背书转让给被背书人。

银行汇票的背书转让以不超过出票金额的实际结算金额为准。未填写实际结算金额或实际结算金额超过出票金额的银行汇票不得背书转让。

第六十四条　被背书人受理银行汇票时，除按照第六十条的规定审查外，还应审查下列事项：

（一）银行汇票是否记载实际结算金额，有无更改，其金额是否超过出票金额；

（二）背书是否连续，背书人签章是否符合规定，背书使用粘单的是否按规定签章；

（三）背书人为个人的身份证件。

第六十五条　持票人向银行提示付款时，必须同时提交银行汇票和解讫通知，缺少任何一联，银行不予受理。

第六十六条　在银行开立存款账户的持票人向开户银行提示付款时，应在汇票背面"持票人向银行提示付款签章"处签章，签章须与预留银行签章相同，并将银行汇票和解讫通知、进账单送交开户银行。银行审查无误后办理转账。

第六十七条　未在银行开立存款账户的个人持票人，可以向选择的任何一家银行机构提示付款。提示付款时，应在汇票背面"持票人向银行提示付款签章"处签章，并填明本人身份证件名称、号码及发证机关，由其本人向银行提交身份证件及其复印件。银行审核无误后，将其身份证件复印件留存备查，并以持票人的姓名开立应解汇款及临时存款账户，该账户只付不收，付完清户，不计付利息。

转账支付的，应由原持票人向银行填制支款凭证，并由本人交验其身份证件办理支付款项。该账户的款项只能转入单位或个体工商户的存款账户，严禁转入储蓄和信用卡账户。

支取现金的，银行汇票上必须有出票银行按规定填明的"现金"字样，才能办理。未填明"现金"字样，需要支取现金的，由银行按照国家现金管理规定审查支付。

持票人对填明"现金"字样的银行汇票，需要委托他人向银行提示付款的，应在银行汇票背面背书栏签章，记载"委托收款"字样、被委托人姓名和背书日期以及委托人身份证件名称、号码、发证机关。被委托人向银行提示付款时，也应在银行汇票背面"持票人向银行提示付款签章"处签章，记载证件名称、号码及发证机关，并同时向银行交验委托人和被委托人的身份证件及其复印件。

第六十八条 银行汇票的实际结算金额低于出票金额的，其多余金额由出票银行退交申请人。

第六十九条 持票人超过期限向代理付款银行提示付款不获付款的，须在票据权利时效内向出票银行作出说明，并提供本人身份证件或单位证明，持银行汇票和解讫通知向出票银行请求付款。

第七十条 申请人因银行汇票超过付款提示期限或其他原因要求退款时，应将银行汇票和解讫通知同时提交到出票银行。申请人为单位的，应出具该单位的证明；申请人为个人的，应出具该本人的身份证件。对于代理付款银行查询的该张银行汇票，应在汇票提示付款期满后方能办理退款。出票银行对于转账银行汇票的退款，只能转入原申请人账户；对于符合规定填明"现金"字样银行汇票的退款，才能退付现金。

申请人缺少解讫通知要求退款的，出票银行应于银行汇票提示付款期满一个月后办理。

第七十一条 银行汇票丧失，失票人可以凭人民法院出具的其享有票据权利的证明，向出票银行请求付款或退款。

第三节 商业汇票

第七十二条 商业汇票是出票人签发的，委托付款人在指定日期无条件支付确定的金额给收款人或者持票人的票据。

第七十三条 商业汇票分为商业承兑汇票和银行承兑汇票。

商业承兑汇票由银行以外的付款人承兑。

银行承兑汇票由银行承兑。

商业汇票的付款人为承兑人。

第七十四条　在银行开立存款账户的法人以及其他组织之间，必须具有真实的交易关系或债权债务关系，才能使用商业汇票。

第七十五条　商业承兑汇票的出票人，为在银行开立存款账户的法人以及其他组织，与付款人具有真实的委托付款关系，具有支付汇票金额的可靠资金来源。

第七十六条　银行承兑汇票的出票人必须具备下列条件：

（一）在承兑银行开立存款账户的法人以及其他组织；

（二）与承兑银行具有真实的委托付款关系；

（三）资信状况良好，具有支付汇票金额的可靠资金来源。

第七十七条　出票人不得签发无对价的商业汇票用以骗取银行或者其他票据当事人的资金。

第七十八条　签发商业汇票必须记载下列事项：

（一）表明"商业承兑汇票"或"银行承兑汇票"的字样；

（二）无条件支付的委托；

（三）确定的金额；

（四）付款人名称；

（五）收款人名称；

（六）出票日期；

（七）出票人签章。

欠缺记载上列事项之一的，商业汇票无效。

第七十九条　商业承兑汇票可以由付款人签发并承兑，也可以由收款人签发交由付款人承兑。

银行承兑汇票应由在承兑银行开立存款账户的存款人签发。

第八十条　商业汇票可以在出票时向付款人提示承兑后使用，也可以在出票后先使用再向付款人提示承兑。

定日付款或者出票后定期付款的商业汇票，持票人应当在汇票到期日前向付款人提示承兑。见票后定期付款的汇票，持票人应当自出票日起 1 个月内向付款人提示承兑。

汇票未按照规定期限提示承兑的，持票人丧失对其前手的追索权。

第八十一条　商业汇票的付款人接到出票人或持票人向其提示承兑的

汇票时，应当向出票人或持票人签发收到汇票的回单，记明汇票提示承兑日期并签章。付款人应当在自收到提示承兑的汇票之日起 3 日内承兑或者拒绝承兑。

付款人拒绝承兑的，必须出具拒绝承兑的证明。

第八十二条 商业汇票的承兑银行，必须具备下列条件：

（一）与出票人具有真实的委托付款关系；

（二）具有支付汇票金额的可靠资金；

（三）内部管理完善，经其法人授权的银行审定。

第八十三条 银行承兑汇票的出票人或持票人向银行提示承兑时，银行的信贷部门负责按照有关规定和审批程序，对出票人的资格、资信、购销合同和汇票记载的内容进行认真审查，必要时可由出票人提供担保。符合规定和承兑条件的，与出票人签订承兑协议。

第八十四条 付款人承兑商业汇票，应当在汇票正面记载"承兑"字样和承兑日期并签章。

第八十五条 付款人承兑商业汇票，不得附有条件；承兑附有条件的，视为拒绝承兑。

第八十六条 银行承兑汇票的承兑银行，应按票面金额向出票人收取万分之五的手续费。

第八十七条 商业汇票的付款期限，最长不得超过 6 个月。

定日付款的汇票付款期限自出票日起计算，并在汇票上记载具体的到期日。

出票后定期付款的汇票付款期限自出票日起按月计算，并在汇票上记载。

见票后定期付款的汇票付款期限自承兑或拒绝承兑日起按月计算，并在汇票上记载。

第八十八条 商业汇票的提示付款期限，自汇票到期日起 10 日。

持票人应在提示付款期限内通过开户银行委托收款或直接向付款人提示付款。对异地委托收款的，持票人可匡算邮程，提前通过开户银行委托收款。持票人超过提示付款期限提示付款的，持票人开户银行不予受理。

第八十九条 商业承兑汇票的付款人开户银行收到通过委托收款寄来的商业承兑汇票，将商业承兑汇票留存，并及时通知付款人。

（一）付款人收到开户银行的付款通知，应在当日通知银行付款。付款人在接到通知日的次日起 3 日内（遇法定休假日顺延，下同）未通知银行付款的，视同付款人承诺付款，银行应于付款人接到通知日的次日起第 4 日（法定休假日顺延，下同）上午开始营业时，将票款划给持票人。

付款人提前收到由其承兑的商业汇票，应通知银行于汇票到期日付款。付款人在接到通知日的次日起 3 日内未通知银行付款，付款人接到通知日的次日起第 4 日在汇票到期日之前的，银行应于汇票到期日将票款划给持票人。

（二）银行在办理划款时，付款人存款账户不足支付的，应填制付款人未付票款通知书，连同商业承兑汇票邮寄持票人开户银行转交持票人。

（三）付款人存在合法抗辩事由拒绝支付的，应自接到通知日的次日起 3 日内，作成拒绝付款证明送交开户银行，银行将拒绝付款证明和商业承兑汇票邮寄持票人开户银行转交持票人。

第九十条　银行承兑汇票的出票人应于汇票到期前将票款足额交存其开户银行。承兑银行应在汇票到期日或到期日后的见票当日支付票款。

承兑银行存在合法抗辩事由拒绝支付的，应自接到商业汇票的次日起 3 日内，作成拒绝付款证明，连同商业银行承兑汇票邮寄持票人开户银行转交持票人。

第九十一条　银行承兑汇票的出票人于汇票到期日未能足额交存票款时，承兑银行除凭票向持票人无条件付款外，对出票人尚未支付的汇票金额按照每天万分之五计收利息。

第九十二条　商业汇票的持票人向银行办理贴现必须具备下列条件：

（一）在银行开立存款账户的企业法人以及其他组织；

（二）与出票人或者直接前手之间具有真实的商品交易关系；

（三）提供与其直接前手之间的增值税发票和商品发运单据复印件。

第九十三条　符合条件的商业汇票的持票人可持未到期的商业汇票连同贴现凭证向银行申请贴现。贴现银行可持未到期的商业汇票向其他银行转贴现，也可向中国人民银行申请再贴现。贴现、转贴现、再贴现时，应作成转让背书，并提供贴现申请人与其直接前手之间的增值税发票和商品发运单据复印件。

第九十四条　贴现、转贴现和再贴现的期限从其贴现之日起至汇票到期日止。实付贴现金额按票面金额扣除贴现日至汇票到期前 1 日的利息计算。

承兑人在异地的，贴现、转贴现和再贴现的期限以及贴现利息的计算应另加 3 天的划款日期。

第九十五条 贴现、转贴现、再贴现到期，贴现、转贴现、再贴现银行应向付款人收取票款。不获付款的，贴现、转贴现、再贴现银行应向其前手追索票款。贴现、再贴现银行追索票款时可从申请人的存款账户收取票款。

第九十六条 存款人领购商业汇票，必须填写"票据和结算凭证领用单"并签章，签章应与预留银行的签章相符。存款账户结清时，必须将全部剩余空白商业汇票交回银行注销。

第四节 银行本票

第九十七条 银行本票是银行签发的，承诺自己在见票时无条件支付确定的金额给收款人或者持票人的票据。

第九十八条 单位和个人在同一票据交换区域需要支付各种款项，均可以使用银行本票。

银行本票可以用于转账，注明"现金"字样的银行本票可以用于支取现金。

第九十九条 银行本票分为不定额本票和定额本票两种。

第一百条 银行本票的出票人，为经中国人民银行当地分支行批准办理银行本票业务的银行机构。

第一百零一条 签发银行本票必须记载下列事项：

（一）表明"银行本票"的字样；

（二）无条件支付的承诺；

（三）确定的金额；

（四）收款人名称；

（五）出票日期；

（六）出票人签章。

欠缺记载上列事项之一的，银行本票无效。

第一百零二条 定额银行本票面额为1千元、5千元、1万元和5万元。

第一百零三条 银行本票的提示付款期限自出票日起最长不得超过2个月。

持票人超过付款期限提示付款的，代理付款人不予受理。

银行本票的代理付款人是代理出票银行审核支付银行本票款项的银行。

第一百零四条 申请人使用银行本票，应向银行填写"银行本票申请书"，填明收款人名称、申请人名称、支付金额、申请日期等事项并签章。申请人和收款人均为个人需要支取现金的，应在"支付金额"栏先填写

"现金"字样，后填写支付金额。

申请人或收款人为单位的，不得申请签发现金银行本票。

第一百零五条　出票银行受理银行本票申请书，收妥款项签发银行本票。用于转账的，在银行本票上划去"现金"字样；申请人和收款人均为个人需要支取现金的，在银行本票上划去"转账"字样。不定额银行本票用压数机压印出票金额。出票银行在银行本票上签章后交给申请人。

申请人或收款人为单位的，银行不得为其签发现金银行本票。

第一百零六条　申请人应将银行本票交付给本票上记明的收款人。

收款人受理银行本票时，应审查下列事项：

（一）收款人是否确为本单位或本人；

（二）银行本票是否在提示付款期限内；

（三）必须记载的事项是否齐全；

（四）出票人签章是否符合规定，不定额银行本票是否有压数机压印的出票金额，并与大写出票金额一致；

（五）出票金额、出票日期、收款人名称是否更改，更改的其他记载事项是否由原记载人签章证明。

第一百零七条　收款人可以将银行本票背书转让给被背书人。

被背书人受理银行本票时，除按照第一百零六条的规定审查外，还应审查下列事项：

（一）背书是否连续，背书人签章是否符合规定，背书使用粘单的是否按规定签章；

（二）背书人为个人的身份证件。

第一百零八条　银行本票见票即付。跨系统银行本票的兑付，持票人开户银行可根据中国人民银行规定的金融机构同业往来利率向出票银行收取利息。

第一百零九条　在银行开立存款账户的持票人向开户银行提示付款时，应在银行本票背面"持票人向银行提示付款签章"处签章，签章须与预留银行签章相同，并将银行本票、进账单送交开户银行。银行审查无误后办理转账。

第一百一十条　未在银行开立存款账户的个人持票人，凭注明"现金"字样的银行本票向出票银行支取现金的，应在银行本票背面签章，记载本人身份证件名称、号码及发证机关，并交验本人身份证件及其复印件。

持票人对注明"现金"字样的银行本票需要委托他人向出票银行提示

付款的，应在银行本票背面"持票人向银行提示付款签章"处签章，记载"委托收款"字样、被委托人姓名和背书日期以及委托人身份证件名称、号码、发证机关。被委托人向出票银行提示付款时，也应在银行本票背面"持票人向银行提示付款签章"处签章，记载证件名称、号码及发证机关，并同时交验委托人和被委托人的身份证件及其复印件。

第一百一十一条　持票人超过提示付款期限不获付款的，在票据权利时效内向出票银行作出说明，并提供本人身份证件或单位证明，可持银行本票向出票银行请求付款。

第一百一十二条　申请人因银行本票超过提示付款期限或其他原因要求退款时，应将银行本票提交到出票银行，申请人为单位的，应出具该单位的证明；申请人为个人的，应出具该本人的身份证件。出票银行对于在本行开立存款账户的申请人，只能将款项转入原申请人账户；对于现金银行本票和未在本行开立存款账户的申请人，才能退付现金。

第一百一十三条　银行本票丧失，失票人可以凭人民法院出具的其享有票据权利的证明，向出票银行请求付款或退款。

第五节　支　票

第一百一十四条　支票是出票人签发的，委托办理支票存款业务的银行在见票时无条件支付确定的金额给收款人或者持票人的票据。

第一百一十五条　支票上印有"现金"字样的为现金支票，现金支票只能用于支取现金。

支票上印有"转账"字样的为转账支票，转账支票只能用于转账。

支票上未印有"现金"或"转账"字样的为普通支票，普通支票可以用于支取现金，也可以用于转账。在普通支票左上角划两条平行线的，为划线支票，划线支票只能用于转账，不得支取现金。

第一百一十六条　单位和个人在同一票据交换区域的各种款项结算，均可以使用支票。

第一百一十七条　支票的出票人，为在经中国人民银行当地分支行批准办理支票业务的银行机构开立可以使用支票的存款账户的单位和个人。

第一百一十八条　签发支票必须记载下列事项：

（一）表明"支票"的字样；

（二）无条件支付的委托；

（三）确定的金额；

（四）付款人名称；

（五）出票日期；

（六）出票人签章。

欠缺记载上列事项之一的，支票无效。

支票的付款人为支票上记载的出票人开户银行。

第一百一十九条　支票的金额、收款人名称，可以由出票人授权补记。未补记前不得背书转让和提示付款。

第一百二十条　签发支票应使用碳素墨水或墨汁填写，中国人民银行另有规定的除外。

第一百二十一条　签发现金支票和用于支取现金的普通支票，必须符合国家现金管理的规定。

第一百二十二条　支票的出票人签发支票的金额不得超过付款时在付款人处实有的存款金额。禁止签发空头支票。

第一百二十三条　支票的出票人预留银行签章是银行审核支票付款的依据。银行也可以与出票人约定使用支付密码，作为银行审核支付支票金额的条件。

第一百二十四条　出票人不得签发与其预留银行签章不符的支票；使用支付密码的，出票人不得签发支付密码错误的支票。

第一百二十五条　支票的提示付款期限自出票日起 10 日，但中国人民银行另有规定的除外。超过提示付款期限提示付款的，持票人开户银行不予受理，付款人不予付款。

第一百二十六条　持票人可以委托开户银行收款或直接向付款人提示付款。用于支取现金的支票仅限于收款人向付款人提示付款。

持票人委托开户银行收款的支票，银行应通过票据交换系统收妥后入账。

持票人委托开户银行收款时，应作委托收款背书，在支票背面背书人签章栏签章、记载"委托收款"字样、背书日期，在被背书人栏记载开户银行名称，并将支票和填制的进账单送交开户银行。持票人持用于转账的支票向付款人提示付款时，应在支票背面背书人签章栏签章，并将支票和填制的进账单交送出票人开户银行。收款人持用于支取现金的支票向付款人提示付款时，应在支票背面"收款人签章"处签章，持票人为个人的，还需交验本人身份证件，并在支票背面注明证件名称、号码及发证机关。

第一百二十七条　出票人在付款人处的存款足以支付支票金额时，付款人应当在见票当日足额付款。

第一百二十八条 存款人领购支票，必须填写"票据和结算凭证领用单"并签章，签章应与预留银行的签章相符。存款账户结清时，必须将全部剩余空白支票交回银行注销。

第三章 信用卡

第一百二十九条 信用卡是指商业银行向个人和单位发行的，凭以向特约单位购物、消费和向银行存取现金，且具有消费信用的特制载体卡片。

第一百三十条 信用卡按使用对象分为单位卡和个人卡；按信誉等级分为金卡和普通卡。

第一百三十一条 商业银行（包括外资银行、合资银行）、非银行金融机构未经中国人民银行批准不得发行信用卡。

非金融机构、境外金融机构的驻华代表机构不得发行信用卡和代理收单结算业务。

第一百三十二条 申请发行信用卡的银行、非银行金融机构，必须具备下列条件：

（一）符合中国人民银行颁布的商业银行资产负债比例监控指标；

（二）相应的管理机构；

（三）合格的管理人员和技术人员；

（四）健全的管理制度和安全制度；

（五）必要的电信设备和营业场所；

（六）中国人民银行规定的其它条件。

第一百三十三条 商业银行、非银行金融机构开办信用卡业务须报经中国人民银行总行批准；其所属分、支机构开办信用卡业务，须报经辖区内中国人民银行分、支行备案。

第一百三十四条 凡在中国境内金融机构开立基本存款账户的单位可申领单位卡。单位卡可申领若干张，持卡人资格由申领单位法定代表人或其委托的代理人书面指定和注销。

凡具有完全民事行为能力的公民可申领个人卡。个人卡的主卡持卡人可为其配偶及年满 18 周岁的亲属申领附属卡，申领的附属卡最多不得超过两张，也有权要求注销其附属卡。

第一百三十五条 单位或个人申领信用卡，应按规定填制申请表，连同有关资料一并送交发卡银行。符合条件并按银行要求交存一定金额的备用金后，银行为申领人开立信用卡存款账户，并发给信用卡。

第一百三十六条　单位卡账户的资金一律从其基本存款账户转账存入，不得交存现金，不得将销货收入的款项存入其账户。

个人卡账户的资金以其持有的现金存入或以其工资性款项及属于个人的劳务报酬收入转账存入。严禁将单位的款项存入个人卡账户。

第一百三十七条　发卡银行可根据申请人的资信程度，要求其提供担保。担保的方式可采用保证、抵押或质押。

第一百三十八条　信用卡备用金存款利息，按照中国人民银行规定的活期存款利率及计息办法计算。

第一百三十九条　信用卡仅限于合法持卡人本人使用，持卡人不得出租或转借信用卡。

第一百四十条　发卡银行应建立授权审批制度；信用卡结算超过规定限额的必须取得发卡银行的授权。

第一百四十一条　持卡人可持信用卡在特约单位购物、消费。单位卡不得用于 10 万元以上的商品交易、劳务供应款项的结算。

第一百四十二条　持卡人凭卡购物、消费时，需将信用卡和身份证件一并交特约单位。智能卡（下称 IC 卡）、照片卡可免验身份证件。

特约单位不得拒绝受理持卡人合法持有的、签约银行发行的有效信用卡，不得因持卡人使用信用卡而向其收取附加费用。

第一百四十三条　特约单位受理信用卡时，应审查下列事项：

（一）确为本单位可受理的信用卡；

（二）信用卡在有效期内，未列入"止付名单"；

（三）签名条上没有"样卡"或"专用卡"等非正常签名的字样；

（四）信用卡无打孔、剪角、毁坏或涂改的痕迹；

（五）持卡人身份证件或卡片上的照片与持卡人相符，但使用 IC 卡、照片卡或持卡人凭密码在销售点终端上消费、购物，可免验身份证件（下同）；

（六）卡片正面的拼音姓名与卡片背面的签名和身份证件上的姓名一致。

第一百四十四条　特约单位受理信用卡审查无误的，在签购单上压卡，填写实际结算金额、用途、持卡人身份证件号码、特约单位名称和编号。如超过支付限额的，应向发卡银行索权并填写授权号码，交持卡人签名确认，同时核对其签名与卡片背面签名是否一致。无误后，对同意按经办人填写的金额和用途付款的，由持卡人在签购单上签名确认，并将信用卡、身份证件和第一联签购单交还给持卡人。

审查发现问题的，应及时与签约银行联系，征求处理意见。对止付的信用卡，应收回并交还发卡银行。

第一百四十五条　特约单位不得通过压卡、签单和退货等方式支付持卡人现金。

第一百四十六条　特约单位在每日营业终了，应将当日受理的信用卡签购单汇总，计算手续费和净计金额，并填写汇（总）计单和进账单，连同签购单一并送交收单银行办理进账。

第一百四十七条　收单银行接到特约单位送交的各种单据，经审查无误后，为特约单位办理进账。

第一百四十八条　持卡人要求退货的，特约单位应使用退货单办理压（刷）卡，并将退货单金额从当日签购单累计金额中抵减，退货单随签购单一并送交收单银行。

第一百四十九条　单位卡一律不得支取现金。

第一百五十条　个人卡持卡人在银行支取现金时，应将信用卡和身份证件一并交发卡银行或代理银行。IC 卡、照片卡以及凭密码在 POS 上支取现金的可免验身份证件。

发卡银行或代理银行压（刷）卡后，填写取现单，经审查无误，交持卡人签名确认。超过支付限额的，代理银行应向发卡银行索权，并在取现单上填写授权号码。办理付款手续后，将现金、信用卡、身份证件和取现单回单联交给持卡人。

第一百五十一条　发卡银行收到代理银行通过同城票据交换或本系统联行划转的各种单据审核无误后办理付款。

第一百五十二条　信用卡透支额，金卡最高不得超过 1 万元，普通卡最高不得超过 5 千元。

信用卡透支期限最长为 60 天。

第一百五十三条　信用卡透支利息，自签单日或银行记账日起 15 日内按日息万分之五计算，超过 15 日按日息万分之十计算，超过 30 日或透支金额超过规定限额的，按日息万分之十五计算。透支计息不分段，按最后期限或者最高透支额的最高利率档次计息。

第一百五十四条　持卡人使用信用卡不得发生恶意透支。

恶意透支是指持卡人超过规定限额或规定期限，并且经发卡银行催收无效的透支行为。

第一百五十五条　单位卡在使用过程中，需要向其账户续存资金的，一律从其基本存款账户转账存入。

个人卡在使用过程中，需要向其账户续存资金的，只限于其持有的现金存入和工资性款项以及属于个人的劳务报酬收入转账存入。

第一百五十六条　个人卡持卡人或其代理人交存现金，应在发卡银行或其代理银行办理。

持卡人凭信用卡在发卡银行或代理银行交存现金的，银行经审查并收妥现金后，在存款单上压卡，将存款单回单联及信用卡交给持卡人。

持卡人委托他人在不压卡的情况下代为办理交存现金的，代理人应在信用卡存款单上填写持卡人的卡号、姓名、存款金额等内容，并将现金送交银行办理交存手续。

第一百五十七条　发卡银行收到代理银行通过同城票据交换或本系统联行划转的各种单据审核无误后，为持卡人办理收款。

第一百五十八条　持卡人不需要继续使用信用卡的，应持信用卡主动到发卡银行办理销户。

销户时，单位卡账户余额转入其基本存款账户，不得提取现金；个人卡账户可以转账结清，也可以提取现金。

第一百五十九条　持卡人还清透支本息后，属于下列情况之一的，可以办理销户：

（一）信用卡有效期满 45 天后，持卡人不更换新卡的；

（二）信用卡挂失满 45 天后，没有附属卡又不更换新卡的；

（三）信用卡被列入止付名单，发卡银行已收回其信用卡 45 天的；

（四）持卡人死亡，发卡银行已收回其信用卡 45 天的；

（五）持卡人要求销户或担保人撤销担保，并已交回全部信用卡 45 天的；

（六）信用卡账户两年（含）以上未发生交易的；

（七）持卡人违反其他规定，发卡银行认为应该取消资格的。

发卡银行办理销户，应当收回信用卡。有效信用卡无法收回的，应当将其止付。

第一百六十条　信用卡丧失，持卡人应立即持本人身份证件或其它有效证明，并按规定提供有关情况，向发卡银行或代办银行申请挂失。发卡银行或代办银行审核后办理挂失手续。

第四章 结算方式

第一节 基本规定

第一百六十一条 本办法所称结算方式，是指汇兑、托收承付和委托收款。

第一百六十二条 单位在结算凭证上的签章，应为该单位的财务专用章或者公章加其法定代表人或者其授权的代理人的签名或者盖章。

第一百六十三条 银行办理结算，给单位或个人的收、付款通知和汇兑回单，应加盖该银行的转讫章；银行给单位或个人的托收承付、委托收款的回单和向付款人发出的承付通知，应加盖该银行的业务公章。

第一百六十四条 结算凭证上的记载事项，必须符合本办法的规定。结算凭证上可以记载本办法规定以外的其他记载事项，除国家和中国人民银行另有规定外，该记载事项不具有支付结算的效力。

第一百六十五条 按照本办法的规定必须在结算凭证上记载汇款人、付款人和收款人账号的，账号与户名必须一致。

第一百六十六条 银行办理结算向外发出的结算凭证，必须于当日至迟次日寄发；收到的结算凭证，必须及时将款项支付给结算凭证上记载的收款人。

第二节 汇 兑

第一百六十七条 汇兑是汇款人委托银行将其款项支付给收款人的结算方式。

第一百六十八条 单位和个人的各种款项的结算，均可使用汇兑结算方式。

第一百六十九条 汇兑分为信汇、电汇两种，由汇款人选择使用。

第一百七十条 签发汇兑凭证必须记载下列事项：

（一）表明"信汇"或"电汇"的字样；

（二）无条件支付的委托；

（三）确定的金额；

（四）收款人名称；

（五）汇款人名称；

（六）汇入地点、汇入行名称；

（七）汇出地点、汇出行名称；

（八）委托日期；

（九）汇款人签章。

汇兑凭证上欠缺上列记载事项之一的，银行不予受理。

汇兑凭证记载的汇款人名称、收款人名称，其在银行开立存款账户的，必须记载其账号。欠缺记载的，银行不予受理。

委托日期是指汇款人向汇出银行提交汇兑凭证的当日。

第一百七十一条　汇兑凭证上记载收款人为个人的，收款人需要到汇入银行领取汇款，汇款人应在汇兑凭证上注明"留行待取"字样；留行待取的汇款，需要指定单位的收款人领取汇款的，应注明收款人的单位名称；信汇凭收款人签章支取的，应在信汇凭证上预留其签章。

汇款人确定不得转汇的，应在汇兑凭证备注栏注明"不得转汇"字样。

第一百七十二条　汇款人和收款人均为个人，需要在汇入银行支取现金的，应在信、电汇凭证的"汇款金额"大写栏，先填写"现金"字样，后填写汇款金额。

第一百七十三条　汇出银行受理汇款人签发的汇兑凭证，经审查无误后，应及时向汇入银行办理汇款，并向汇款人签发汇款回单。

汇款回单只能作为汇出银行受理汇款的依据，不能作为该笔汇款已转入收款人账户的证明。

第一百七十四条　汇入银行对开立存款账户的收款人，应将汇给其的款项直接转入收款人账户，并向其发出收账通知。

收账通知是银行将款项确已收入收款人账户的凭据。

第一百七十五条　未在银行开立存款账户的收款人，凭信、电汇的取款通知或"留行待取"的，向汇入银行支取款项，必须交验本人的身份证件，在信、电汇凭证上注明证件名称、号码及发证机关，并在"收款人签盖章"处签章；信汇凭签章支取的，收款人的签章必须与预留信汇凭证上的签章相符。银行审查无误后，以收款人的姓名开立应解汇款及临时存款账户，该账户只付不收，付完清户，不计付利息。

支取现金的，信、电汇凭证上必须有按规定填明的"现金"字样，才能办理。未填明"现金"字样，需要支取现金的，由汇入银行按照国家现金管理规定审查支付。

收款人需要委托他人向汇入银行支取款项的，应在取款通知上签章，注明本人身份证件名称、号码、发证机关和"代理"字样以及代理人姓名。代理人代理取款时，也应在取款通知上签章，注明其身份证件名称、号码及发证机关，并同时交验代理人和被代理人的身份证件。

转账支付的，应由原收款人向银行填制支款凭证，并由本人交验其身份证件办理支付款项。该账户的款项只能转入单位或个体工商户的存款账户，严禁转入储蓄和信用卡账户。

转汇的，应由原收款人向银行填制信、电汇凭证，并由本人交验其身份证件。转汇的收款人必须是原收款人。原汇入银行必须在信、电汇凭证上加盖"转汇"戳记。

第一百七十六条　汇款人对汇出银行尚未汇出的款项可以申请撤销。申请撤销时，应出具正式函件或本人身份证件及原信、电汇回单。汇出银行查明确未汇出款项的，收回原信、电汇回单，方可办理撤销。

第一百七十七条　汇款人对汇出银行已经汇出的款项可以申请退汇。对在汇入银行开立存款账户的收款人，由汇款人与收款人自行联系退汇；对未在汇入银行开立存款账户的收款人，汇款人应出具正式函件或本人身份证件以及原信、电汇回单，由汇出银行通知汇入银行，经汇入银行核实汇款确未支付，并将款项汇回汇出银行，方可办理退汇。

第一百七十八条　转汇银行不得受理汇款人或汇出银行对汇款的撤销或退汇。

第一百七十九条　汇入银行对于收款人拒绝接受的汇款，应即办理退汇。汇入银行对于向收款人发出取款通知，经过2个月无法交付的汇款，应主动办理退汇。

第三节　托收承付

第一百八十条　托收承付是根据购销合同由收款人发货后委托银行向异地付款人收取款项，由付款人向银行承认付款的结算方式。

第一百八十一条　使用托收承付结算方式的收款单位和付款单位，必须是国有企业、供销合作社以及经营管理较好，并经开户银行审查同意的城乡集体所有制工业企业。

第一百八十二条　办理托收承付结算的款项，必须是商品交易，以及因商品交易而产生的劳务供应的款项。代销、寄销、赊销商品的款项，不得办理托收承付结算。

第一百八十三条　收付双方使用托收承付结算必须签有符合《经济合同法》的购销合同，并在合同上订明使用托收承付结算方式。

第一百八十四条　收付双方办理托收承付结算，必须重合同、守信用。收款人对同一付款人发货托收累计3次收不回货款的，收款人开户银行应暂停收款人向该付款人办理托收；付款人累计 3 次提出无理拒付的，付款人开户银行应暂停其向外办理托收。

第一百八十五条　收款人办理托收，必须具有商品确已发运的证件（包括铁路、航运、公路等运输部门签发运单、运单副本和邮局包裹回执）。

没有发运证件，属于下列情况的，可凭其他有关证件办理托收：

（一）内贸、外贸部门系统内商品调拨，自备运输工具发送或自提的；易燃、易爆、剧毒、腐蚀性强的商品，以及电、石油、天然气等必须使用专用工具或线路、管道运输的，可凭付款人确已收到商品的证明（粮食部门凭提货单及发货明细表）。

（二）铁道部门的材料厂向铁道系统供应专用器材，可凭其签发注明车辆号码和发运日期的证明。

（三）军队使用军列整车装运物资，可凭注明车辆号码、发运日期的单据；军用仓库对军内发货，可凭总后勤部签发的提货单副本，各大军区、省军区也可比照办理。

（四）收款人承造或大修理船舶、锅炉和大型机器等，生产周期长，合同规定按工程进度分次结算的，可凭工程进度完工证明书。

（五）付款人购进的商品，在收款人所在地转厂加工、配套的，可凭付款人和承担加工、配套单位的书面证明。

（六）合同规定商品由收款人暂时代为保管的，可凭寄存证及付款人委托保管商品的证明。

（七）使用"铁路集装箱"或将零担凑整车发运商品的，由于铁路只签发一张运单，可凭持有发运证件单位出具的证明。

（八）外贸部门进口商品，可凭国外发来的账单、进口公司开出的结算账单。

第一百八十六条　托收承付结算每笔的金额起点为 1 万元。新华书店系统每笔的金额起点为 1 千元。

第一百八十七条　托收承付结算款项的划回方法，分邮寄和电报两种，由收款人选用。

第一百八十八条　签发托收承付凭证必须记载下列事项：

（一）表明"托收承付"的字样；

（二）确定的金额；

（三）付款人名称及账号；

（四）收款人名称及账号；

（五）付款人开户银行名称；

（六）收款人开户银行名称；

（七）托收附寄单证张数或册数；

（八）合同名称、号码；

（九）委托日期；

（十）收款人签章；

托收承付凭证上欠缺记载上列事项之一的，银行不予受理。

第一百八十九条 托收。收款人按照签订的购销合同发货后，委托银行办理托收。

（一）收款人应将托收凭证并附发运证件或其他符合托收承付结算的有关证明和交易单证送交银行。收款人如需取回发运证件，银行应在托收凭证上加盖"已验发运证件"戳记。

对于军品托收，有驻厂军代表检验产品或有指定专人负责财务监督的，收款人还应当填制盖有驻厂军代表或指定人员印章（要在银行预留印模）的结算通知单，将交易单证和发运证件装入密封袋，并在密封袋上填明托收号码；同时，在托收凭证上填明结算通知单和密封袋的号码。然后，将托收凭证和结算通知单送交银行办理托收。

没有驻厂军代表使用代号明件办理托收的，不填结算通知单，但应在交易单证上填写保密代号，按照正常托收办法处理。

（二）收款人开户银行接到托收凭证及其附件后，应当按照托收的范围、条件和托收凭证记载的要求认真进行审查，必要时，还应查验收付款人签订的购销合同。凡不符合要求或违反购销合同发货的，不能办理。审查时间最长不得超过次日。

第一百九十条 承付。付款人开户银行收到托收凭证及其附件后，应当及时通知付款人。通知的方法，可以根据具体情况与付款人签订协议，采取付款人来行自取、派人送达、对距离较远的付款人邮寄等。付款人应在承付期内审查核对，安排资金。

承付货款分为验单付款和验货付款两种，由收付双方商量选用，并在合同中明确规定。

（一）验单付款。验单付款的承付期为3天，从付款人开户银行发出承付通知的次日算起（承付期内遇法定休假日顺延）。

付款人在承付期内，未向银行表示拒绝付款，银行即视作承付，并在承付期满的次日（法定休假日顺延）上午银行开始营业时，将款项主动从付款人的账户内付出，按照收款人指定的划款方式，划给收款人。

（二）验货付款。验货付款的承付期为 10 天，从运输部门向付款人发出提货通知的次日算起。对收付双方在合同中明确规定，并在托收凭证上注明验货付款期限的，银行从其规定。

付款人收到提货通知后，应即向银行交验提货通知。付款人在银行发出承付通知的次日起 10 天内，未收到提货通知的，应在第 10 天将货物尚未到达的情况通知银行。在第 10 天付款人没有通知银行的，银行即视作已经验货，于 10 天期满的次日上午银行开始营业时，将款项划给收款人；在第 10 天付款人通知银行货物未到，而以后收到提货通知没有及时送交银行，银行仍按 10 天期满的次日作为划款日期，并按超过的天数，计扣逾期付款赔偿金。

采用验货付款的，收款人必须在托收凭证上加盖明显的"验货付款"字样戳记。托收凭证未注明验货付款，经付款人提出合同证明是验货付款的，银行可按验货付款处理。

（三）不论验单付款还是验货付款，付款人都可以在承付期内提前向银行表示承付，并通知银行提前付款，银行应立即办理划款；因商品的价格、数量或金额变动，付款人应多承付款项的，须在承付期内向银行提出书面通知，银行据以随同当次托收款项划给收款人。

付款人不得在承付货款中，扣抵其他款项或以前托收的货款。

第一百九十一条　逾期付款。付款人在承付期满日银行营业终了时，如无足够资金支付，其不足部分，即为逾期未付款项，按逾期付款处理。

（一）付款人开户银行对付款人逾期支付的款项，应当根据逾期付款金额和逾期天数，按每天万分之五计算逾期付款赔偿金。

逾期付款天数从承付期满日算起。承付期满日银行营业终了时，付款人如无足够资金支付，其不足部分，应当算作逾期 1 天，计算 1 天的赔偿金。在承付期满的次日（遇法定休假日，逾期付款赔偿金的天数计算相应顺延，但在以后遇法定休假日应当照算逾期天数）银行营业终了时，仍无足够资金支付，其不足部分，应当算作逾期 2 天，计算 2 天的赔偿金。余类推。

银行审查拒绝付款期间，不能算作付款人逾期付款，但对无理的拒绝付款，而增加银行审查时间的，应从承付期满日起计算逾期付款赔偿金。

（二）付款人开户银行对付款人逾期未能付款的情况，应当及时通知收款人开户银行，由其转知收款人。

（三）付款人开户银行要随时掌握付款人账户逾期未付的资金情况，俟账户有款时，必须将逾期未付款项和应付的赔偿金及时扣划给收款人，不得拖延扣划。在各单位的流动资金账户内扣付货款，要严格按照国务院关于国营企业销货收入扣款顺序的规定（即从企业销货收入中预留工资后，按照应缴纳税款、到期贷款、应偿付货款、应上缴利润的顺序）扣款；同类性质的款项按照应付时间的先后顺序扣款。

（四）付款人开户银行对不执行合同规定、三次拖欠货款的付款人，应当通知收款人开户银行转知收款人，停止对该付款人办理托收。收款人不听劝告，继续对该付款人办理托收，付款人开户银行对发出通知的次日起1个月之后收到的托收凭证，可以拒绝受理，注明理由，原件退回。

（五）付款人开户银行对逾期未付的托收凭证，负责进行扣款的期限为3个月（从承付期满日算起）。在此期限内，银行必须按照扣款顺序陆续扣款。期满时，付款人仍无足够资金支付该笔尚未付清的欠款，银行应于次日通知付款人将有关交易单证（单证已作账务处理或已部分支付的，可以填制应付款项证明单）在2日内退回银行。银行将有关结算凭证连同交易单证或应付款项证明单退回收款人开户银行转交收款人，并将应付的赔偿金划给收款人。

对付款人逾期不退回单证的，开户银行应当自发出通知的第3天起，按照该笔尚未付清欠款的金额，每天处以万分之五但不低于50元的罚款，并暂停付款人向外办理结算业务，直到退回单证时止。

第一百九十二条 拒绝付款。对下列情况，付款人在承付期内，可向银行提出全部或部分拒绝付款：

（一）没有签订购销合同或购销合同未订明托收承付结算方式的款项。

（二）未经双方事先达成协议，收款人提前交货或因逾期交货付款人不再需要该项货物的款项。

（三）未按合同规定的到货地址发货的款项。

（四）代销、寄销、赊销商品的款项。

（五）验单付款，发现所列货物的品种、规格、数量、价格与合同规定不符，或货物已到，经查验货物与合同规定或发货清单不符的款项。

（六）验货付款，经查验货物与合同规定或与发货清单不符的款项。

（七）货款已经支付或计算有错误的款项。

不属于上述情况的，付款人不得向银行提出拒绝付款。

外贸部门托收进口商品的款项，在承付期内，订货部门除因商品的质量问题不能提出拒绝付款，应当另行向外贸部门提出索赔外，属于上述其他情况，可以向银行提出全部或部分拒绝付款。

付款人对以上情况提出拒绝付款时，必须填写"拒绝付款理由书"并签章，注明拒绝付款理由，涉及合同的应引证合同上的有关条款。属于商品质量问题，需要提出商品检验部门的检验证明；属于商品数量问题，需要提出数量问题的证明及其有关数量的记录；属于外贸部门进口商品，应当提出国家商品检验或运输等部门出具的证明。

开户银行必须认真审查拒绝付款理由，查验合同。对于付款人提出拒绝付款的手续不全、依据不足、理由不符合规定和不属于本条七种拒绝付款情况的，以及超过承付期拒付和应当部分拒付提为全部拒付的，银行均不得受理，应实行强制扣款。

对于军品的拒绝付款，银行不审查拒绝付款理由。

银行同意部分或全部拒绝付款的，应在拒绝付款理由书上签注意见。部分拒绝付款，除办理部分付款外，应将拒绝付款理由书连同拒付证明和拒付商品清单邮寄收款人开户银行转交收款人。全部拒绝付款，应将拒绝付款理由书连同拒付证明和有关单证邮寄收款人开户银行转交收款人。

第一百九十三条　重办托收。收款人对被无理拒绝付款的托收款项，在收到退回的结算凭证及其所附单证后，需要委托银行重办托收，应当填写四联"重办托收理由书"，将其中三联连同购销合同、有关证据和退回的原托收凭证及交易单证，一并送交银行。经开户银行审查，确属无理拒绝付款，可以重办托收。

第一百九十四条　收款人开户银行对逾期尚未划回，又未收到付款人开户银行寄来逾期付款通知或拒绝付款理由书的托收款项，应当及时发出查询。付款人开户银行要积极查明，及时答复。

第一百九十五条　付款人提出的拒绝付款，银行按照本办法规定审查无法判明是非的，应由收付双方自行协商处理，或向仲裁机关，人民法院申请调解或裁决。

第四节　委托收款

第一百九十六条　委托收款是收款人委托银行向付款人收取款项的结算方式。

第一百九十七条　单位和个人凭已承兑商业汇票、债券、存单等付款人债务证明办理款项的结算，均可以使用委托收款结算方式。

第一百九十八条　委托收款在同城、异地均可以使用。

第一百九十九条　委托收款结算款项的划回方式，分邮寄和电报两种，由收款人选用。

第二百条　签发委托收款凭证必须记载下列事项：

（一）表明"委托收款"的字样；

（二）确定的金额；

（三）付款人名称；

（四）收款人名称；

（五）委托收款凭据名称及附寄单证张数；

（六）委托日期；

（七）收款人签章。

欠缺记载上列事项之一的，银行不予受理。

委托收款以银行以外的单位为付款人的，委托收款凭证必须记载付款人开户银行名称；以银行以外的单位或在银行开立存款账户的个人为收款人的，委托收款凭证必须记载收款人开户银行名称；未在银行开立存款账户的个人为收款人的，委托收款凭证必须记载被委托银行名称。欠缺记载的，银行不予受理。

第二百零一条　委托。收款人办理委托收款应向银行提交委托收款凭证和有关的债务证明。

第二百零二条　付款。银行接到寄来的委托收款凭证及债务证明，审查无误办理付款。

（一）以银行为付款人的，银行应在当日将款项主动支付给收款人。

（二）以单位为付款人的，银行应及时通知付款人，按照有关办法规定，需要将有关债务证明交给付款人的应交给付款人，并签收。

付款人应于接到通知的当日书面通知银行付款。

按照有关办法规定，付款人未在接到通知日的次日起3日内通知银行付款的，视同付款人同意付款，银行应于付款人接到通知日的次日起第4日上午开始营业时，将款项划给收款人。

付款人提前收到由其付款的债务证明，应通知银行于债务证明的到期日付款。付款人未于接到通知日的次日起3日内通知银行付款，付款人接到通知日的次日起第4日在债务证明到期日之前的，银行应于债务证明到期日将款项划给收款人。

银行在办理划款时，付款人存款账户不足支付的，应通过被委托银行向收款人发出未付款项通知书。按照有关办法规定，债务证明留存付款人开户银行的，应将其债务证明连同未付款项通知书邮寄被委托银行转交收款人。

第二百零三条　拒绝付款。付款人审查有关债务证明后，对收款人委托收取的款项需要拒绝付款的，可以办理拒绝付款。

（一）以银行为付款人的，应自收到委托收款及债务证明的次日起 3 日内出具拒绝证明连同有关债务证明、凭证寄给被委托银行，转交收款人。

（二）以单位为付款人的，应在付款人接到通知日的次日起 3 日内出具拒绝证明，持有债务证明的，应将其送交开户银行。银行将拒绝证明、债务证明和有关凭证一并寄给被委托银行，转交收款人。

第二百零四条　在同城范围内，收款人收取公用事业费或根据国务院的规定，可以使用同城特约委托收款。

收取公用事业费，必须具有收付双方事先签订的经济合同，由付款人向开户银行授权，并经开户银行同意，报经中国人民银行当地分支行批准。

第五章　结算纪律与责任

第二百零五条　单位和个人办理支付结算，不准签发没有资金保证的票据或远期支票，套取银行信用；不准签发、取得和转让没有真实交易和债权债务的票据，套取银行和他人资金；不准无理拒绝付款，任意占用他人资金；不准违反规定开立和使用账户。

第二百零六条　银行办理支付结算，不准以任何理由压票、任意退票、截留挪用客户和他行资金；不准无理拒绝支付应由银行支付的票据款项；不准受理无理拒付、不扣少扣滞纳金；不准违章签发、承兑、贴现票据，套取银行资金；不准签发空头银行汇票、银行本票和办理空头汇款；不准在支付结算制度之外规定附加条件，影响汇路畅通；不准违反规定为单位和个人开立账户；不准拒绝受理、代理他行正常结算业务；不准放弃对企事业单位和个人违反结算纪律的制裁；不准逃避向人民银行转汇大额汇划款项。

第二百零七条　单位、个人和银行按照法定条件在票据上签章的，必须按照所记载的事项承担票据责任。

第二百零八条　单位签发商业汇票后，必须承担保证该汇票承兑和付款的责任。

单位和个人签发支票后，必须承担保证该支票付款的责任。

银行签发银行汇票、银行本票后，即承担该票据付款的责任。

第二百零九条　商业汇票的背书人背书转让票据后，即承担保证其后手所持票据承兑和付款责任。

银行汇票、银行本票或支票的背书人背书转让票据后，即承担保证其后手所持票据付款的责任。

单位或银行承兑商业汇票后，必须承担该票据付款的责任。

第二百一十条　票据的保证人应当与被保证人对持票人承担连带责任。

第二百一十一条　变造票据除签章以外的记载事项的，在变造之前签章的人，对原记载事项负责、在变造之后签章的人，对变造之后的记载事项负责；不能辨别在票据被变造之前或者之后签章的，视同在变造之前签章。

第二百一十二条　持票人超过规定期限提示付款的，银行汇票、银行本票的出票人、商业汇票的承兑人，在持票人作出说明后，仍应当继续对持票人承担付款责任；支票的出票人对持票人的追索，仍应当承担清偿责任。

第二百一十三条　付款人及其代理付款人以恶意或者重大过失付款的，应当自行承担责任。

第二百一十四条　商业汇票的付款人在到期前付款的，由付款人自行承担所产生的责任。

第二百一十五条　承兑人或者付款人拒绝承兑或拒绝付款，未按规定出具拒绝证明、或者出具退票理由书的，应当承担由此产生的民事责任。

第二百一十六条　持票人不能出示拒绝证明、退票理由书或者未按规定期限提供其他合法证明丧失对其前手追索权的，承兑人或者付款人应对持票人承担责任。

第二百一十七条　持票人因不获承兑或不获付款，对其前手行使追索权时，票据的出票人、背书人和保证人对持票人承担连带责任。

第二百一十八条　持票人行使追索权时，持票人及其前手未按《票据法》规定期限将被拒绝事由书面通知其前手的，因延期通知给其前手或者出票人造成损失的，由没有按照规定期限通知的票据当事人，在票据金额内承担对该损失的赔偿责任。

第二百一十九条　票据债务人在持票人不获付款或不获承兑时，应向持票人清偿《票据法》规定的金额和费用。

第二百二十条　单位和个人签发空头支票、签章与预留银行签章不符或者支付密码错误的支票，应按照《票据管理实施办法》和本办法的规定承担行政责任。

　　第二百二十一条　单位为票据的付款人，对见票即付或者到期的票据，故意压票、拖延支付的，应按照《票据管理实施办法》的规定承担行政责任。

　　第二百二十二条　持卡人必须妥善保管和正确使用其信用卡，否则，应按规定承担因此造成的资金损失。

　　第二百二十三条　持卡人使用单位卡发生透支的，由其单位承担透支金额的偿还和支付透支利息的责任。持卡人使用个人卡附属卡发生透支的，由其主卡持卡人承担透支金额的偿还和支付透支利息的责任；主卡持卡人丧失偿还能力的，由其附属卡持卡人承担透支金额的偿还和支付透支利息的责任。

　　第二百二十四条　持卡人办理挂失后，被冒用造成的损失，有关责任人按照信用卡章程的规定承担责任。

　　第二百二十五条　持卡人违反本办法规定使用信用卡进行商品交易、套取现金以及出租或转借信用卡的，应按规定承担行政责任。

　　第二百二十六条　单位卡持卡人违反本办法规定，将基本存款账户以外的存款和销货款收入的款项转入其信用卡账户的；个人卡持卡人违反本办法规定，将单位的款项转入其信用卡账户的，应按规定承担行政责任。

　　第二百二十七条　特约单位受理信用卡时，应当按照规定的操作程序办理，否则，由其承担因此造成的资金损失。

　　第二百二十八条　发卡银行未按规定时间将止付名单发至特约单位的，应由其承担因此造成的资金损失。

　　第二百二十九条　银行违反本办法规定，未经批准发行信用卡的；帮助持卡人将其基本存款账户以外的存款或其他款项转入单位卡账户，将单位的款项转入个人卡账户的；违反规定帮助持卡人提取现金的，应按规定承担行政责任。

　　第二百三十条　非金融机构、非银行金融机构、境外金融机构驻华代表机构违反规定，经营信用卡业务的，应按规定承担行政责任。

　　第二百三十一条　付款单位对收款单位托收的款项逾期付款，应按照规定承担赔偿责任；付款单位变更开户银行、账户名称和账号，未能及时通知收款单位，影响收取款项的，应由付款单位承担逾期付款赔偿责任；付款单位提出的无理拒绝付款，对收款单位重办的托收，应承担自第一次托收承付期满日起逾期付款赔偿责任。

第二百三十二条　单位和个人办理支付结算，未按照本办法的规定填写票据或结算凭证或者填写有误，影响资金使用或造成资金损失；票据或印章丢失，造成资金损失的，由其自行负责。

第二百三十三条　单位和个人违反本办法的规定，银行停止其使用有关支付结算工具，因此造成的后果，由单位和个人自行负责。

第二百三十四条　付款单位到期无款支付，逾期不退回托收承付有关单证的，应按规定承担行政责任。

第二百三十五条　城乡集体所有制工业企业未经银行批准，擅自办理托收承付结算的，应按规定承担行政责任。

第二百三十六条　单位和个人违反《银行账户管理办法》开立和使用账户的，应按规定承担行政责任。

第二百三十七条　对单位和个人承担行政责任的处罚，由中国人民银行委托商业银行执行。

第二百三十八条　收款人或持票人委托的收款银行的责任，限于收到付款人支付的款项后按照票据和结算凭证上记载的事项将票据或结算凭证记载的金额转入收款人或持票人账户。

付款人委托的付款银行的责任，限于按照票据和结算凭证上记载事项从付款人账户支付金额。但托收承付结算中的付款人开户银行，应按照托收承付结算方式有关规定承担责任。

第二百三十九条　银行办理支付结算，因工作差错发生延误，影响客户和他行资金使用的，按中国人民银行规定的同档次流动资金贷款利率计付赔偿金。

第二百四十条　银行违反规定故意压票、退票、拖延支付，受理无理拒付、擅自拒付退票、有款不扣以及不扣、少扣赔偿金，截留挪用结算资金，影响客户和他行资金使用的，要按规定承担赔偿责任。因重大过失错付或被冒领的，要负责资金赔偿。

第二百四十一条　银行违反本办法规定将支付结算的款项转入储蓄和信用卡账户的，应按规定承担行政责任。

第二百四十二条　银行违反规定签发空头银行汇票、银行本票和办理空头汇款的，应按照规定承担行政责任。

第二百四十二条　银行违反规定故意压票、退票、拖延支付，受理无理拒付、擅自拒付退票、有款不扣以及不扣、少扣赔偿金，截留、挪用结算资金的，应按规定承担行政责任。

第二百四十四条 银行未按规定通过人民银行办理大额转汇的，应按规定承担行政责任。

第二百四十五条 银行在结算制度之外规定附加条件，影响汇路畅通的，应按规定承担行政责任。

第二百四十六条 银行违反《银行账户管理办法》开立和管理账户的，应按规定承担行政责任。

第二百四十七条 违反国家法律、法规和未经中国人民银行批准，作为中介机构经营结算业务的；未经中国人民银行批准，开办银行汇票、银行本票、支票、信用卡业务的，应按规定承担行政责任。

第二百四十八条 金融机构的工作人员在票据业务中玩忽职守，对违反规定的票据予以承兑、付款、保证或者贴现的，应按照《票据管理实施办法》的规定承担行政责任或刑事责任。

第二百四十九条 违反本办法规定擅自印制票据的，应按照《票据管理实施办法》的规定承担行政责任。

第二百五十条 邮电部门在传递票据、结算凭证和拍发电报中，因工作差错而发生积压、丢失、错投、错拍、漏拍、重拍等，造成结算延误，影响单位、个人和银行资金使用或造成资金损失的，由邮电部门负责。

第二百五十一条 伪造、变造票据和结算凭证上的签章或其他记载事项的，应当承担民事责任或刑事责任。

第二百五十二条 有利用票据、信用卡、结算凭证欺诈的行为，构成犯罪的，应依法承担刑事责任。情节轻微，不构成犯罪的，应按照规定承担行政责任。

第六章 附 则

第二百五十三条 本办法规定的各项期限的计算，适用民法通则关于计算期间的规定。期限最后一日是法定休假日的，以休假日的次日为最后一日。

按月计算期限的，按到期月的对日计算；无对日的，月末日为到期日。

本办法所规定的各项期限，可以因不可抗力的原因而中止。不可抗力的原因消失时，期限可以顺延。

第二百五十四条 银行汇票、商业汇票由中国人民银行总行统一格式、联次、颜色、规格，并在中国人民银行总行批准的印制厂印制。由各家银行总行组织订货和管理。

银行本票、支票由中国人民银行总行统一格式、联次、颜色、规格，并在中国人民银行总行批准的印制厂印制，由中国人民银行各省、自治区、直辖市、计划单列市分行负责组织各商业银行订货和管理。

信用卡按中国人民银行的有关规定印制，信用卡结算凭证的格式、联次、颜色、规格由中国人民银行总行统一规定，各发卡银行总行负责印制。

汇兑凭证、托收承付凭证、委托收款凭证由中国人民银行总行统一格式、联次、颜色、规格，由各行负责印制和管理。

第二百五十五条 银行办理各项支付结算业务，根据承担的责任和业务成本以及应付给有关部门的费用，分别收取邮费、电报费、手续费、凭证工本费（信用卡卡片费）、挂失手续费，以及信用卡年费、特约手续费、异地存取款手续费。收费范围，除财政金库全部免收、存款不计息账户免收邮费、手续费外，对其他单位和个人都要按照规定收取费用。

邮费，单程的每笔按邮局挂号信每件收费标准收费；双程的每笔按邮局挂号信二件收费标准收费；客户要求使用特快专递的，按邮局规定的收费标准收取；超重部分按邮局规定的标准加收。

电报费，每笔按四十五个字照电报费标准收取，超过的字数按每字收费的标准加收。急电均加倍收取电报费。

手续费，按银行规定的标准收取。

银行办理支付结算业务按照附二《支付结算业务收费表》收取手续费和邮电费。

信用卡统一的收费标准，中国人民银行将另行规定。

支票的手续费由经办银行向购买人收取，其他结算的手续费、邮电费一律由经办银行向委托人收取。

凭证工本费，按照不同凭证的成本价格，向领用人收取。

第二百五十六条 各部门、各单位制定的有关规定，涉及支付结算而与本办法有抵触的，一律按照本办法的规定执行。

中国人民银行过去有关支付结算的规定与本办法有抵触的，以本办法为准。

第二百五十七条 本办法由中国人民银行总行负责解释、修改。

第二百五十八条 本办法自 1997 年 12 月 1 日起施行。

电子商业汇票业务管理办法

（中国人民银行令〔2009〕第2号）

第一章　总　则

第一条　为规范电子商业汇票业务，保障电子商业汇票活动中当事人的合法权益，促进电子商业汇票业务发展，依据《中华人民共和国中国人民银行法》《中华人民共和国票据法》《中华人民共和国电子签名法》《中华人民共和国物权法》《票据管理实施办法》等有关法律法规，制定本办法。

第二条　电子商业汇票是指出票人依托电子商业汇票系统，以数据电文形式制作的，委托付款人在指定日期无条件支付确定金额给收款人或者持票人的票据。

电子商业汇票分为电子银行承兑汇票和电子商业承兑汇票。

电子银行承兑汇票由银行业金融机构、财务公司（以下统称金融机构）承兑；电子商业承兑汇票由金融机构以外的法人或其他组织承兑。

电子商业汇票的付款人为承兑人。

第三条　电子商业汇票系统是经中国人民银行批准建立，依托网络和计算机技术，接收、存储、发送电子商业汇票数据电文，提供与电子商业汇票货币给付、资金清算行为相关服务的业务处理平台。

第四条　电子商业汇票各当事人应本着诚实信用原则，按照本办法的规定作出票据行为。

第五条　电子商业汇票的出票、承兑、背书、保证、提示付款和追索等业务，必须通过电子商业汇票系统办理。

第六条　电子商业汇票业务主体的类别分为：

（一）直接接入电子商业汇票系统的金融机构（以下简称接入机构）；

（二）通过接入机构办理电子商业汇票业务的金融机构（以下简称被代理机构）；

（三）金融机构以外的法人及其他组织。

电子商业汇票系统对不同业务主体分配不同的类别代码。

第七条　票据当事人办理电子商业汇票业务应具备中华人民共和国组织机构代码。

被代理机构、金融机构以外的法人及其他组织办理电子商业汇票业务，应在接入机构开立账户。

第八条 接入机构提供电子商业汇票业务服务，应对客户基本信息的真实性负审核责任，并依据本办法及相关规定，与客户签订电子商业汇票业务服务协议，明确双方的权利和义务。

客户基本信息包括客户名称、账号、组织机构代码和业务主体类别等信息。

第九条 电子商业汇票系统运营者由中国人民银行指定和监管。

第十条 接入机构应按规定向客户和电子商业汇票系统转发电子商业汇票信息，并保证内部系统存储的电子商业汇票信息与电子商业汇票系统存储的相关信息相符。

第十一条 电子商业汇票信息以电子商业汇票系统的记录为准。

第十二条 电子商业汇票以人民币为计价单位。

第二章 基本规定

第十三条 电子商业汇票为定日付款票据。

电子商业汇票的付款期限自出票日起至到期日止，最长不得超过 1 年。

第十四条 票据当事人在电子商业汇票上的签章，为该当事人可靠的电子签名。

电子签名所需的认证服务应由合法的电子认证服务提供者提供。

可靠的电子签名必须符合《中华人民共和国电子签名法》第十三条第一款的规定。

第十五条 电子商业汇票业务活动中，票据当事人所使用的数据电文和电子签名应符合《中华人民共和国电子签名法》的有关规定。

第十六条 客户开展电子商业汇票活动时，其签章所依赖的电子签名制作数据和电子签名认证证书，应向接入机构指定的电子认证服务提供者的注册审批机构申请。

接入机构为客户提供电子商业汇票业务服务或作为电子商业汇票当事人时，其签章所依赖的电子签名制作数据和电子签名认证证书，应向电子商业汇票系统运营者指定的电子认证服务提供者的注册审批机构申请。

第十七条 接入机构、电子商业汇票系统运营者指定的电子认证服务机构提供者，应对电子签名认证证书申请者的身份真实性负审核责任。

电子认证服务提供者依据《中华人民共和国电子签名法》承担相应责任。

第十八条　接入机构应对通过其办理电子商业汇票业务客户的电子签名真实性负审核责任。

电子商业汇票系统运营者应对接入机构的身份真实性和电子签名真实性负审核责任。

第十九条　电子商业汇票系统应实时接收、处理电子商业汇票信息，并向相关票据当事人的接入机构实时发送该信息；接入机构应实时接收、处理电子商业汇票信息，并向相关票据当事人实时发送该信息。

第二十条　出票人签发电子商业汇票时，应将其交付收款人。

电子商业汇票背书，背书人应将电子商业汇票交付被背书人。

电子商业汇票质押解除，质权人应将电子商业汇票交付出质人。

交付是指票据当事人将电子商业汇票发送给受让人，且受让人签收的行为。

第二十一条　签收是指票据当事人同意接受其他票据当事人的行为申请，签章并发送电子指令予以确认的行为。

驳回是指票据当事人拒绝接受其他票据当事人的行为申请，签章并发送电子指令予以确认的行为。

收款人、被背书人可与接入机构签订协议，委托接入机构代为签收或驳回行为申请，并代理签章。

商业承兑汇票的承兑人应与接入机构签订协议，在符合本办法规定的情况下，由接入机构代为签收或驳回提示付款指令，并代理签章。

第二十二条　出票人或背书人在电子商业汇票上记载了"不得转让"事项的，电子商业汇票不得继续背书。

第二十三条　票据当事人通过电子商业汇票系统作出行为申请，行为接收方未签收且未驳回的，票据当事人可撤销该行为申请。电子商业汇票系统为行为接收方的，票据当事人不得撤销。

第二十四条　电子商业汇票的出票日是指出票人记载在电子商业汇票上的出票日期。

电子商业汇票的提示付款日是指提示付款申请的指令进入电子商业汇票系统的日期。

电子商业汇票的拒绝付款日是指驳回提示付款申请的指令进入电子商业汇票系统的日期。

电子商业汇票追索行为的发生日是指追索通知的指令进入电子商业汇票系统的日期。

承兑、背书、保证、质押解除、付款和追索清偿等行为的发生日是指相应的签收指令进入电子商业汇票系统的日期。

第二十五条　电子商业汇票责任解除前，电子商业汇票的承兑人不得撤销原办理电子商业汇票业务的账户，接入机构不得为其办理销户手续。

第二十六条　接入机构终止提供电子商业汇票业务服务的，应按规定由其他接入机构承接其电子商业汇票业务服务。

第三章　票据行为

第一节　出　票

第二十七条　电子商业汇票的出票，是指出票人签发电子商业汇票并交付收款人的票据行为。

出票人在电子商业汇票交付收款人前，可办理票据的未用退回。

出票人不得在提示付款期后将票据交付收款人。

第二十八条　电子商业汇票的出票人必须为银行业金融机构以外的法人或其他组织。

电子银行承兑汇票的出票人应在承兑金融机构开立账户。

第二十九条　电子商业汇票出票必须记载下列事项：

（一）表明"电子银行承兑汇票"或"电子商业承兑汇票"的字样；

（二）无条件支付的委托；

（三）确定的金额；

（四）出票人名称；

（五）付款人名称；

（六）收款人名称；

（七）出票日期；

（八）票据到期日；

（九）出票人签章。

第三十条　出票人可在电子商业汇票上记载自身的评级信息，并对记载信息的真实性负责，但该记载事项不具有票据上的效力。

评级信息包括评级机构、信用等级和评级到期日。

第二节　承　兑

第三十一条　电子商业汇票的承兑，是指付款人承诺在票据到期日支付电子商业汇票金额的票据行为。

第三十二条　电子商业汇票交付收款人前，应由付款人承兑。

第三十三条　电子银行承兑汇票由真实交易关系或债权债务关系中的债务人签发，并交由金融机构承兑。

电子银行承兑汇票的出票人与收款人不得为同一人。

第三十四条　电子商业承兑汇票的承兑有以下几种方式：

（一）真实交易关系或债权债务关系中的债务人签发并承兑；

（二）真实交易关系或债权债务关系中的债务人签发，交由第三人承兑；

（三）第三人签发，交由真实交易关系或债权债务关系中的债务人承兑；

（四）收款人签发，交由真实交易关系或债权债务关系中的债务人承兑。

第三十五条　电子银行承兑汇票的出票人应向承兑金融机构提交真实、有效、用以证实真实交易关系或债权债务关系的交易合同或其他证明材料，并在电子商业汇票上作相应记录，承兑金融机构应负责审核。

第三十六条　承兑人应在票据到期日前，承兑电子商业汇票。

第三十七条　承兑人承兑电子商业汇票，必须记载下列事项：

（一）表明"承兑"的字样；

（二）承兑日期；

（三）承兑人签章。

第三十八条　承兑人可在电子商业汇票上记载自身的评级信息，并对记载信息的真实性负责，但该记载事项不具有票据上的效力。

评级信息包括评级机构、信用等级和评级到期日。

第三节　转让背书

第三十九条　转让背书是指持票人将电子商业汇票权利依法转让给他人的票据行为。

票据在提示付款期后，不得进行转让背书。

第四十条　转让背书应当基于真实、合法的交易关系和债权债务关系，或以税收、继承、捐赠、股利分配等合法行为为基础。

第四十一条　转让背书必须记载下列事项：

（一）背书人名称；

（二）被背书人名称；

（三）背书日期；

（四）背书人签章。

第四节　贴现、转贴现和再贴现

第四十二条　贴现是指持票人在票据到期日前，将票据权利背书转让给金融机构，由其扣除一定利息后，将约定金额支付给持票人的票据行为。

转贴现是指持有票据的金融机构在票据到期日前，将票据权利背书转让给其他金融机构，由其扣除一定利息后，将约定金额支付给持票人的票据行为。

再贴现是指持有票据的金融机构在票据到期日前，将票据权利背书转让给中国人民银行，由其扣除一定利息后，将约定金额支付给持票人的票据行为。

第四十三条　贴现、转贴现和再贴现按照交易方式，分为买断式和回购式。

买断式是指贴出人将票据权利转让给贴入人，不约定日后赎回的交易方式。

回购式是指贴出人将票据权利转让给贴入人，约定日后赎回的交易方式。

电子商业汇票贴现、转贴现和再贴现业务中转让票据权利的票据当事人为贴出人，受让票据权利的票据当事人为贴入人。

第四十四条　电子商业汇票当事人在办理回购式贴现、回购式转贴现和回购式再贴现业务时，应明确赎回开放日、赎回截止日。

赎回开放日是指办理回购式贴现赎回、回购式转贴现赎回和回购式再贴现赎回业务的起始日期。

赎回截止日是指办理回购式贴现赎回、回购式转贴现赎回和回购式再贴现赎回业务的截止日期，该日期应早于票据到期日。

自赎回开放日起至赎回截止日止，为赎回开放期。

第四十五条　在赎回开放日前，原贴出人、原贴入人不得作出除追索行为外的其他票据行为。

回购式贴现、回购式转贴现和回购式再贴现业务的原贴出人、原贴入人应按照协议约定，在赎回开放期赎回票据。

在赎回开放期未赎回票据的，原贴入人在赎回截止日后只可将票据背书给他人或行使票据权利，除票据关系以外的其他权利义务关系由双方协议约定。

第四十六条　持票人申请贴现时，应向贴入人提供用以证明其与直接前手间真实交易关系或债权债务关系的合同、发票等其他材料，并在电子商业汇票上作相应记录，贴入人应负责审查。

第四十七条 电子商业汇票贴现、转贴现和再贴现必须记载下列事项：

（一）贴出人名称；

（二）贴入人名称；

（三）贴现、转贴现或再贴现日期；

（四）贴现、转贴现或再贴现类型；

（五）贴现、转贴现或再贴现利率；

（六）实付金额；

（七）贴出人签章。

实付金额为贴入人实际支付给贴出人的金额。

回购式贴现、回购式转贴现和回购式再贴现还应记载赎回开放日和赎回截止日。

贴现还应记载贴出人贴现资金入账信息。

第四十八条 电子商业汇票回购式贴现、回购式转贴现和回购式再贴现赎回应作成背书，并记载下列事项：

（一）原贴出人名称；

（二）原贴入人名称；

（三）赎回日期；

（四）赎回利率；

（五）赎回金额；

（六）原贴入人签章。

第四十九条 贴现和转贴现利率、期限等由贴出人与贴入人协商确定。

再贴现利率由中国人民银行规定。

第五十条 电子商业汇票贴现、转贴现和再贴现可选择票款对付方式或其他方式清算资金。

本办法所称票款对付，是指票据交付和资金交割同时完成，并互为条件的一种交易方式。

第五节 质 押

第五十一条 电子商业汇票的质押，是指电子商业汇票持票人为了给债权提供担保，在票据到期日前在电子商业汇票系统中进行登记，以该票据为债权人设立质权的票据行为。

第五十二条 主债务到期日先于票据到期日，且主债务已经履行完毕的，质权人应按约定解除质押。

主债务到期日先于票据到期日，且主债务到期未履行的，质权人可行使票据权利，但不得继续背书。

票据到期日先于主债务到期日的，质权人可在票据到期后行使票据权利，并与出质人协议将兑现的票款用于提前清偿所担保的债权或继续作为债权的担保。

第五十三条 电子商业汇票质押，必须记载下列事项：

（一）出质人名称；

（二）质权人名称；

（三）质押日期；

（四）表明"质押"的字样；

（五）出质人签章。

第五十四条 电子商业汇票质押解除，必须记载下列事项：

（一）表明"质押解除"的字样；

（二）质押解除日期。

第六节 保 证

第五十五条 电子商业汇票的保证，是指电子商业汇票上记载的债务人以外的第三人保证该票据获得付款的票据行为。

第五十六条 电子商业汇票获得承兑前，保证人作出保证行为的，被保证人为出票人。

电子商业汇票获得承兑后、出票人将电子商业汇票交付收款人前，保证人作出保证行为的，被保证人为承兑人。

出票人将电子商业汇票交付收款人后，保证人作出保证行为的，被保证人为背书人。

第五十七条 电子商业汇票保证，必须记载下列事项：

（一）表明"保证"的字样；

（二）保证人名称；

（三）保证人住所；

（四）被保证人名称；

（五）保证日期；

（六）保证人签章。

第七节 付 款

第五十八条 提示付款是指持票人通过电子商业汇票系统向承兑人请

求付款的行为。

持票人应在提示付款期内向承兑人提示付款。

提示付款期自票据到期日起 10 日，最后一日遇法定休假日、大额支付系统非营业日、电子商业汇票系统非营业日顺延。

第五十九条　持票人在票据到期日前提示付款的，承兑人可付款或拒绝付款，或于到期日付款。承兑人拒绝付款或未予应答的，持票人可待票据到期后再次提示付款。

第六十条　持票人在提示付款期内提示付款的，承兑人应在收到提示付款请求的当日至迟次日（遇法定休假日、大额支付系统非营业日、电子商业汇票系统非营业日顺延）付款或拒绝付款。

持票人超过提示付款期提示付款的，接入机构不得拒绝受理。持票人在作出合理说明后，承兑人仍应当承担付款责任，并在上款规定的期限内付款或拒绝付款。

电子商业承兑汇票承兑人在票据到期后收到提示付款请求，且在收到该请求次日起第 3 日（遇法定休假日、大额支付系统非营业日、电子商业汇票系统非营业日顺延）仍未应答的，接入机构应按其与承兑人签订的《电子商业汇票业务服务协议》，进行如下处理：

（一）承兑人账户余额在该日电子商业汇票系统营业截止时足够支付票款的，则视同承兑人同意付款，接入机构应扣划承兑人账户资金支付票款，并在下一日（遇法定休假日、大额支付系统非营业日、电子商业汇票系统非营业日顺延）电子商业汇票系统营业开始时，代承兑人作出付款应答，并代理签章；

（二）承兑人账户余额在该日电子商业汇票系统营业截止时不足以支付票款的，则视同承兑人拒绝付款，接入机构应在下一日（遇法定休假日、大额支付系统非营业日、电子商业汇票系统非营业日顺延）电子商业汇票系统营业开始时，代承兑人作出拒付应答，并代理签章。

第六十一条　接入机构应及时将持票人的提示付款请求通知电子商业承兑汇票的承兑人。通知方式由接入机构与承兑人自行约定。

第六十二条　持票人可选择票款对付方式或其他方式向承兑人提示付款。

第六十三条　电子商业汇票提示付款，必须记载下列事项：

（一）提示付款日期；

（二）提示付款人签章。

持票人可与接入机构签订协议，委托接入机构代为提示付款并代理签章。

第六十四条 承兑人付款或拒绝付款，必须记载下列事项：

（一）承兑人名称；

（二）付款日期或拒绝付款日期；

（三）承兑人签章。

承兑人拒绝付款的，还应注明拒绝付款的理由。

第八节 追 索

第六十五条 追索分为拒付追索和非拒付追索。

拒付追索是指电子商业汇票到期后被拒绝付款，持票人请求前手付款的行为。

非拒付追索是指存在下列情形之一，持票人请求前手付款的行为：

（一）承兑人被依法宣告破产的；

（二）承兑人因违法被责令终止业务活动的。

第六十六条 持票人在票据到期日前被拒付的，不得拒付追索。

持票人在提示付款期内被拒付的，可向所有前手拒付追索。

持票人超过提示付款期提示付款被拒付的，若持票人在提示付款期内曾发出过提示付款，则可向所有前手拒付追索；若未在提示付款期内发出过提示付款，则只可向出票人、承兑人拒付追索。

第六十七条 追索时，追索人应当提供拒付证明。

拒付追索时，拒付证明为票据信息和拒付理由。

非拒付追索时，拒付证明为票据信息和相关法律文件。

第六十八条 持票人因电子商业汇票到期后被拒绝付款或法律法规规定其他原因，拥有的向票据债务人追索的权利时效规定如下：

（一）持票人对出票人、承兑人追索和再追索权利时效，自票据到期日起2年，且不短于持票人对其他前手的追索和再追索权利时效。

（二）持票人对其他前手的追索权利时效，自被拒绝付款之日起6个月；持票人对其他前手的再追索权利时效，自清偿日或被提起诉讼之日起3个月。

第六十九条 持票人发出追索通知，必须记载下列事项：

（一）追索人名称；

（二）被追索人名称；

（三）追索通知日期；

（四）追索类型；

（五）追索金额；

（六）追索人签章。

第七十条　电子商业汇票清偿，必须记载下列事项：

（一）追索人名称；

（二）清偿人名称；

（三）同意清偿金额；

（四）清偿日期；

（五）清偿人签章。

第四章　信息查询

第七十一条　票据当事人可通过接入机构查询与其相关的电子商业汇票票据信息。

第七十二条　接入机构应记录其与电子商业汇票系统之间发送和接收的电子商业汇票票据信息，并按规定将该信息向客户展示。

票据信息包括票面信息和行为信息。

票面信息是指出票人将票据交付收款人后、其他行为发生前，记载在票据上的所有信息。

行为信息是指票据行为的必须记载事项。

第七十三条　出票人可查询电子商业汇票票面信息。

承兑人在收到提示付款申请前，可查询电子商业汇票票面信息。收到提示付款申请后，可查询该票据的所有票据信息。

收款人、被背书人和保证人可查询自身作出的行为信息及之前的票据信息。

持票人可查询所有票据信息。

在追索阶段，被追索人可查询所有票据信息。

第七十四条　票据当事人对票据信息有异议的，应通过接入机构向电子商业汇票系统运营者提出书面申请，电子商业汇票系统运营者应在 10 个工作日内按照查询权限办理相关查询业务。

第七十五条　电子商业汇票所有票据行为中，处于待签收状态的接收方可向电子商业汇票系统查询该票据承兑人和行为发起方的电子商业汇票支付信用信息。

第七十六条　电子商业汇票系统仅提供票据当事人的电子商业汇票支

付信用信息，不对其进行信用评价或评级。

第五章 法律责任

第七十七条 电子商业汇票发生法律纠纷时，电子商业汇票系统运营者负有出具电子商业汇票系统相关记录的义务。

第七十八条 承兑人应及时足额支付电子商业汇票票款。承兑人故意压票、拖延支付，影响持票人资金使用的，按中国人民银行规定的同档次流动资金贷款利率计付赔偿金。

第七十九条 电子银行承兑汇票的出票人于票据到期日未能足额交存票款时，承兑人除向持票人无条件付款外，对出票人尚未支付的汇票金额转入逾期贷款处理，并按照每天万分之五计收罚息。

第八十条 电子商业汇票相关各方存在下列情形之一，影响电子商业汇票业务处理或造成其他票据当事人资金损失的，应承担相应赔偿责任。中国人民银行有权视情节轻重对其处以警告或 3 万元以下罚款：

（一）作为电子银行承兑汇票承兑人的财务公司、电子商业承兑汇票的承兑人违反《中华人民共和国票据法》《票据管理实施办法》和本办法规定无理拒付或拖延支付的；

（二）接入机构为客户提供电子商业汇票业务服务，未对客户基本信息尽审核义务的；

（三）为电子商业汇票业务活动提供电子认证服务的电子认证服务提供者，未依据《中华人民共和国电子签名法》承担相应责任的；

（四）接入机构为客户提供电子商业汇票业务服务，未对客户电子签名真实性进行认真审核，造成资金损失的；

（五）电子商业汇票系统运营者未对接入机构身份真实性和电子签名真实性进行认真审核，造成资金损失的；

（六）接入机构因清算资金不足导致电子商业汇票资金清算失败，给票据当事人造成损失的；

（七）接入机构因人为或系统原因未及时转发电子商业汇票信息，给票据当事人造成损失的；

（八）接入机构内部系统存储的电子商业汇票信息与电子商业汇票系统相关信息严重不符，给票据当事人造成损失的；

（九）接入机构的内部系统出现故障，未及时排除，造成重大影响的；

（十）电子商业汇票系统运营者运营的电子商业汇票系统出现故障，未及时排除，造成重大影响的；

（十一）电子商业汇票债务解除前，接入机构违反本办法规定为承兑人撤销账户的；

（十二）其他违反《中华人民共和国票据法》《票据管理实施办法》及本办法规定的行为。

第八十一条　电子商业汇票当事人应当妥善保管电子签名制作数据，严防泄露。因保管不善造成资金损失的，有关责任方应当依法承担赔偿责任。

第八十二条　金融机构发现利用电子商业汇票从事违法犯罪活动的，应依法履行报告义务。

第六章　附　则

第八十三条　电子商业汇票的数据电文格式和票据显示样式由中国人民银行统一规定。

第八十四条　本办法未尽事宜，遵照《中华人民共和国票据法》《票据管理实施办法》等法律法规执行。

第八十五条　本办法由中国人民银行负责解释和修订。

第八十六条　本办法自公布之日起施行。

票据交易管理办法

（中国人民银行公告〔2016〕第 29 号）

第一章 总 则

第一条 为规范票据市场交易行为，防范交易风险，维护交易各方合法权益，促进票据市场健康发展，依据《中华人民共和国中国人民银行法》《中华人民共和国票据法》《中华人民共和国电子签名法》等有关法律法规，制定本办法。

第二条 市场参与者从事票据交易应当遵守本办法，本办法所称票据包括但不限于纸质或者电子形式的银行承兑汇票、商业承兑汇票等可交易票据。

第三条 票据交易应当遵循公平自愿、诚信自律、风险自担的原则。

第四条 中国人民银行依法对票据市场进行监督管理，并根据宏观调控需要对票据市场进行宏观审慎管理。

第二章 票据市场参与者

第五条 票据市场参与者是指可以从事票据交易的市场主体，包括：

（一）法人类参与者。指金融机构法人，包括政策性银行、商业银行及其授权分支机构，农村信用社、企业集团财务公司、信托公司、证券公司、基金管理公司、期货公司、保险公司等经金融监督管理部门许可的金融机构。

（二）非法人类参与者。指金融机构等作为资产管理人，在依法合规的前提下，接受客户的委托或者授权，按照与客户约定的投资计划和方式开展资产管理业务所设立的各类投资产品，包括证券投资基金、资产管理计划、银行理财产品、信托计划、保险产品、住房公积金、社会保障基金、企业年金、养老基金等。

（三）中国人民银行确定的其他市场参与者。

第六条 法人类参与者应当符合以下条件：

（一）依法合规设立。

（二）已制定票据业务内部管理制度和操作规程，具有健全的公司治理结构和完善的内部控制、风险管理机制。

（三）有熟悉票据市场和专门从事票据交易的人员。

（四）具备相应的风险识别和承担能力，知悉并承担票据投资风险。

（五）中国人民银行要求的其他条件。

第七条　非法人类参与者应当符合以下条件：

（一）产品设立符合相关法律法规和监管规定，并已依法在相关金融监督管理部门获得批准或者完成备案。

（二）产品已委托具有托管资格的金融机构（以下简称托管人）进行独立托管，托管人对委托人资金实行分账管理、单独核算。

（三）产品管理人具有相关金融监督管理部门批准的资产管理业务资格。

第八条　法人类参与者开展票据交易，应当遵守有关法律法规，强化内控制度建设，完善部门和岗位设置，并采取切实措施持续提高相关人员业务能力。

第九条　非法人类参与者开展票据交易，由其资产管理人代表其行使票据权利并以受托管理的资产承担相应的民事责任。资产管理人从事资管业务的部门、岗位、人员及其管理的资产应当与其自营业务相互独立。

第三章　票据市场基础设施

第十条　票据市场基础设施是指提供票据交易、登记托管、清算结算、信息服务的机构。

第十一条　票据市场基础设施应当经中国人民银行认可。中国人民银行对票据市场基础设施开展票据相关业务进行监督管理。

第十二条　票据市场基础设施可以为市场参与者提供以下服务：

（一）组织票据交易，公布票据交易即时行情。

（二）票据登记托管。

（三）票据交易的清算结算。

（四）票据信息服务。

（五）中国人民银行认可的其他服务。

第十三条　票据市场基础设施按照金融市场基础设施建设有关标准进行系统建设与管理。

第十四条　票据市场基础设施应当从其业务收入中提取一定比例的金额设立风险基金并存入开户银行专门账户，用于弥补因违约交收、技术故障、操作失误、不可抗力造成的相关损失。

第十五条　上海票据交易所是中国人民银行指定的提供票据交易、登记托管、清算结算和信息服务的机构。

第四章　票据信息登记与电子化

第十六条　纸质票据贴现前，金融机构办理承兑、质押、保证等业务，应当不晚于业务办理的次一工作日在票据市场基础设施完成相关信息登记工作。

纸质商业承兑汇票完成承兑后，承兑人开户行应当根据承兑人委托代其进行承兑信息登记。承兑信息未能及时登记的，持票人有权要求承兑人补充登记承兑信息。

纸质票据票面信息与登记信息不一致的，以纸质票据票面信息为准。

第十七条　贴现人办理纸质票据贴现时，应当通过票据市场基础设施查询票据承兑信息，并在确认票据必须记载事项与已登记承兑信息一致后，为贴现申请人办理贴现，贴现申请人无需提供合同、发票等资料；信息不存在或者纸质票据必须记载事项与已登记承兑信息不一致的，不得办理贴现。

本款所称纸质票据必须记载事项指《中华人民共和国票据法》第二十二条规定的票据必须记载事项。

第十八条　贴现人完成纸质票据贴现后，应当不晚于贴现次一工作日在票据市场基础设施完成贴现信息登记。

第十九条　承兑人或者承兑人开户行收到挂失止付通知或者公示催告等司法文书并确认相关票据未付款的，应当于当日依法暂停支付并在票据市场基础设施登记或者委托开户行在票据市场基础设施登记相关信息。

第二十条　金融机构通过票据市场基础设施进行相关业务信息登记，因信息登记错误给他人造成损失的，应当承担赔偿责任。

第二十一条　贴现人办理纸质票据贴现后，应当在票据上记载"已电子登记权属"字样，该票据不再以纸质形式进行背书转让、设立质押或者其他交易行为。贴现人应当对纸质票据妥善保管。

第二十二条　已贴现票据背书通过电子形式办理。电子形式背书是指在票据市场基础设施以数据电文形式记载的背书，和纸质形式背书具有同等法律效力。

第二十三条　纸质票据电子形式背书后，由票据权利人通过票据市场基础设施通知保管人变更寄存人的方式完成交付。

第二十四条　贴现人可以按市场化原则选择商业银行对纸质票据进行保证增信。

保证增信行对纸质票据进行保管并为贴现人的偿付责任进行先行偿付。

第二十五条　已贴现票据应当通过票据市场基础设施办理背书转让、质押、保证、提示付款等票据业务。

第二十六条　纸质票据贴现后，其保管人可以向承兑人发起付款确认。付款确认可以采用实物确认或者影像确认。

实物确认是指票据保管人将票据实物送达承兑人或者承兑人开户行，由承兑人在对票据真实性和背书连续性审查的基础上对到期付款责任进行确认。

影像确认是指票据保管人将票据影像信息发送至承兑人或者承兑人开户行，由承兑人在对承兑信息和背书连续性审查的基础上对到期付款责任进行确认。

承兑人要求实物确认的，银行承兑汇票保管人应当将票据送达承兑人，实物确认后，纸质票据由其承兑人代票据权利人妥善保管；商业承兑汇票保管人应当将票据通过承兑人开户行送达承兑人进行实物确认，实物确认后，纸质票据由商业承兑汇票开户行代票据权利人妥善保管。

第二十七条　实物确认与影像确认具有同等效力。承兑人或者承兑人开户行进行付款确认后，除挂失止付、公示催告等合法抗辩情形外，应当在持票人提示付款后付款。

第二十八条　承兑人收到票据影像确认请求或者票据实物后，应当在三个工作日内做出或者委托其开户行做出同意或者拒绝到期付款的应答。拒绝到期付款的，应当说明理由。

第二十九条　票据保管人应当采取切实措施保证纸质票据不被挪用、污损、涂改和灭失，并承担因保管不善引发的相关法律责任。

第三十条　电子商业汇票签发、承兑、质押、保证、贴现等信息应当通过电子商业汇票系统同步传送至票据市场基础设施。

第三十一条　电子商业汇票一经承兑即视同承兑人已进行付款确认。

第五章　票据登记与托管

第三十二条　票据登记是指金融机构将票据权属在票据市场基础设施电子簿记系统予以记载的行为。

第三十三条　票据托管是指票据市场基础设施根据票据权利人委托对

其持有票据的相关权益进行管理和维护的行为。

第三十四条 市场参与者应当在票据市场基础设施开立票据托管账户。

市场参与者开立票据托管账户时，应当向票据市场基础设施提出申请，并保证所提交的开户资料真实、准确、完整。

第三十五条 票据托管账户采用实名制，不得出租、出借或者转让。

第三十六条 一个市场参与者只能开立一个票据托管账户，中国人民银行另有规定的除外。

具有法人资格的市场参与者应当以法人名义开立票据托管账户；经法人授权的分支机构应当以分支机构名义开立票据托管账户；非法人市场参与者应当以产品名义单独开立票据托管账户。

第三十七条 贴现人应当于票据交易前在票据市场基础设施完成纸质票据登记工作，确保其提交的票据登记信息真实、有效，并承担相应法律责任。

第三十八条 票据市场基础设施依据电子商业汇票系统相关信息为持票人完成电子票据登记。

第三十九条 因票据的交易过户、非交易过户等原因引起票据托管账户余额变化的，票据市场基础设施应当为权利人办理票据变更登记。

第六章 票据交易

第四十条 票据交易采取全国统一的运营管理模式，通过票据市场基础设施进行。

第四十一条 票据交易包括转贴现、质押式回购和买断式回购等。

转贴现是指卖出方将未到期的已贴现票据向买入方转让的交易行为。

质押式回购是指正回购方在将票据出质给逆回购方融入资金的同时，双方约定在未来某一日期由正回购方按约定金额向逆回购方返还资金、逆回购方向正回购方返还原出质票据的交易行为。

买断式回购是指正回购方将票据卖给逆回购方的同时，双方约定在未来某一日期，正回购方再以约定价格从逆回购方买回票据的交易行为。

第四十二条 市场参与者完成票据登记后即可以开展交易，或者在付款确认、保证增信后开展交易。贴现人申请保证增信的，应当在首次交易前完成。

第四十三条 票据到期后偿付顺序如下：

（一）票据未经承兑人付款确认和保证增信即交易的，若承兑人未付款,应当由贴现人先行偿付。该票据在交易后又经承兑人付款确认的,应当由承兑人付款;若承兑人未付款,应当由贴现人先行偿付。

(二)票据经承兑人付款确认且未保证增信即交易的,应当由承兑人付款;若承兑人未付款,应当由贴现人先行偿付。

(三)票据保证增信后即交易且未经承兑人付款确认的,若承兑人未付款,应当由保证增信行先行偿付;保证增信行未偿付的,应当由贴现人先行偿付。

(四)票据保证增信后且经承兑人付款确认的,应当由承兑人付款;若承兑人未付款,应当由保证增信行先行偿付;保证增信行未偿付的,应当由贴现人先行偿付。

第四十四条 票据交易应当通过票据市场基础设施进行并生成成交单。成交单应当对交易日期、交易品种、交易利率等要素做出明确约定。

票据成交单、票据交易主协议及补充协议(若有)构成交易双方完整的交易合同。

票据交易合同一经成立,交易双方应当认真履行,不得擅自变更或者解除合同。

第四十五条 票据交易无需提供转贴现凭证、贴现凭证复印件、查询查复书及票面复印件等纸质资料。

第四十六条 票据贴现、转贴现的计息期限,从贴现、转贴现之日起至票据到期日止,到期日遇法定节假日的顺延至下一工作日。

第四十七条 质押式回购和买断式回购最短期限为一天,并应当小于票据剩余期限。

第四十八条 质押式回购的回购金额不得超过质押票据的票面总额。

第七章 票据交易结算与到期处理

第四十九条 票据交易的结算通过票据市场基础设施电子簿记系统进行,包括票款对付和纯票过户。

票款对付是指结算双方同步办理票据过户和资金支付并互为条件的结算方式。

纯票过户是指结算双方的票据过户与资金支付相互独立的结算方式。

第五十条 市场参与者开展票据交易应当采用票款对付,同一法人分支机构间的票据交易可以采用纯票过户。

第五十一条 已在大额支付系统开立清算账户的市场参与者,应当通过其在大额支付系统的清算账户办理票款对付的资金结算。

未在大额支付系统开立清算账户的市场参与者，应当委托票据市场基础设施代理票款对付的资金结算。

第五十二条 票据市场基础设施代理票款对付的资金结算时，应当通过其在大额支付系统的清算账户进行。票据市场基础设施应当在该账户下，为委托其代理资金结算的市场参与者开立票据结算资金专户。

第五十三条 交易双方应当根据合同约定，确保在约定结算日有用于结算的足额票据和资金。

第五十四条 在票据交易达成后结算完成之前，不得动用该笔交易项下用于结算的票据、资金或者担保物。

第五十五条 办理法院强制执行、税收、债权债务承继、赠与等非交易票据过户的，票据市场基础设施应当要求当事人提交合法有效的法律文件。

第五十六条 持票人在提示付款期内通过票据市场基础设施提示付款的，承兑人应当在提示付款当日进行应答或者委托其开户行进行应答。

承兑人存在合法抗辩事由拒绝付款的，应当在提示付款当日出具或者委托其开户行出具拒绝付款证明，并通过票据市场基础设施通知持票人。

承兑人或者承兑人开户行在提示付款当日未做出应答的，视为拒绝付款，票据市场基础设施提供拒绝付款证明并通知持票人。

第五十七条 商业承兑汇票承兑人在提示付款当日同意付款的，承兑人开户行应当根据承兑人账户余额情况予以处理。

（一）承兑人账户余额足够支付票款的，承兑人开户行应当代承兑人做出同意付款应答，并于提示付款日向持票人付款。

（二）承兑人账户余额不足以支付票款的，则视同承兑人拒绝付款。承兑人开户行应当于提示付款日代承兑人做出拒付应答并说明理由，同时通过票据市场基础设施通知持票人。

第五十八条 银行承兑汇票的承兑人已于到期前进行付款确认的，票据市场基础设施应当根据承兑人的委托于提示付款日代承兑人发送指令划付资金至持票人资金账户。

商业承兑汇票的承兑人已于到期前进行付款确认的，承兑人开户行应当根据承兑人委托于提示付款日扣划承兑人账户资金，并将相应款项划付至持票人资金账户。

第五十九条 保证增信行或者贴现人承担偿付责任时，应当委托票据市场基础设施代其发送指令划付资金至持票人资金账户。

第六十条　承兑人或者出票人付款后，票据保管人应当参照会计档案保管要求对票据进行保管。承兑人进行影像确认并付款的，可以凭票据市场基础设施的提示付款通知、划款通知以及留存的票据底卡联作为会计记账凭证。

第六十一条　票据发生法律纠纷时，依据有权申请人的请求，票据市场基础设施应当出具票据登记、托管和交易流转记录；票据保管人应当提供相应票据实物。

第八章　附　则

第六十二条　票据市场基础设施依照本办法及中国人民银行有关规定制定相关业务规则，报中国人民银行同意后施行。

第六十三条　本办法施行前制定的相关规定，与本办法相抵触的，以本办法为准。

第六十四条　本办法由中国人民银行负责解释。

第六十五条　本办法自公布之日起施行，过渡期按照《中国人民银行办公厅关于做好票据交易平台接入准备工作的通知》（银办发〔2016〕224号）执行。

关于规范银行业金融机构跨省票据业务的通知

（银保监办发〔2018〕21 号）

各银监局，各大型银行、股份制银行，邮储银行，外资银行：

为进一步规范银行业金融机构票据业务，有效防范风险，提升服务实体经济质效，现就跨省票据业务有关事项通知如下：

一、本通知所称跨省票据业务是指银行业金融机构及其分支机构为其所在省（自治区、直辖市）以外地区注册的企业办理的票据承兑、贴现等授信类业务，以及与营业场所在其所在省（自治区、直辖市）以外地区的交易主体之间开展的票据转贴现、买入返售（卖出回购）等交易类业务。

二、银行业金融机构应严格落实《关于加强票据业务监管促进票据市场健康发展的通知》（银发〔2016〕126 号）、《关于票据业务风险提示的通知》（银监办发〔2015〕203 号）和《关于规范金融机构同业业务的通知》（银发〔2014〕127 号）等监管要求，加强对票据承兑、贴现的授信管理，票据转贴现和买入返售（卖出回购）业务交易对手管理、同业结算账户管理等重要环节的风险控制。

持续加强员工商银行为管理，严禁员工参与各类票据中介和资金掮客活动。着力培育合规经营文化，提高管理层和员工合规意识，树立审慎经营理念。

三、银行业金融机构应尽快接入人民银行电子商业汇票系统和上海票据交易所中国票据交易系统，不断提高电子票据在转贴现、买入返售（卖出回购）等票据交易业务中的占比。

银行业金融机构应通过电子商业汇票系统和中国票据交易系统等票据市场基础设施开展跨省电子票据和纸质票据电子化转贴现、买入返售（卖出回购）交易。

本通知印发前已开展跨省纸质票据转贴现、买入返售（卖出回购）业务的，自本通知印发之日起 6 个月内，可继续开展相关业务，但应逐步压降业务规模；自本通知印发之日 6 个月后，应停止开展相关业务，存量业务在合同到期后自然终止。

四、银行业金融机构应审慎开展跨省票据承兑、贴现业务，业务开展规模和发展速度应与其跨省授信管理能力相适应。

拟开展或已开展相关业务的，应建立包括票据承兑、贴现等授信方式的异地授信内部管理制度；应实行严格的授权管理，银行业金融机构的法人总部根据本机构相关业务管理规定、分支机构风险管控能力、区域经济发展状况、目标客户类别等实施差异化授权；应建立分支机构之间的协同与控制机制，避免出现内部竞争，在客户所在地设有分支机构的，票据承兑、贴现原则上应由当地分支机构办理，依据《国务院办公厅关于积极推进供应链创新与应用的指导意见》（国办发〔2017〕84号）开展与供应链相关的上述业务除外。

五、各级监管部门应密切监测银行业金融机构跨省票据业务，发现大额往来和异常波动等情况应及时提示风险；加大对银行业金融机构跨省票据业务的现场检查。

针对日常监管和检查中发现的违法违规办理业务、不当交易和套利等各类票据业务问题，督促银行业金融机构认真整改，严肃问责，健全内控，堵塞漏洞。对严重违法违规行为，应依法依规从严从重处罚。

2018年5月2日

中国人民银行公告〔2020〕第 19 号

为加强商业承兑汇票信用体系建设，完善市场化约束机制，保障持票人合法权益，现就商业承兑汇票信息披露有关事宜公告如下：

一、承兑人应当于承兑完成日次 1 个工作日内披露每张票据的承兑相关信息，包括出票日期、承兑日期、票据号码、出票人名称、承兑人名称、承兑人社会信用代码、票面金额、票据到期日等。

二、承兑人应当于每月前 10 日内披露承兑信用信息，包括累计承兑发生额、承兑余额、累计逾期发生额、逾期余额等。

三、承兑人对披露信息的真实性、准确性、及时性和完整性负责。

四、企业签收商业承兑汇票前，可以通过中国人民银行认可的票据信息披露平台（以下简称票据信息披露平台）查询票据承兑信息，加强风险识别与防范。

五、金融机构办理商业承兑汇票的贴现、质押、保证等业务前，应当通过票据信息披露平台查询票据承兑信息，票据承兑信息不存在或者票面记载事项与承兑人披露的信息不一致的，金融机构不得办理票据贴现、质押、保证等业务。

六、承兑人披露信息及时、准确、承兑的票据无逾期记录的，金融机构可以优先为承兑人办理银行承兑业务，优先为承兑人承兑的票据办理贴现业务。承兑人披露信息存在延迟、虚假或者承兑的票据持续逾期的，金融机构应当审慎为承兑人办理银行承兑业务，审慎为承兑人承兑的票据办理贴现、质押、保证等业务。

七、承兑人可以通过票据信息披露平台披露其他信用信息。承兑人在债券市场发生违约的，可以通过票据信息披露平台披露债券违约情况。

八、票据市场基础设施应当提供必要的技术支持，协助承兑人及时、高效披露相关信息，并加强监测，对承兑人披露信息延迟、承兑的票据持续逾期以及披露的信息与电子商业汇票系统记载信息不一致等情况进行提示。企业、金融机构发现伪假商业承兑汇票或者冒名承兑等异常情况的，应当及时告知票据市场基础设施。

九、票据市场基础设施根据本公告及中国人民银行有关要求，制定商业承兑汇票信息披露操作细则，报中国人民银行备案后施行，并定期向中国人民银行报告商业承兑汇票信息披露情况。

十、本公告自 2021 年 8 月 1 日起施行。财务公司承兑汇票的信息披露参照本公告执行。

中国人民银行

2020 年 12 月 18 日

商业汇票信息披露操作细则

第一章 总 则

第一条 为加强商业汇票信用体系建设，完善市场化约束机制，保障持票人合法权益，根据中国人民银行《商业汇票承兑、贴现与再贴现管理办法》《关于规范商业承兑汇票信息披露的公告》及相关法律制度，制定本细则。

第二条 上海票据交易所（以下简称票交所）建设运营的票据信息披露平台（https：//disclosure.shcpe.com.cn）是中国人民银行认可的票据信息披露平台。

第三条 本细则所称商业汇票包括但不限于商业承兑汇票、财务公司承兑汇票、银行承兑汇票等。

第四条 本细则所称承兑是指付款人承诺在商业汇票到期日无条件支付汇票金额的票据行为。承兑相关信息自收款人签收票据日起进行统计。

第五条 商业承兑汇票和财务公司承兑汇票承兑人应当披露其承兑商业汇票主要要素及信用信息。银行承兑汇票承兑人应当披露承兑人信用信息。承兑人应当对其披露信息的真实性、准确性、及时性和完整性负责。

第六条 承兑人开展商业汇票信息披露的，应当在票据信息披露平台进行注册。承兑人注册时应当确保注册信息的真实、完整。

第二章 信息披露

第七条 商业承兑汇票承兑人自主注册票据信息披露平台，注册时应当绑定已开通电子商业汇票业务功能的商业银行账户、财务公司账户或在供应链票据平台登记的企业账户，即电票业务账户。

商业承兑汇票承兑人有多个电票业务账户办理票据业务的，应当在票据信息披露平台中绑定全部电票业务账户。

第八条 银行承兑汇票和财务公司承兑汇票承兑人通过票交所预留邮箱发送申请表（附）进行注册。票交所为其开通票据信息披露平台业务权限。

第九条 商业承兑汇票和财务公司承兑汇票承兑人应当披露每张收款人已收票的商业汇票主要要素。商业汇票主要要素应当至少包含以下内容：

（一）出票日期；

（二）承兑日期；

（三）票据号码；

（四）出票人名称；

（五）承兑人名称；

（六）承兑人统一社会信用代码；

（七）票面金额；

（八）票据到期日。

第十条　承兑人有以下情况的，应当披露承兑人信用信息：

（一）当月有承兑业务发生；

（二）当月有票据逾期行为发生；

（三）月末有承兑余额。

第十一条　承兑人应当在每月前 10 日内完整披露截至上月末的承兑人信用信息。承兑人信用信息应当至少包含以下内容：

（一）累计承兑发生额；

（二）承兑余额；

（三）累计逾期发生额；

（四）逾期余额。

第十二条　累计承兑发生额是指承兑人当年 1 月 1 日以来累计承兑的商业汇票总金额；承兑余额是指承兑人已承兑但未结清的商业汇票总金额。收款人未签收的商业汇票不计入承兑人的累计承兑发生额和承兑余额内。

累计逾期发生额是指承兑人近 5 年内发生过逾期的商业汇票总金额；逾期余额是指发生逾期且未结清的商业汇票总金额。

第十三条　承兑人在票据到期后拒绝付款或未按规定及时结清票据的构成票据逾期。

第十四条　持票人提前提示付款的，承兑人可以在票据到期日前拒绝付款。持票人在票据到期日前未撤回提示付款且承兑人未应答的，视作持票人已在票据到期日发起提示付款，按照前款规定判断是否构成票据逾期。

第十五条　承兑人在票据到期后应当按照中国人民银行发布的相关规定及时结清票据。承兑人未在规定期限内结清票据的构成本细则所称"未按规定及时结清票据"。

第十六条　承兑人可选择自动披露、推送披露或自主填写披露等方式披露商业汇票主要要素及承兑人信用信息。

第十七条 票据信息披露平台向已注册的承兑人推送的信息仅供承兑人进行信息披露时参考。票据信息披露平台不对承兑人基于推送信息进行的相关披露行为负责。

第十八条 票据信息披露平台对承兑人披露的信息与票据业务相关系统中记载的票据业务行为信息进行比对，并根据比对结果在披露信息中备注以下信息：

（一）信息比对一致的，备注披露信息与票交所记载信息相符；

（二）信息比对不一致的，备注披露信息与票交所记载信息不符；

（三）票据信息披露平台未采集到相关信息进行比对的，备注披露信息暂未比对。

第十九条 票据信息披露平台仅对商业汇票信息披露制度正式实施后承兑的商业汇票主要要素信息和承兑人信用信息进行推送和比对。商业汇票信息披露制度实施前发生的承兑业务及票据逾期不纳入承兑人信用信息统计。

第二十条 承兑人为上市公司或在债券市场有信息披露的，可将信用评级等相关信用信息通过票据信息披露平台向公众披露。承兑人在债券市场发生违约的，可以通过票据信息披露平台披露相关信息。

第二十一条 金融机构、持票企业或其他社会公众可通过票据号码、企业名称或统一社会信用代码对披露信息进行查询。查询人通过票据信息披露平台获取的信息，仅作为查询人从事票据或相关业务时的参考。

查询人查询或使用票据信息披露平台上的信息不得侵犯票交所合法权益。

第三章　风险控制

第二十二条 承兑人出现以下情况的，票交所将定期通过票据信息披露平台进行提示：

（一）承兑人逾期及持续逾期；

（二）承兑人信用信息延迟披露；

（三）经开户机构报告电票业务账户被有权机关认定为伪假；

（四）其他监测中发现的异常披露情况。

第二十三条 6个月内发生3次以上票据逾期，且月末有逾期余额或当月有票据逾期行为发生的，构成承兑人逾期。

6个月内发生3次以上承兑人逾期的，构成持续逾期。

第二十四条 构成承兑人逾期的，票交所暂停为其提供商业汇票承兑服务。承兑人无逾期余额且已披露当期承兑人信用信息的，可以向市场发布公告说明逾期原因。

承兑人公告发布后或次月不构成承兑人逾期的，票交所恢复为其提供商业汇票承兑服务。

第二十五条 对票据逾期有异议的，承兑人可向票交所申请核对。因票交所系统原因、节假日规则不一致、疫情原因、诉讼纠纷、资金账户司法冻结、不可抗力等非承兑人原因导致票据逾期的，承兑人可向票交所申请修正。

第二十六条 承兑人连续 3 个月以上未披露承兑人信用信息的，构成延迟披露。因票交所系统原因、疫情原因、不可抗力等非承兑人原因导致无法及时披露的，承兑人可向票交所申请补披露。

第二十七条 企业、金融机构发现伪假商业汇票或冒名承兑等异常情况的，应当及时向票交所反馈，具体流程按照《上海票据交易所处置伪假票据操作规程》（票交所发〔2020〕22 号）相关规定操作执行。

第二十八条 承兑人未按规定披露商业汇票主要要素的，持票人可通过票据信息披露平台提醒承兑人披露。承兑人应当在持票人提醒日起 3 个工作日内披露所有未到期商业汇票主要要素。承兑人未及时披露的，票交所暂停为其提供商业汇票承兑服务。

第二十九条 承兑人最近 2 年发生持续逾期或承兑人信用信息延迟披露的，票交所暂停为其提供商业汇票承兑服务。

第三十条 贴现人最近 2 年发生持续逾期或承兑人信用信息延迟披露的，票交所暂停为其提供商业汇票贴现服务。

第三十一条 财务公司所属集团法人最近 2 年发生持续逾期、承兑人信用信息延迟披露，重大违法行为，以及其他严重损害市场主体合法权益或社会公共利益行为的，票交所暂停为财务公司提供商业汇票承兑服务。

第三十二条 金融机构办理商业汇票承兑业务前，应当通过票据信息披露平台查询出票人相关信息，出现以下情况的，不得为出票人办理承兑业务：

（一）出票人最近 2 年发生承兑人信用信息延迟披露；

（二）出票人最近 2 年发生持续逾期。

第三十三条 金融机构办理商业汇票贴现、质押、保证业务前，应当通过票据信息披露平台核对商业汇票主要要素及其承兑人信用信息，出现以下情况的，不得为持票人办理贴现、质押、保证业务：

（一）相关商业汇票主要要素信息未披露或者披露信息与票交所记载信息不符；

（二）相关票据承兑人最近 2 年发生承兑人信用信息延迟披露；

（三）相关票据承兑人最近 2 年发生持续逾期。

第四章　附　则

第三十四条　票交所定期向中国人民银行报告商业汇票信息披露情况。

第三十五条　本细则由票交所负责解释。

第三十六条　本细则自 2023 年 1 月 1 日起施行。《商业承兑汇票信息披露操作细则》（票交所公告〔2020〕4 号）同时废止。

附：

金融机构票据信息披露平台信息登记表

基本信息			
机构名称		统一社会信用代码	
联系人		法定代表人姓名	
电子邮箱		手机	
通讯地址			
披露模式	自动披露　　手动披露		
机构申请及声明			
本单位申请注册票据信息披露平台用户，以上填写信息全部真实、有效，声明已阅读并同意《商业汇票信息披露平台用户服务协议》。 　　　　　　　　　　　　　　　　　　　机构名称（单位公章） 　　　　　　　　　　　　　　　　　　　　年　　月　　日			

商业汇票承兑、贴现与再贴现管理办法

（中国人民银行 中国银行保险监督管理委员会令〔2022〕第4号）

第一章 总 则

第一条 为了规范商业汇票承兑、贴现与再贴现业务，根据《中华人民共和国票据法》《中华人民共和国中国人民银行法》《中华人民共和国银行业监督管理法》《中华人民共和国商业银行法》等有关法律法规，制定本办法。

第二条 本办法所称商业汇票是出票人签发的，委托付款人在见票时或者在指定日期无条件支付确定的金额给收款人或者持票人的票据，包括但不限于纸质或电子形式的银行承兑汇票、财务公司承兑汇票、商业承兑汇票等。

第三条 电子商业汇票的出票、承兑、贴现、贴现前的背书、质押、保证、提示付款和追索等业务，应当通过人民银行认可的票据市场基础设施办理。供应链票据属于电子商业汇票。

第四条 本办法所称承兑是指付款人承诺在商业汇票到期日无条件支付汇票金额的票据行为。

第五条 本办法所称贴现是指持票人在商业汇票到期日前，贴付一定利息将票据转让至具有贷款业务资质机构的行为。持票人持有的票据应为依法合规取得，具有真实交易关系和债权债务关系，因税收、继承、赠与依法无偿取得票据的除外。

第六条 本办法所称再贴现是指人民银行对金融机构持有的已贴现未到期商业汇票予以贴现的行为，是中央银行的一种货币政策工具。

第七条 商业汇票的承兑、贴现和再贴现，应当遵循依法合规、公平自愿、诚信自律、风险自担的原则。

第二章 承 兑

第八条 银行承兑汇票是指银行和农村信用合作社承兑的商业汇票。银行主要包括政策性开发性银行、商业银行和农村合作银行。银行承兑汇票承兑人应在中华人民共和国境内依法设立，具有银保监会或其派出机构颁发的金融许可证，且业务范围包含票据承兑。

第九条　财务公司承兑汇票是指企业集团财务公司承兑的商业汇票。财务公司承兑汇票承兑人应在中华人民共和国境内依法设立，具有银保监会或其派出机构颁发的金融许可证，且业务范围包含票据承兑。

第十条　商业承兑汇票是由银行、农村信用合作社、财务公司以外的法人或非法人组织承兑的商业汇票。商业承兑汇票承兑人应为在中华人民共和国境内依法设立的法人及其分支机构和非法人组织。

第十一条　银行、农村信用合作社、财务公司承兑人开展承兑业务时，应当严格审查出票人的真实交易关系和债权债务关系以及承兑风险，出票人应当具有良好资信。承兑的金额应当与真实交易关系和债权债务关系、承兑申请人的偿付能力相匹配。

第十二条　银行、农村信用合作社、财务公司承兑的担保品应当严格管理。担保品为保证金的，保证金账户应当独立设置，不得挪用或随意提前支取保证金。

第十三条　银行、农村信用合作社、财务公司承兑业务应当纳入存款类金融机构统一授信管理和风险管理框架。

第三章　贴现和再贴现

第十四条　商业汇票的贴现人应为在中华人民共和国境内依法设立的、具有贷款业务资质的法人及其分支机构。申请贴现的商业汇票持票人应为自然人、在中华人民共和国境内依法设立的法人及其分支机构和非法人组织。

第十五条　申请贴现的持票人取得贴现票据应依法合规，与出票人或前手之间具有真实交易关系和债权债务关系，因税收、继承、赠与依法无偿取得票据的除外。

第十六条　持票人申请贴现，须提交贴现申请、持票人背书的未到期商业汇票以及能够反映真实交易关系和债权债务关系的材料。

第十七条　持票人可以通过票据经纪机构进行票据贴现询价和成交，贴现撮合交易应当通过人民银行认可的票据市场基础设施开展。

第十八条　票据经纪机构应为市场信誉良好、票据业务活跃的金融机构。票据经纪机构应当具有独立的票据经纪部门和完善的内控管理机制，具有专门的经纪渠道，票据经纪业务与自营业务严格隔离。票据经纪机构应当具有专业的从业人员。

第十九条　转贴现业务按照人民银行和银保监会票据交易有关规定

执行。

第二十条　办理商业汇票贴现业务的金融机构，可以申请办理再贴现业务。再贴现业务办理的条件、利率、期限和方式，按照人民银行有关规定执行。

第四章　风险控制

第二十一条　金融机构应当具备健全的票据业务管理制度和内部控制制度，审慎开展商业汇票承兑和贴现业务，采取有效措施防范市场风险、信用风险和操作风险。

第二十二条　商业汇票的承兑人和贴现人应当具备良好的经营和财务状况，最近二年不得发生票据持续逾期或者未按规定披露信息的行为。商业汇票承兑人对承兑的票据应当具备到期付款的能力。

第二十三条　财务公司承兑人所属的集团法人应当具备良好的经营和财务状况，最近二年不得发生票据持续逾期或者未按规定披露信息的行为，最近二年不得发生重大违法行为，以及其他严重损害市场主体合法权益或社会公共利益的行为。

第二十四条　银行承兑汇票和财务公司承兑汇票的最高承兑余额不得超过该承兑人总资产的15%。银行承兑汇票和财务公司承兑汇票保证金余额不得超过该承兑人吸收存款规模的10%。人民银行和银保监会可以根据金融机构内控情况设置承兑余额与贷款余额比例上限等其他监管指标。

第二十五条　商业汇票的付款期限应当与真实交易的履行期限相匹配，自出票日起至到期日止，最长不得超过6个月。

第五章　信息披露

第二十六条　商业汇票信息披露按照人民银行有关规定执行，应当遵循及时、真实、准确、完整的原则。

第二十七条　商业承兑汇票承兑人和财务公司承兑汇票承兑人应当按照人民银行规定披露票据主要要素及信用信息。银行承兑汇票承兑人应当披露承兑人信用信息。

第二十八条　贴现人办理商业汇票贴现的，应当按照人民银行规定核对票据披露信息，信息不存在或者记载事项与披露信息不一致的，不得为持票人办理贴现。

第二十九条　商业汇票背书转让时，被背书人可以按照人民银行规定核对票据信息，信息不存在或者记载事项与披露信息不一致的，可以采取有效措施识别票据信息真伪及信用风险，加强风险防范。

第三十条　商业汇票承兑人为非上市公司、在债券市场无信用评级的，鼓励商业汇票流通前由信用评级机构对承兑人进行主体信用评级，并按照人民银行有关规定披露相关信息。

第三十一条　票据市场基础设施按人民银行有关要求对承兑人信息披露情况进行监测，承兑人存在票据持续逾期或披露信息存在虚假、遗漏、延迟的，票据市场基础设施应根据业务规则采取相应处置措施，并向人民银行报告。

第六章　监督管理

第三十二条　人民银行依法监测商业汇票承兑和贴现的运行情况，依法对票据市场进行管理。

第三十三条　人民银行、银保监会按照法定职责对商业汇票的承兑、贴现、风险控制和信息披露进行监督管理。人民银行对再贴现进行监督管理。

第三十四条　票据市场基础设施和办理商业汇票承兑、贴现、再贴现业务的主体，应当按规定和监管需要向人民银行和银保监会报送有关业务数据。

第七章　法律责任

第三十五条　银行承兑汇票、财务公司承兑汇票的承兑限额、付款期限超出规定的，由人民银行及其分支机构、银保监会及其派出机构对承兑人进行警告、通报批评，并由银保监会及其派出机构依法处以罚款。

第三十六条　商业汇票承兑人最近二年发生票据持续逾期或者未按规定披露信息的，金融机构不得为其办理票据承兑、贴现、保证、质押等业务。

第三十七条　金融机构为不具有真实交易关系和债权债务关系（因税收、继承、赠与依法无偿取得票据的除外）的出票人、持票人办理商业汇票承兑、贴现的，由银保监会及其派出机构根据不同情形依法采取暂停其票据业务等监管措施或者实施行政处罚；对直接负责的董事、高级管理人员和其他直接责任人员，依法追究相关责任。

第三十八条　商业汇票出票人、持票人通过欺诈手段骗取金融机构承兑、贴现的，依法承担相应责任；涉嫌构成犯罪的，移送司法机关依法追究刑事责任。

第三十九条　未经依法许可或者违反国家金融管理规定，擅自从事票据贴现的，依照有关法律法规进行处置。

第八章　附　则

第四十条　本办法由人民银行、银保监会负责解释。

第四十一条　本办法第二十四条规定自 2024 年 1 月 1 日起实施。

第四十二条　本办法自 2023 年 1 月 1 日起施行。《商业汇票承兑、贴现与再贴现管理暂行办法》（银发〔1997〕216 号文印发）、《中国人民银行关于切实加强商业汇票承兑贴现和再贴现业务管理的通知》（银发〔2001〕236号）同时废止。